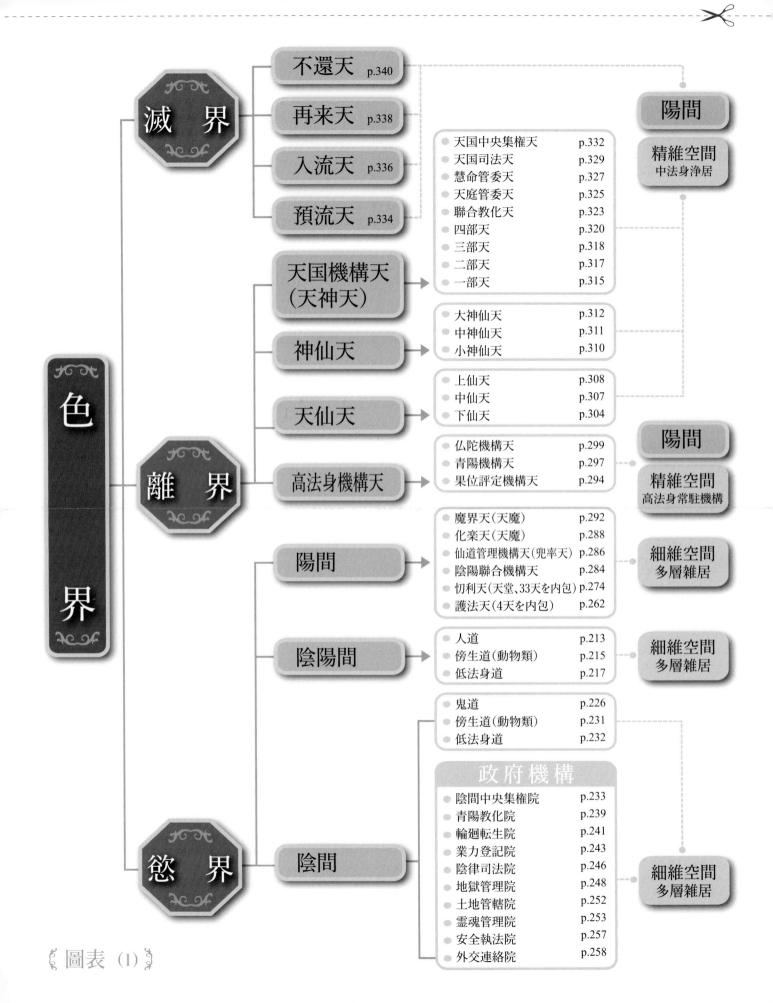

圖表 (1)

現代佛教の

謬見より出でよ

序に代えて

　筆者は釈迦牟尼仏の命を奉じ、「未來佛宗教」の教典を体系化、整理、編纂する責を負うている。述べた内容は皆仏陀の啓示を経たるものにて、如是我聞、真実不虚（かくの如く、我聞けり、真実は虚ならず）である。もしこれ妄語ならば、妄語者は必ずや地獄へ入(い)るべし。

著者識

はしがき

　筆者は幼少より師に従って修行して参りましたが、文章能力は高いものではありません。釈迦牟尼仏は筆者に「未來佛宗教」の大業を果たすことを命じましたが、筆者は気は逸るものの、力不足であると思っております。幸い多くの助力を得まして、このような重責を担う覚悟ができました。責任の重さを深く感じる次第であります。

　筆者の文章表現能力には限りがあることを読者にはご理解いただきたく存じます。語句や語法、句読点について重箱の隅をつつくことは御容赦願いたくございます。大切なのは真実の意義を理解することであります。まさに「開経偈」に曰く、

> 甚だ深微なる妙法は無上にして、
> 百千万劫なれど遭遇し難きなり。
> 我は今見聞したりて受持し得て、
> 願はくは如来の真実義を解かん。

と。「心」で「如来」の真実義を理解しましょう。

　文字は気持ちを伝えるものです。しかしはっきりと表せるとは限りません。つまり行間で何を伝えようとしているのか、

文字の背後に何が潜んでいるのか、深く悟らなければなりません。対面して直接、明確に伝達するようには参りません。

「如来」の真実義について、作者はあたう限り簡単な言葉でわかりやすく述べたつもりです。様々な読者に合わせて、なるべく簡潔にまとめ、噛み砕いて説明しています。

「未來佛宗教」の大業に従事しているとはいいましても、筆者は決して仏などではなく、仏の代辯者にすぎません。仏は「法身」でして、筆者は「報身」です。仏は聖人でして、筆者は凡人です。仏は「法」の源泉でありまして、筆者は「法」を伝達する道具であります。ですから筆者を決して聖人と見なしてはなりません。聖人の尺度で筆者を測ることありませぬよう。

「未來佛」といいますと、多くの人は弥勒菩薩を思い浮かべます。そして「未來佛宗教」は弥勒菩薩を奉るものだと早とちりしてしまいます。しかしこの様な見方は正確ではありません。

正確に言いますと、「未來佛」は仏ではないのです。例えば小学生が、将来博士号を取ると誓うようなものなのです。その小学生は「未来の博士」であるとしか言えません。今は博士ではなく、まだ小学生だからです。

あなたが「未來佛」ならば、私も「未來佛」でして、彼もまた「未來佛」であります。衆生は総て「未來佛」なのです。ただ成仏の時間に差があるにすぎません。成仏は必然であり

ますが、現世における「即身成仏」ではなく、やがては訪れる未来にあるのであります。
　さあ、「心」で「未來佛宗教」の正法を会得しましょう。有縁の人々が一日も早く正果を修め、永久に真実の安らぎに包まれることを願ってやみません。

目　次

【釈迦牟尼仏の指示】 …………………………………………… 11
【燃燈佛の授記】 ………………………………………………… 12

卷一　己は何者にして、何者が己なりや？

　一、「忉利天」の信託 ……………………………………………… 14
　二、己は何者にして、何者が己なりや？ ……………………… 17
　　　（一）断滅見 ………………………………………………… 18
　　　（二）断帰見 ………………………………………………… 18
　　　（三）断廻見 ………………………………………………… 18
　　　（四）断恒見 ………………………………………………… 19
　三、夢中の人 ……………………………………………………… 22
　四、輪廻 …………………………………………………………… 27
　　　（一）偶需輪廻 ……………………………………………… 31
　　　（二）必須輪廻 ……………………………………………… 34
　五、多維空間 ……………………………………………………… 35
　　　（一）粗維空間 ……………………………………………… 36
　　　（二）細維空間 ……………………………………………… 39
　　　（三）精維空間 ……………………………………………… 41
　　　（四）納維空間 ……………………………………………… 42
　　　（五）数維空間の並存 ……………………………………… 44
　六、霊魂が「色界」にて輪廻する境地 ………………………… 45
　七、地蔵菩薩の「華語」と弘法の「三世」 …………………… 48
　　　（一）第一世 ………………………………………………… 52
　　　（二）第二世 ………………………………………………… 53
　　　（三）第三世 ………………………………………………… 54

新たなる視界 …………………………………………………… *56*

卷二 「未來佛宗教」はなにゆえ創始されたか？

一、仏教の三期 …………………………………………… *110*
（一）正法期 …………………………………………… *110*
（二）相法期 …………………………………………… *113*
（三）末法期 …………………………………………… *117*

二、現代仏教の誤謬 ……………………………………… *120*
（一）密宗が大いに興る事は「末法」を衡る基準の一つである …………………………………………………… *122*
（二）浄土宗の隆盛は「末法」を衡る基準の一つである ……………………………………………………………… *129*

三、「未來佛宗教」はなにゆえ創始されたか？ ………… *146*
（一）仏教の奇法人 …………………………………… *147*
（二）「有縁」の人を率いて謬論より出でしむ ……… *163*
（三）「未來佛宗教」の誕生 ………………………… *168*

　新たなる視界 …………………………………………………… *171*

卷三 「色界」剖析と註釈

一、「霊気」とは何ぞや …………………………………… *194*
（一）先天的な「霊気」 ……………………………… *195*
（二）後天的な「霊気」 ……………………………… *195*
（三）「霊気」の変化 ………………………………… *205*

二、「霊光」とは何ぞや …………………………………… *208*
三、「色界」剖析と註釈 …………………………………… *211*

(一）陰陽間……………………………………………………… *212*
(二）陰間…………………………………………………………… *218*
(三）陽間…………………………………………………………… *260*
新たなる視界………………………………………………………… *343*

付録 「法」は有縁の人に賜う

あとがき……………………………………………… 396

新たなる視界索引

1. 化生……………………… 56
2. 大孝……………………… 57
3. 色身……………………… 58
4. 三魂七魄………………… 59
5. 三界……………………… 64
6. 法界……………………… 66
7. 「陀羅尼」の言葉………… 66
8. 授記……………………… 69
9. 業………………………… 71
10. 娑婆世界………………… 78
11. 涅槃……………………… 81
12. 弥勒菩薩………………… 83
13. 世尊……………………… 83
14. 劫………………………… 90
15. 恒河沙数………………… 93
16. 「三宝」に帰依する……… 94
17. 菩提……………………… 96
18. 正知見…………………… 98
19. 霊魂の密航者…………… 98
20. 身外身…………………… 100
21. 時空隧道………………… 101
22. 身体憑依………………… 101
23. 七宝……………………… 105
24. 寿者相…………………… 105
25. 青陽……………………… 106
26. 星雲……………………… 106
27. 大乗……………………… 107
28. 仏の應化………………… 171
29. 即身涅槃………………… 172
30. 八万四千………………… 173
31. 博愛……………………… 174
32. 有漏善…………………… 175
33. 有漏禪…………………… 177
34. 世間法…………………… 184
35. 依義不依語……………… 184
36. 根本無明………………… 185
37. 「上品上生」の菩薩……… 187
38. 前世果位の合一………… 188
39. 「万仏王宮」の字………… 188
40. 因果の法則……………… 189
41. 自然の法則……………… 190
42. 天眼……………………… 343
43. 化業……………………… 371
44. 舎利子…………………… 374
45. 五気……………………… 376
46. 三昧真火………………… 377
47. 八功徳水………………… 378
48. 増上縁…………………… 390
49. 虹化色身………………… 392

釈迦牟尼仏の指示

「未來佛宗教」主旨——

　　　継承　庇護　修正　昇華

一、継承

　伝統仏教の「正法」を継承し、先人を承け、後人を啓く。仏教の「正法」を大いに発揚し、あまねく大衆に恵む。

二、庇護

　仏教の正法を護り、正法を破る言論を防ぐ。

三、修正

　仏教の経典に修正を加える。仏教の正法から逸脱した経典を元の姿に戻す。

四、昇華

　伝統仏教の精髄を解明し、現代と未来の知見を結合する。伝統仏教の精髄を昇華させ、伝統仏教の精髄を更に新たな段階へと高める。過去、現在、未来の正見を結合し、新たな正法を形作る。すなわち未來佛宗教の正法である。その正法を世に広めて、衆生に利益（りやく）を与えんとする。

燃燈佛の「授記」

　燃燈佛は地蔵菩薩に「青陽」の名号を授けた。そして地蔵菩薩に「授記」しておっしゃった。「御身は未来世において、『娑婆世界』にて衆生の済渡を円満とした後、仏果を成就するであろう。『青陽佛』と号せよ。」

巻一
己は何者にして、何者が己なりや？

一、「忉利天」の信託

 2500年以上も前に、釈迦牟尼仏はこの星の衆生に目を止められた。やがて機が熟すと、我々の世界に仏として姿を現した。そして地球上の衆生のために、完全で正確な修行の方法、すなわち仏教の「正法」を残した。さらに健全なる世間の「三宝」を打ち立て、長きにわたる仏教の流布に確かな基礎を築いた。

 「仏陀」は生誕するとシッダールタと名づけられた。シッダールタの誕生から7日後に、シッダールタを生んだ摩耶（マーヤー）夫人がこの世を去った。摩耶は善縁が篤く、死後は「忉利天」（天堂のこと）に「化生」し、「福報」を授かったとされる。

 シッダールタは自分の母親についての記憶はなかったが、生母の恩を忘れたことはなかった。シッダールタは自分の「現世法身」を究めて「前世法身」と合一し、禪定において、母親が「忉利天」で「福報」を授かったことを知った。しかし、不生不滅の「法」を修めることを知らなかった為、「福報」が終わった後は、やはり輪廻転生するのであった。そこで、自ら「忉利天」に赴いて母親に救済を施すことにした。更には数多くの生霊を「済渡」し、仏教の未来の発展に道筋をつ

けた。

　世間の「大孝」②のため、仏陀は深い禪定に入ると、「色身」③を人間（じんかん）に置いた。「法身」は「色身」の「三魂七魄」④を携え、「忉利天」に至った。それは母親と無数の生霊をして、いずれも「法身」を修めしめて「高法身」を成就し、「三界」⑤を飛び出して「五行」から解脱せしめる為であった。そうすれば生死の輪廻から解脱して「法界」⑥で永生が得られ、終期の楽を享ける天堂を離れて、永久に真実の極楽を得ることができるのだ。

　仏陀は「忉利天」で「神通」を大いに顕し、「陀羅尼」⑦の言葉を唱え広めた。地蔵菩薩の本願を語り、無数の生霊に「方便の法門」を再び開いた。仏陀は「忉利天」にて金色の手を伸ばし、地蔵菩薩に摩頂して「授記」⑧した。そして無数の生霊を目の当たりにして地蔵菩薩に託して言った。「地蔵よ、私は最前より『済渡』しがたい罪深い衆生を『済渡』しようと苦労を重ねてきた。そうした未だ悟りを得ず、救いがたい哀れな衆生が、もし『業⑨力』」に引きずられて悪道に堕ち『苦報』を受けるようなことがあれば、私が今日『忉利天』で再三お前に託したことを思い起こすのだ。私はこの『娑婆世界』⑩で衆生の機が熟したことにより、仏となって『正法』を伝授してきた。そして私は『涅槃』⑪に至った時から、弥勒菩薩⑫が仏に転生するまで待ち続ける。この時間はおよそ5億7600万年に及ぶ（これは現代中国の暦法による

もので、古代インドの計算方法は現代の方法とは異なる。未來佛宗教の教典では、現代人に合わせて総て現代の計算方法に改めている。そのため多くの数字が現代仏教のものと異なる。以下斯様に察せられたい）。その間は仏の誕生がないため、お前が『娑婆世界』に誕生して衆生を済渡するのだ。『娑婆世界』で弥勒菩薩の誕生までの一切の衆生に総て解脱を得させて、諸々の苦から永久に逃れ、仏に見え、『法』を聞き、仏の『授記』を受けられるようにするが宜しかろう。地蔵よ、私が『涅槃』に至った後、世にあまねき哀れな罪深き衆生のことは、総てお前に託したぞ。」

この時、地蔵菩薩の無量世界の無数の「分身」が一体となった。地蔵菩薩は仏陀の信頼と信託を受け、心中は果てしない感慨に満たされていた。様々な思いが交錯し、感涙に噎んだ。そして両手を合わせ、いつにも増して尊敬を込めて言った。「『世尊』🔍、私は久遠の『劫』🔍より、仏陀の『接引』と教えとを受け、不可思議な『神力』と大いなる智慧を授かりました。今や私の『分身』は百千万億、『恒河沙数』🔍の各世界にあまねく広がっております。総ての世界に百千万億の『化身』が分かれ、各『化身』はそれぞれ百千万億の魂を救済できます。そして『三宝』に帰依せしめる🔍ことで、生死から永遠に離れて、『涅槃楽』を修めるようにします。修行が浅く、善行の少ない魂であろうと、あらゆる手段を尽して救済したいと思います。たとえ瑣末な善行であっても、私

は必ず救済を施して最大の利益が得られるようにします。ご期待には決して背くことなく、修行を怠らずに衆生済渡に生涯を捧げる所存であります。『世尊』、ご安心ください。後世の悪業の衆生の為に憂慮する必要はありません。総て彼らを私にお任せください。」

　地蔵菩薩は自らの固く揺るがぬ決心と誠意、そして永遠に失われることのない信念と不変の意志を仏陀に語った。最後の一言は3度も繰り返した。仏陀は地蔵菩薩の表明を聞き終えると感嘆した。「善きかな、善きかな。とても喜ばしいことだ。君は久遠劫より発してきた誓願を成就し、救済あまねくしてまさに終わらんとする時、直ちに『菩提』☆（梵語で「悟り」の意）が開けるであろう。」

二、己は何者にして、何者が己なりや？

　宗教を修め、「知見」を高めることは大切である。今備わっている「知見」のステージを理解すれば、今後どの宗教を修めるべきかがわかるだろう。今のところ我々の「娑婆世界」においては、霊魂に対する人間の「知見」のステージは、「断滅見」、「断帰見」、「断廻見」、「断恒見」の4つに分けられる。

（一）断滅見

　「断滅見」を持つ者は、肉体に霊魂が宿ることを信じない。そして「人の死は灯火の消ゆるが如く、草は枯れて灰と化する」ものと考えている。人の死とは永遠の死であり、自分に帰属する「有情物」（例えば人の魂など）はこの世に存在しなくなる。肉体が気を断つと生命が絶たれ、精神も滅する。個人の肉体にまつわる一切の「情識」も総て亡びる。こうした霊魂の「知見」を有する者が「断滅見」を持つ者である。

（二）断帰見

　「断帰見」を持つ者は、人間に霊魂が宿ることを信じる。肉体が気を断って死ぬと、生きていた間の善業と悪業に従って、霊魂は２つの異なる場所に戻ると考える。一つは天堂であり、もう一つは地獄である。天堂であれ地獄であれ、そこへ行けば霊魂は未来永劫そこで暮らすことになる。こうした霊魂の「知見」を有する者が「断帰見」を持つ者である。

（三）断廻見

　「断廻見」を持つ者は、人間に霊魂が宿ることを信じる。肉体が気を断って死ぬと、霊魂は一定の時を経て生まれ変わるものと考える。霊魂とは永久に不滅であり、永遠に輪廻転

生を繰り返す。こうした霊魂の「知見」を有する者が「断廻見」を持つ者である。

（四）断恒見

　「断恒見」を持つ者は、人間に霊魂が宿ることを信じるほか、霊魂の輪廻転生をも信じる。更には輪廻とは苦であること、人間を輪廻から解放する手立てがあることを信じている。

　「断恒見」を持つ者は、人間は宗教による訓練を経ると、ある種の方法で宇宙のエネルギーからなる「身外身」を修錬することができると考える。それは「力量身」または「法身」とも呼ばれる。そして最終的には「納身」❶（「高法身」）を究める。「納身」とは不死、不壊、不病、不老、不生、不滅である。

　肉体が気を断って死ぬと、霊魂は「納身」に宿り、そこで永久不滅の肉体を得る。そして「必須輪廻」の為に齎される生老病死の幾多の苦痛に2度と嘖まれることがなくなる。従って、永久に真実の幸福と安楽、快楽、大楽、極楽を得るということである。こうした霊魂の「知見」を有する者が「断恒見」を持つ者である。

　「断滅見」、「断帰見」、「断廻見」は「霊魂の迷見」であり、「断恒見」こそが「霊魂の正見」である。

　「断滅見」と「断帰見」は「霊魂の邪見」という。

　「断廻見」は「霊魂の偏見」という。

「断恒見」は「霊魂の正見」という。

「霊魂の迷見」を「霊魂の正見」に転じさせると、「正知見」⑩が得られる。

「類は友を呼ぶ」という言葉がある。世界は全体として一つではあるものの、宗教の信仰は細かく分かれている。それぞれが宗教ごとに異なる場所に集い、それぞれの礼拝施設で異なる経典を唱えている。

我々の世界には宗教の信仰と教化の責を負う組織があり、布教や教化を一括管理する作業を担っている。その組織は「聯合教化天」と呼ばれ、「精維空間」に設立されている。我々の世界の宗教は総て「聯合教化天」が人を遣わして興し、広めたものである。

各宗教はそれぞれが一科目の課程となっており、異なるステージの魂を対象に設置されている。「知見」のステージが昇華すると、転生に際して、更に高次の宗教課程を学ぶ集団として生まれ変わる。霊魂の「知見」ステージが最も低いのは、「断滅見」を持つ者である。「断滅見」を持つ者の霊魂に対する「知見」が「断帰見」のステージに昇華すると、転生に際して、「断帰見」を信じる集団に生まれ変わり、ともに同じ宗教を信仰するようになる。「断帰見」を持つ者を持つ者の霊魂に対する「知見」が「断廻見」ステージに昇華すると、転生に際して、「断廻見」を信じる集団に生まれ変わり、自身の信ずる宗教をともに信奉するようになる。

卷一　己は何者にして、何者が己なりや？

　「未來佛宗教」の教えでは、主に「斷廻見」を出発点として、信徒を「斷恒見」の悟りと理解に導く。理論と実践の組み合わせによって、一歩ずつ「涅槃楽」を修錬するに至る。「未來佛宗教」では、衆生に輪廻の苦を明らかにし、輪廻とは別の境地を説く。そしていかにしてこの境地に至るか、また「涅槃楽」を得るかを伝えていくのである。

　霊魂というものがあって、それが不滅で絶えず輪廻を繰り返しているのなら、なぜ我々は前世のことを覚えていないのだろうかと考える人もいるだろう。これは「細維空間」に霊魂の転生を専門に取り扱う組織があるからだ。霊魂は転生のたびにこの組織を経ねばならず、いかなる霊魂でもそれは決して免れることはできない（「霊魂の密航者」を除く）。総ての霊魂は、高低や貴賤を問わず、いずれも生まれ変わる前に「迷魂湯」という薬を飲まなければならない。

　霊魂は「迷魂湯」を飲んで「色身」に入り込むと、すぐに昏睡状態となり、「夢」の世界に入る。それと同時に過去の一切を忘れ去るのだ。ただし「授記」された内容だけはこの薬の影響を受けない。そして霊魂の「色身」が死んで、霊魂が「色身」を離れる瞬間、その霊魂は昏い夢の世界から突如「覚醒」し、忘れ去っていた一切の過去の記憶を総て取り戻す。「迷魂湯」の作用で、人間の「色身」は渺茫たる苦海の中で方向を失ってしまうのだ。

　自分が生まれる前、自分は誰だったのか？自分が死んだら、

誰が自分になるのか？

　我々はどこからやって来たのか？どこへ行くのか？幾多の災難が待ち受けるこの世界に生を受けたものの、命はかくも儚い。無数の煩悩や苦痛に噴まれながら、この世界に生きている。こんな環境で暮らすのもせいぜい数十年。もがきながら送る一生とは、一体何のためなのか？自分は何者なのか？何者が自分なのか？我々は人生、森羅万象、そして我々の体について果たしてどれだけ理解しているのか？

　生きることに意義を感じない人がいる。「何か」を必要としながらも、それがなくて惨めな思いをする。辛くも苦難を乗り越え、その「何か」を手に入れたとしても、「手に入れたから何だと言うんだ？」と感じて、結局何の意義も感じないのである。

　とにかく人生には問題が山積みだ。ではどうするか？

　これから著者がゆっくり解き明かしていくことにする。

三、夢中の人

　宇宙や人生の真諦を理解するというのは、さほど難しいことではない。果位を修めるのも難しくはないのだ。転生して生まれ変わる時に「迷魂湯」を飲むことで、簡単なことが複雑になってしまうのである。

霊魂は「入胎」すると、昏睡状態の「原魂」となり、夢の中に活き続ける。「原魂」は「色身」の中で「色身」の束縛を受け、「色身」に雁字搦めにされる。総てが「色身」の「陽魂」に支配されてしまうのだ。「陽魂」は後天的なもので、我々の今生におけるこれまでの経歴や来歴がわかるだけである。「原魂」の昏睡は「色身」の睡眠の時と同じように、目覚めている間のことを一切忘れて、夢の世界に身を置くのだ。

　「色身」の通常の規律に従うと、「色身」の一回の目覚めは「一覚」、そして「原魂」の一回の目覚めは「一生」となる。つまり「色身」とは「夢中の人」であり、「色身」が眠っている間に生まれる夢の世界は「夢中夢」だというわけである。

　前世の一切を忘れさせるのが「迷魂湯」だということはすでに述べた。そしてこの「迷魂湯」は「色身」の成長に伴って完全に「色身」に溶け込んでいく。また、「原魂」が「色身」を離れると、すぐに「覚醒」することもご理解頂けたと思う。ということは、我々が「覚醒」するには死を待たねばならないのだろうか？それはまた修行者が代々取り組んできた課題の一つでもある。

　「覚醒」するのに死を待つ必要はない。生きている間に、ある方法に従って修行を進めていくと、「原魂」が離脱するステージにまで修行を積むことができるのだ。

　「原魂」が離脱すると、すぐに「覚醒」する。森羅万象や人生の実際の様子が総て目の前に現れ、修行の気力が俄然湧

いてくる。この時完全に自分の能力を悟み、大徹悟を得るのである。それから一定の方法に従って更に修行を続け、「借仮修真」すなわち仮の肉体で純粋な魂を修めれば「身外身」[20]を会得し、「大能」を得て、最終的には「涅槃」に至ることができる。

「原魂」は「色身」に自由に出入りできるようになると、更に一定期間の修行を経て、「陽魂」の離脱を修めることができる。「陽魂」が離脱できるようになると、「三魂合一」で物事を辨理できるようになる。その時のステージが「三花聚頂」である。「陰魂」は生まれながらに離脱できるので、「陰魂」の離脱を修める必要はない。

人は生まれると「原魂」と「陽魂」に「鍵」をかける。「鍵」をかけるというのは「竅穴」を塞ぐことである。人体に定められたそれらの「竅穴」は一旦塞がれると、修行によって開かない限りは死ぬまで開くことはなく、「陽魂」と「原魂」が解き放たれることもない。そのため、修行の際には「竅穴を穿つ」または「竅穴を開く」という功法を用いることが重要となる。古より今に至るまで、修行の功法は千変万化であった。例を挙げると、禪、密、ヨガ、呼吸法、導引術、気功など数限りない。心を修めようという人もいれば、病を治したいという人もいる。道を修めようとする人もいれば、能力を錬りたいという人もいる。

修行という面から見れば、「有漏禪」と「無漏禪」の２つ

に分けられる。輪廻というのは苦海の中を泳ぐようなもので、岸に辿り着くには船に頼るほかない。浸水するような船であれば、苦海を渡ることはできない。乗った船が浸水せずして、初めて岸に辿り着くことができるのだ。どんな禪法を究めるにしろ、最終的に我々を岸に辿り着かせてくれるのが「無漏禪」である。反対にどう修行しても、何を編み出しても、最終的に岸に辿り着けないような禪法は「有漏禪」なのだ。

　禪功を修めるというのは、「色身」の健康や心の修養を得るだけではなく、「覚醒」に至るためのものでもある。「覚醒」してはじめて、「涅槃」に至るのが容易になる。なぜなら「覚醒」すると「法」の真偽や導師の真偽が更に見極めやすくなり、自分の向かう方向が明確になって妄りに後戻りしなくなるからである。これも筆者が長年弟子を修行に導いてきた経験から言えることである。「覚醒」した弟子には、後戻りした者はいない。そして「覚醒」しなかった弟子は迷いや後戻り、更には不和が生じがちとなる。

　当然、人は夢の中にあって、誰もが「涅槃」に至るというわけにはいかない。それぞれの機縁の「成熟度」が違うため、人によりそれぞれの教えを施す。縁に従って「済渡」するのであって、強いて求めてはならないのだ。

　「覚醒」した後の人生は非常に有意義なものとなる。「覚醒」後は思想が「飛躍的」に変化し、縛られていた「俗世間」のことからも次第に解き放たれ、「涅槃道」に近づいていく。

ある時、筆者の禪定の際に、霊魂が「色身」を離れて「納維空間」に通じる「時空隧道」☆に入っていったことがある。「時空隧道」を抜けて、しばらく進んでいくと、そこには豪華絢爛たる宮殿が見えた。守衛も見当たらなかったので、そのまま宮殿の奥に入り込んでいった……

　中で何気なく見回してみると、宮殿の大きさと美しさが感じられた。部屋はたくさんあったが、人は見当たらなかった。ふと大きな寝室に入ると、その奥には大きな寝台があり、仏様が一人横たわっておられた。両目をかすかに閉じられ、幸福な表情を浮かべていた。

　そこで思わず3度拝礼したが、何の反応もなかった。「ここはどこなんだ？」と心で思っていた。するとその仏様が「お前は私の夢の中にいるのだ」とおっしゃった。言い終わらぬうちに一筋の「七色の光」が筆者を照らした。その力はとても大きく、一瞬にして筆者の魂は体に帰り、禪定から目覚めた。目覚めてから、仏陀の言葉を思い返すと、多くの感慨が浮かんだ。

　我々の世界、そして世界の衆生は仏陀の夢幻であり、夢幻世界なのだ。あらゆるものは滅び、無常である。我々は修行して夢幻世界を飛び出し、不滅の世界に入って永久に真実の安楽を得なければならない。それが仏陀の本意であろう。

　数日後、筆者は「夢中の人」を書いた。

> 僧に似るはこれ俗、俗はこれ僧に似、
> 世法を修め出で、凡そその事を為し、
> 名は無為と曰へども、実は不為無く、
> 形有らば則ち小、形無くんば乃ち大、
> 風火く浪尖かれども、大隠潮を弄び、
> 滾々たる紅流、水に逆らひ船を行め、
> 半ば醒め半ば眠り、仮を借り真を修め、
> 夢中の夢を悟り、身外身をば修めん。

四、輪廻

「断廻見」を持つ者は、霊魂の存在を信じ、霊魂の輪廻を信じる。霊魂の転生説を信じるというわけだ。ただし輪廻の外に生命の現象があることは信じず、更に不生不滅の生命など決して存在しないものとする。

輪廻とは、「色界」の衆生に備わる生死の循環現象のことである。霊魂は古くから輪廻している。「涅槃道」を究める前に、まず輪廻の内容を理解することが大切である。

霊魂はそれぞれ下等の生命体から生活や学習を始め、次第に進化していって、最終的に高次の生命体に転生する。これが霊魂の進化の過程である。

現代佛教の
謬見より出でよ

　ヒトはサルから進化したものだという人もいる。では現代のサルはなぜヒトに進化しないのだろうか？サルがヒトになるのは「色身」の変化であり、一生のうちに果たせることではない。しかしサルの霊魂が転生の際に「人胎」を与えられ、ヒトとして転生することは可能である。それは霊魂の進化であり、精神の変化でもある。人体という姿形はその人の進化ではない。霊魂が転生する際、前世でステージを上げたことにより、一つの完璧な肉体を得ることが本当の進化なのである。だから本当の進化とは、サルがヒトになることではない。霊魂がステージを高め、そこから更に完璧な肉体を得るということなのだ。

　世界の環境は常に変化を続けているから、人類やその他の生物は環境に応じて生き、百年、千年、万年を経て「色身」は常に変化を続けている。こうした環境への自然な適応は適者生存であって、ある霊魂が一生の内に迎える変化ではない。そのような変化は進化であるとも、退化であるとも言える。

　植物もまた進化や退化を遂げる。つまり、工業が高度に発展し、人口が爆発的に増え続ける現在、植物であれ動物であれ、種類は減少の一途を辿っている。

　とどのつまり、生命の進化とは霊魂の進化レベルにより定まるもので、「色身」の直接的な変化ではない。

　霊魂の進化がどのレベルかは、自分で決めることはできない。霊魂の住む世界である「細維空間」にある「霊魂のステ

ージ評定機関」が審査する。この機関は「霊魂管理院」が管轄する。肉体の死後または生前に、この機関が霊魂に対する審査を行う。審査が終わると、その霊魂が後にどのような肉体を得るかが決められる。

この世に生きる一切の「色身」は総て霊魂の「器」である。どんな霊魂でも、それだけでは長くは生きられない。霊魂が長く生きようとすれば、拠り所（「器」や肉体など）が必要となる。生きるためには自分のものではない肉体に「肉体憑依」して、「収斂」されないようにする。（ここで言う「収斂」とは「霊魂管理院」の執行人により霊魂が「原魂宮」に幽閉されることを指す。）

この世には霊魂が多いが、転生できる数は限られている。たくさんの霊魂が列をなして待っているのだ。これらの転生のかなわない「恒河沙数」の霊魂は、様々な瓶や壺、缶などに閉じ込められる。一つの容器に一つだけ霊魂が入る場合もあれば、いくつかの霊魂、多くの霊魂がまとまって入る場合もある。「迷魂湯」を注ぐと、長い間休眠状態となり、極僅かなエネルギーしか消耗しなくなる。こうして眠った霊魂を容器に詰めて「細維空間」の「原魂宮」に置く。置いた後は無量の「劫」である。「原魂宮」は生霊の種の倉庫のようなもので、絶えず出し入れしている。「原魂宮」に収められた霊魂と比べると、霊魂が自ら「色界」でまともに輪廻し、「原魂宮」に収容されずにいるのを保証するは容易なことではな

い。

　人の体は得がたいものである。我々は自分が人でいられる機会を大切にすべきであり、そしてこの機会をしっかりと把握し、霊魂を昇華させなければならない。

　霊魂というものはそれだけで「霊気」を得ることができず、「霊気」を補充し続けながらその生命を延ばしていかねばならない。霊魂には独力で生きる能力が備わっているが、その時間は長くない。人によって異なるが、通常は49日ほど生き、長くても100日を超えることはない。そのため、古い肉体が滅びると、普通は49日以内に次の肉体を決めて、すぐに宿るのである。

　「色界」では、「四大正果」（羅漢、「辟支仏」、菩薩、仏）を除いて、総ての肉体は「寿命」を持つ。だから霊魂は仕方なく生死を繰り返して、宿る「器」（肉体）を変え続ける。よりよく生きていくことを目的としているのだ。

　「未來佛宗教」の目的は、有縁の衆生をして永遠に壊れない「住まい」を得しめ、霊魂を宿らせ、幾度の生死の苦痛や煩悩から解き放たれるようにすることである。

　霊魂が不生不滅の「住まい」を得れば、輪廻から解放され、自由を得ることができる。そして永久に真実の快楽を得ることができるのだ。転生をしたければ、申し込んで行くことができる。また転生をしたくなければ、快楽のある所に暮らし、遊ぶこともできる。

このことから、「偶需輪廻」と「必須輪廻」の2種類の輪廻が導き出される。

（一）偶需輪廻

「偶需輪廻」とは、たまに必要な輪廻のことである。この輪廻は必須・必然のものではなく、必要に応じてたまに一回輪廻するのである。例えば、何かの命令を受けた場合や果位を高めるため（修行者にとって、「陰陽間」では足るを知り、楽を長くし、「法界」では精進することが、果位を高めることになる）、誰かを助けるため、または「衆生を済渡する任務」を負う者を手助けする場合、一連の「業務」を清算する（あるいは「了業」という）ため、大願を発して経を説き「法」を広め、衆生を救う場合などである……。

このような輪廻は、自身の必要に応じて、自分でふさわしい時間や時機を選ぶことができる。また、これは自らの意志による輪廻であり、必須のものではない。そのため、「偶需輪廻」と呼ぶ。

こうした転生の方法は「分霊」と呼ばれている。

その回の輪廻が終わり、「必須輪廻」の状況になければ、「分霊」は引き戻すことができる。もし「必須輪廻」の「業」がある場合は、「分霊」を引き戻すことはできない。

ゆえに、「偶需輪廻」の者は「必須輪廻」の「業」を決して持たないようにしなければ、任務を完了して「分霊」を引

き戻すことはできないのである。

「分霊」は「分身」とは異なる。「分身」は「法身」から分かれたもう一つの肉体であり、「元の法身」と同じく、全て「霊光」からなる肉体である。一方、「分霊」とは霊魂から分かれた「僅かな霊気」であり、霊魂の「一粒の種」である。

一つは完全な肉体であり、一つは肉体の一部（精神的部分）となる。そのため全く異なるものなのだ。

「偶需輪廻」はまた次の2つに分けられる。

1. 長寿無限

「長寿無限」とは、「四大正果」を修め、輪廻から解放されて生死から解脱し、再び転生して生まれ変わる必要のないことを指す。時間の点からすれば、寿命が無限（無量寿）で、時間の制限がない。ただ何らかの必要に応じて、または何らかの目的を達成するために輪廻転生する。

2. 長寿有限

「長寿有限」とは、「四大正果」はまだ究めていないものの、既に寿命の長い肉体を手に入れていることを指す。輪廻からの解放や生死からの解脱には至っていないが、寿命の長い「器」があるため、しばらくは輪廻を必要としない。その体は寿命が長いとはいえ、時間には制限があり、一旦命が尽きると輪廻をしなければならない。まだ長い寿命が残っている場合、例えば10億年の寿命があれば、何らかの必要に応じ

て、または何らかの目的を達成するために何十年あるいは何百年と輪廻転生する。

「超長」の寿命を持つ肉体は総て「慧命」と呼ばれている。なぜなら智慧を有する霊魂だけが長寿の肉体を得られるからである。そのため「慧命」と呼ぶのだ。ここで言う「長寿有限」の肉体は、間違いなく「慧命」である。

このような「長寿有限の慧命」は、死期を迎える前に自ら延命の方法を考え出さねばならない。そうしなければ、寿命が尽きてから49日以内に新たな「器」を探さなければならないのだ。見つからない場合は、霊魂は拠り所を失う。拠り所を失った魂魄は容易に飛散してしまうのだ。

「霊魂管理院」では衆生をとても哀れんでおり、霊魂がそのようなステージまで進化するのは容易ではないと考えており、魂魄が飛散したら、「原魂宮」に収容してしまうのだ。そのため、拠り所を失い、あちこちで「憑依」し、気ままに彷徨っている霊魂は「原魂宮」に収容され易く、転生の機会がない。

霊魂の「器」が滅ぶと、「業力」に引きずられて新たな「住まい」は手に入らない。「器」が見つからない霊魂はとても焦って、より劣る「器」であっても住みたがるのだ。そんな時は一頭の豚であっても、霊魂にとっては住めればそれでいいのである。このようにして、「長寿有限の慧命」は自ら時宜にかなった輪廻転生を申し込むことができる。これも「長

寿有限の慧命」、「分霊輪廻」の主な原因の一つとなっている。

（二）必須輪廻

「必須輪廻」は完全に「業力」の牽引を受けており、自分では望まず、行きたくないと思っていても、行かねばならない。時機や場所、「器」などの一切の条件を自分で選ぶことはできない。

一切のことに無条件で服従せねばならず、自身にはいかなる自主権もない（ただし上訴権はある）。一切の「業果」は、総て「輪廻転生院」が「業力」により手配する。こうした輪廻は「必須輪廻」と呼ばれている。

「必須輪廻」もまた次の2つに分けられる。

1. 分霊輪廻

前述の「分霊輪廻」（偶需輪廻）は、「業力」の牽引を受けて「原霊」に回帰（「原霊」と合一）することはできず、「色界」に淪落して「必須輪廻」となる。「分霊」のステージを高め、「必須輪廻」の「業」を終えなければ、「原霊」に回帰（「原霊」と融合）することはできない。

2. 原霊輪廻

「原霊輪廻」は更に次の2つに分けられる。

一つは、霊魂が一度も「慧命」を得ることなく、低ステー

ジの霊魂から少しずつ高ステージのそれに進化していき、累世して輪廻を得る「業報」である。

もう一つは、既に「慧命」を得ていた霊魂が「慧命」を受け継ぐことができずに「慧命」が尽き果て、霊魂が拠り所を失ったため、輪廻転生により新たな拠り所を手に入れなければならない場合である。

以上が霊魂の「色界」での生死の輪転であり、生死の際の「必須輪廻」と「偶需輪廻」の違いである。

五、多維空間

空間について明瞭に理解しておくことは、修行者にとって非常に重要なことである。

我々が暮らす世界というのは、「多維空間」の世界である。それぞれの空間は独立して存在しており、同時に他の空間と相互に結びついている。そのため空間の構造は複雑になっている。

空間の構造は恒久的なもので、世界が「滅亡」したとしても、総ての空間は存在し続ける。

我々の世界には、百維を超える空間が存在する。中には放置されたもの、荒れ果てたもの、闇に閉ざされたもの、開発も利用もされていないものもある。「霊に通じる」際にこう

した空間に入ったら、何も見えず、ブラックホール内にいるようなものである。

実際はそれほど多くの空間について理解する必要はない。我々の思索や観念を広げ、「涅槃道」の修行に用いるには、「四維空間」について分かっていればいいのである。

「四維空間」とは、「粗維空間」、「細維空間」、「精維空間」、「納維空間」のことである。

以下、人間の「色身」の観点から「四維空間」について述べていくことにする（「色身」の「認知」を主とし、「法身」の「認知」に基づくものではない）。

（一）粗維空間

「粗維空間」は「色」の空間のことであり、「有形状」または「有質量」の「色」は「色界」に存在している。

「色」とは早晩「滅ぶ」物質である。そのため「色身」は早晩「滅ぶ」肉体であり、「色界」も早晩「滅び」を迎える世界なのだ。

「色身」の「認知」を基準にして、「色」と「色界」が表す様々な感覚や印象をまとめると、3種類の「思想意識の認知形態」を以て概括しうる。すなわち色彩・数字・線である。

あらゆる物事に対する「色身」の感覚は、総て「指数」で表すことができる。例えば、温度、湿度、速度、苦痛の程度、金額の多寡などである。

現代科学の概念では、我々の知る「粗維空間」の速度は光速の域を出ない。飛行機械でも超音速が精一杯である。超光速の時代は今後の科学の発展を待たねばならない。飛行機械が超光速の時代にならなければ、「現実」の科学的手法によって宇宙の神秘の深奥を探索することは実現しないのだ。

　科学が局限されるのに対し、我々修行者は、人間の霊魂の飛行速度は総て光速であり、修行者の「法身」の飛行速度は光速を超えるのだと認識している。どれだけ超えることができるかは、「法身」のステージによる。

　とにかく科学が超光速に至っていない現代にあっては、「法身」を修めることは「超科学」的行為である。なぜなら「法身」は空間の障壁を打ち破り、密封した容器に物体を自由に出し入れできる。そして千里も離れた場所に物体を運び、更には一瞬で何百億光年も離れた星の上に届けることさえできるのだから……。

　「粗維空間」は更に「有形有質」、「有形無質」、「有質無形」の3つの空間に類別できる。

1. 有形有質

　「有形有質」とは、肉眼でその形状を見ることができ、肉体で触れてその物質の存在を感じ取ることができるものを指す。形、大きさ、重さがあるものはある程度の「粗維空間」を占めている。例えば、色身・星・家屋・山河・樹木・自動

車などである。

　こうした物質は「粗維空間」に存在する。「色身」はそれを現実の世界と認識する。死後は何も持っていくことはできないものである。

2. 有形無質

　「有形無質」とは、肉眼でその形状を見ることができるが、肉体で触れてその物質の存在を感じ取ることができないものを指す。形、大きさはあるが、重さはなく、「粗維空間」は占めていない。例えば、人体に光を当てると、陰になる面と照らされる面が現れる。陰になる面には影があり、その影は「有形無質」ということになる。（「入影随形」の境地まで究めると、影も質量を持つようになる。これは「細維空間」の概念に属する。）

3. 有質無形

　「有質無形」とは、肉眼ではその形状を見ることができず、科学的な機器や設備で人間が見たり聞いたりできるもの、またはその質量の存在を感じ取ることができるものを指す。例えば、電気や電波などである。

　我々が絶縁するのと同じ方法で電線を切ってみても、電気の存在を見ることはできない。しかし、我々の体は絶縁していない通電している電線を触ると、電気の存在を感じることができる。そうした例は多く、あえて述べる必要もない。例

えば、電報や携帯電話などである。

以上が「粗維空間」の3つの類別である。

「粗維空間」は既に現代科学で実証されており、現代人もその存在を信じている。以下に述べる空間については、多くの人には見えないため、信じられていない。仏教徒でさえ、その中身を信じないという者は多い。

我々の世界では様々な怪奇現象が起こっているが、そうした怪奇現象は現代科学では決して説明がつかない。浩瀚な宇宙では、未知が既知を遙かに上回っているのだ。科学者がはっきり説明できない、理解できないからといって、非科学的だというわけではない。現代の科学は最高のものでもなければ、頂点に達したものでもない。科学はこれからも発展し、今も発展し続けているのだ。科学に発展の余地がないというのは誤りである。科学は恐らく不断の前進を続けるであろう。我々が霊魂と「法身」を通じて探し当てた「多維空間」は、現代科学の機器では探知することのできないものである（今後探知できるようになる可能性はある）。そのような空間はあまたの修行者たちが幾度となく深く探索してきたおかげで、実在することがはっきりと証明されている。

（二）細維空間

人間の「色身」の認識を基準とすると、多くの「物」が無形である。そして無形の「物」はまた質量を持たない。その

ため、そうした「もの」を「無形無質」と呼ぶ。

「粗維空間」では、そのような「無形無質」の「もの」は、我々の肉体では触ることができず、肉眼では見ることもできない。その存在を感じ取ることは難しい。

しかし、霊魂や「法身」が「細維空間」に入ると、そうしたいわゆる「無形無質」の「もの」は総て「有形有質」の「もの」に変化を遂げるのである。

「細維空間」は「色身」にとって「無形世界」である。「粗維空間」と同じく、山河や大地・東屋・樓閣・住宅・草花・樹木・人型身・禽獣などが存在する。

「細維空間」は「霊気」からなる世界である。そこに暮らす魂は総て光の速さで飛び交い、自動車などの交通手段を必要としない。

「細維空間」で暮らしているのは、主に幽鬼、「天堂人」、低法身などである。

霊魂と総ての「法身」が「細維空間」に入ることができ、そこで暮らすことができる。

幽鬼と「天堂人」及び「低法身」などは、総て「細維空間」の「人型身」である。

「細維空間」には「粗維空間」と同じく、監獄・政府・司法機関・立法機関などがあり、秩序がしっかり保たれている。

「細維空間」は「陰間」と「陽間」に分かれている。

「陽間」には夜がなく、闇がない。

「陰間」には昼がなく、光がない。

「粗維空間」には昼と夜があり、陰陽が半分ずつなので「陰陽間」と呼ばれている。

（三）精維空間

人間の「色身」の認識を基準とすると、「精維空間」も「無形無質」の空間である。

「精維空間」は「霊気」と「霊光」から成り立っている。

「精維空間」は「中法身」の住まう世界である。

「精維空間」に暮らす「法身」は、総て超光速で飛行する。飛行速度は「法身」のステージの高低によって決まる。こうした「法身」は総て「神通」変化でき、空間の障壁を突き抜ける。

「色身」にとっては、「精維空間」も「無形世界」である。「粗維空間」のように東屋・樓閣・草花・樹木などがあるが、総てが七宝㉓で飾られ、この上ない麗しさを誇る。また一切が「法力」によって建てられており、完璧という他ない。宮殿の地面は黄金で舗装されているものの、絨毯にも勝る軟らかさと心地よさが足に伝わる。

「精維空間」にも管理機関、司法機関、立法機関などが存在し、秩序が整然と保たれている。

（四）納維空間

　「納維空間」は「高法身」の住まう世界であり、「法界」の中の「納界」である。不生不滅で清浄な空間であり、常・久・極楽の空間でもある。

　「四大正果」は総てこの空間で暮らしている。

　「納維空間」は「霊光」から成り立っており、超光速の空間である。

　「納維空間」には無数無量の仏浄土が存在する。例えば、太陽系を座標の原点として（地球は自転するため、地球上のある地点を座標の原点とすると正確ではなくなる。これは宇宙観であって、世界観ではない）、我々の太陽系から西に向かって飛ぶこと約445億8000万光年の彼方には阿弥陀仏の極楽世界がある。また太陽系から東に飛ぶこと約556億光年の彼方には薬師仏の琉璃光世界がある。これらはいずれも「納維空間」に築かれた仏浄土なのである。（我々の住む世界の「納維空間」は未開発の空間である。「高法身」は総て諸仏の築いたその他の「納維空間」にある仏浄土に暮らしている。「高法身」の中にはこの世の「精維空間」に行宮を置き、この世の衆生を「済渡」する者もいる。）

　物質を構成するのは「エネルギー粒子」である。その粒子の大きさによって空間の性質が決まる。

　「粗維空間」の粒子は我々が肉眼で見ることのできる粗粒

子である。そのため「有形」だと認識される。（「粗維空間」の「有質無形」の空間を除く。）

「細維空間」、「精維空間」、「納維空間」の粒子は我々が肉眼で見ることのできない「微粒子」である。そのため「無形」だと認識される。

「粗維空間」の粒子は大きく、体積や重さがあるため、「壁を透過する」ことができない。そのため「有質」と呼ばれる。（「粗維空間」の「有形無質」の空間を除く。）

水は密度の高い容器に入れると滲み出ることはないが、密度の低い容器に入れると滲み出てくる。滲み出るというのもある種の透過である。

「細維空間」、「精維空間」、「納維空間」の粒子は微小で、どんな「粗維空間」の物質をも通り抜けることができる。そのような「微粒子」は目に見えず、触ることのできないほど細かいものである。そのため「無質」と呼ばれる。

「納維空間」の粒子は「精維空間」の物質を通り抜けることができる。「精維空間」の粒子は「細維空間」の物質を透過することができる。「細維空間」の粒子は「粗維空間」の物質を透過することができる。

粒子の細かさで言うと、「納維」は「精維」より細かく、「精維」は「細維」より細かく、「細維」は「粗維」より細かい。

では「納維空間」の粒子より更に細微な空間があるのだろうか。それは当然ある。しかし、我々の現段階での修行の水

準からすれば、そのような境地に深入りする必要はまだない。「納維空間」を「認識」できれば、「涅槃」を修錬する上では十分なのである。

（五）数維空間の並存

「多維空間」というと、とりもなおさず空間にはそれぞれ決まった場所があると考える人もいる。例えば、天堂は決まって空の上にあり、地獄は決まって地の底にあるというものである。しかしこの考えは間違っている。

地球は丸い。「天」は地球にとって全方位的なものである。

実は一粒の塵芥の中にも百維を超える空間が存在する。しかもそれぞれの維空間は独立しており、互いに干渉しないのだ。それは無数の電波が我々の体を常に貫いているのと似る。我々の体は電波が通り抜けるのを遮ることはできない。電波が通り抜けるのを遮る物質もあるが、それは物質を構成する「粒子」の構造が異なるからである。「霊気」と「霊光」の「エネルギー粒子」は微小なので、透過力も高くなっている。

透明な硝子の瓶に水を入れ、携帯電話をビニール袋に入れたものを水の中に入れて瓶にふたをする。それは面白い「多維空間」となる。霊魂と「法身」などの体はこの瓶を通り抜けることができる。そして瓶の中で生きることもできる。瓶の中の携帯電話に電話をかけると、その携帯電話は瓶の中で着信音を鳴らす。また、この瓶の中には地獄と天堂を置くこ

ともできる。このように瓶の中には「多維空間」が存在することが分かる。空間は孤立したものではなく、「多維空間」は融合しながらそれぞれが成り立っているのである。

つまり「数維空間」は並存するということである。

六、霊魂が「色界」にて輪廻する境地

霊魂は「色界」で生死を繰り返しながら輪廻する。それは疲弊の連続であり、苦痛や煩悩に限りはない。時に「長寿有限の慧命」を得たとしても、しばらくするとまた「淪落」してしまうのだ。

霊魂は「色界」で輪廻転生するが、「色界」にはどんな境地があるのだろうか？

図表（1）は「色界」を簡単に説明したものである。

図表（1）からわかるように、我々のこの「小世界」には「陰間」、「陽間」、「陰陽間」が含まれる。

これらの世界は総て「五濁忍世」の中に築かれている。しかし「五濁忍世」は「滅ぶ」世界であるため、「小世界」全体の「数維空間」は、総て「色界」に属するものである（「小世界」では「納維空間」を開発しない）。

「万法は縁に因て生じ、縁滅すれば法も亦滅す」という。この「小世界」が占める空間には、元々「多維空間」が存在

している。しかしそれは開発も利用もされていないだけである。開発や利用という「縁」がないのだ。そこで「陰陽間」の衆生がこうした空間を開発し始め、「陰間」や「陽間」を築いて「多維空間」を開発した。この小世界が「滅んで」しまえば、「多維空間」の山河・大地・東屋・樓閣・天堂・地獄、そして「天人」、幽鬼、神などは一切存在しなくなる。その空間はまた元のように荒れ果て、次の開発や利用を待つことになる。

この世界の一切は「滅び」を迎える。そのためこの世の一切は虚ろな幻であり、故に「色界」と称するのである。

決められた方法で「法身」（決められた方法で究めた体）を修錬すれば、「法界」に入ることができる（ある方法で「法身」を得なければ入れない境地であることから、「法界」と呼ばれる）。そして「高法身」は「納維空間」に入ることができる。それは「納維世界」とも「納界」とも呼ばれる。「納界」は「法界」を構成するものであり、永劫の世界、極楽の世界、輪廻のない世界、そして「実界」であり、清浄の世界である。

「納界」の「人型身」は「納身」とも呼ばれる。「納身」には男相も女相もなく、「寿者相」㉔も衆生相もない。空間の障壁を突き抜けて、どの維空間にでも出現することもできる。大小自在で、「法力」のステージに従い「神通変化」する。「粗維空間」に顕形して、「粗維空間」の「色身」相となる。

巻一　己は何者にして、何者が己なりや？

（『天条』の制限を受け、「特赦令」を得ていない者は勝手に「顕形」はできない。さもなくば『天条』の制裁を受ける。）

霊魂が「色界」で輪廻する場合には、大いなる「福報」に与る者もいるが、「福報」には終わりがあり、寿命が尽きれば輪廻をしなければならない。

そうした輪廻の境地には苦楽がある。大苦大楽や小苦小楽があり、また苦楽相半ばする場合もある。（世俗の人間の認識を苦楽の基準とする。）

大楽に与る者は、驕り昂り、修行をしようと思わない。

大苦を享ける者は、苦痛に耐えられず、修行ができない。

苦楽相半ばする境地が最も悟りを開きやすい境地である。

人間は「陰陽間」に生きているが、多くの場合は苦楽半々の境地にあり、悟りを開くのは容易である。だから「悟の道」に至らければならない。思想を悟りに至らしめ、最終的に修行の列に加わらせるのである。

「色界」の下位に区分される「慾界」とは、男女や飲食にまつわる欲望の境地である。

「色界」の下位に区分される「離界」とは、既に男女や飲食の欲望を離れた境地である。

「色界」の下位に区分される「滅界」とは、輪廻の煩悩を滅し、諸々の苦を解くものである。三界を飛び出し、「五行」を離れ、「涅槃」に入って「納身」（高法身）を得て、永遠に極楽を享受する準備をする境地である。

図表（1）の内容を詳しく解説するには、かなりの紙面を要するため、後述することとする。

図表（1）を簡略化すると、次の図のようになる。

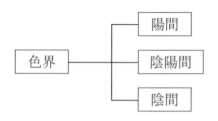

七、地蔵菩薩の「華語」と弘法の「三世」

生霊は累世して「色界」を輪廻する。無量劫を経ても「涅槃」に入ることが叶わないものもある。それは修行の方法が誤っているからである。

「陰陽間」に生きる衆生で、独学で成功する者は少数である。大多数は学校に通い、小学校から勉強を始めて、次第に高い学歴を得る。

修行もそれと同じで、学習することが必要となる。森羅万象や人生の道理とはそもそも奥深いものである。「明師」に教え導いてもらうことが成功の近道なのだ。

修行とは機縁を伴うものである。

仏陀は慈悲深く、衆生を「済渡」するために、衆生に多くの機会を与えた。より多くの生霊を救わんがためである。

多くの人はある程度修行すると、「得道」したものと思い込んで、自分を果位に封ずる。これは「大妄語」である。自分で自分の果位を評価するというのはおかしな話であって、世俗の人間は騙せても、「法界」では通用しない。

　世間では正当な学歴を手に入れようと思ったら、勉強して試験を受け、認定されて証書をもらう。

　「多維空間」において、果位というのは「色身」ではなく、「法身」を対象としたものである。「法身」が「果位評定機関」の認証審査を経ることで、「法身」の果位の序列が確定するのだ。

　そして「法身」が自身の霊魂を引き続き輪廻させようとするのも、「法身」が輪廻するのではなく、「法身」がその霊魂を「分霊」して輪廻させるのである。

　果位の評定は、毎年行われるものではなく、一定の時間制限がある。

　この世では、先史時代を除けば、有史以来これまでに果位の評定が合わせて2回行われている。

　一回目は『封神演義』における呂尚（太公望）の時代である。その時代には主に神を封じた。

　2回目は釈迦牟尼仏と道教の老子の時代である。その時代には総合評定が行われ、主に一群の「仙」、羅漢、「辟支仏」を評定した。

　では3回目はあるのだろうか？もちろんある。

3回目は「現代の青陽㉗の時代」と「未來佛宗教の時代」である。この時代には総合評定を行い、菩薩の果位を評定する。

4回目はいつになるのだろうか？目下6000年ごろのことになるが、具体的には衆生の「業力」の変化によって変わってくる。

隣接する2回の「定位」の間（例えば2回目と3回目の「定位」の間）に修めた「法身」はどうするのか？「定位」が決まるまでは、その期間に修めた法身は総て「人仙」とされる。

「人仙」は「中法身」の最低ステージである。

果位の評定は「色身」ではなく、「法身」による評定である。また一体の「法身」ではなく、「高法身」や「中法身」など諸々の「法身」からなる「集団」が会議を開いて評定を下す。

また世間では「色身」からなる「集団」が「法」を伝える。

「天上天下」におけるこの「集団の団体行動」は「伝法定位」と呼ばれる。

たとえ仏陀といえども、「星雲㉗内外聯合王国」に設置された「仏陀資格認証機関」の認証を受けてからでなければ、仏を名乗ることはできない。

「星雲内外聯合王国」とその下部組織である「仏陀資格認証機関」は、ともに無量「劫」の昔に諸々の先仏たちによって設立された大組織である。

「星雲内外連合王国」には、専門的に菩薩を養成する機関

巻一　己は何者にして、何者が己なりや？

「青陽蔵」があり、主に「十地」に至った菩薩を養成している。

「青陽蔵」には、無数世界の膨大な資料が収蔵されている。

「十地」に至った菩薩は、「分身」して学習しながら、「分霊」して転生できる。

地蔵菩薩は古くから無量世界にあって衆生を「済渡」し、既に数え切れないほど「十地」の菩薩の果位を得ている。前世にて「地獄が空になるまでは、成仏せぬことを誓う」と発願したことから、現在も菩薩道を歩み続けている。

俗に「家戸に皆阿弥陀仏・観世音菩薩有り」という。地蔵菩薩について理解していない人は多く、地蔵菩薩は地獄でだけ働いているのだと勘違いしている。しかしそれは誤っている。地獄とはそもそも「果報」の地であり、生霊が地獄に堕ちてから悔やんだところで後の祭なのだ。地蔵菩薩が地獄でだけ働いているなどということがあるだろうか。無数の人を救ってきた大菩薩が、事前の準備を怠ることなどあるだろうか。地蔵菩薩は機縁が適宜ならば、いつも世俗に転生して、「因地」のまま衆生を済渡するのである。

「忉利天」で釈迦牟尼仏から受けた信託を、地蔵菩薩は決して忘れはしない。

釈迦牟尼仏は應化して「法」を説いた数十年、文字としての記録は何も残さなかった。釈迦牟尼仏が「涅槃」に至ると、その主な弟子たちは仏法を後世に残そうと、皆で集まって仏陀の教えを整理し、書き記した。そしてそれを書物として編

纂し、「大蔵経」と呼んだ。

　「大蔵経」には「三蔵」があり、経蔵、律蔵、論蔵に分類される。

　経蔵――釈迦牟尼仏の説いた「法」。

　律蔵――釈迦牟尼仏が弟子に定めた戒律。

　論蔵――弟子の戒律・道法の研究及び修行を深めて会得したこと。

　「大蔵経」は弟子たちの3度にわたる大規模な編纂を経て、各地に伝えられた。

　仏陀の指示により、中国を重点として「大乗」仏教が広められていった。

　そのような指示があったものの、中国では仏教の「正法期」を経ておらず、「大乗」の仏法を伝えることは容易ではなかった。手始めに仏陀の説く「法」の真実義を理解する必要があった。

　地蔵菩薩は仏陀の指示に従い、「華語」で「大乗」仏教を広めることに身を投じた。千年の間に3度この世に姿を現し、「大乗」の仏法を広める3つの金字塔を打ち立てた。

（一）第一世

　西暦600年、中国に転生。俗姓を陳、名を褘、玄奘を号とした。西暦626年、経典を授かるため「西域」に赴く。18年の歳月を経て、行程は往復5万余里、110もの国を訪れた。「大

乗経」224巻、「大乗論」192巻、「上座部」経、律、論114巻、「大衆部」経、律、論15巻、「因明論」36巻、「説一切有部」経、律、論67巻、「法密部」経、律、論42巻、その他の経典54巻、合計744巻の経典を持ち帰った。

西暦645年1月末に唐の都長安に戻った時は、経典や法物を積んだ馬を20数頭引き連れていた。当時の熱狂振りは、仏教の東方伝来始まって以来の一大事であった。

唐の太宗は稀代の名君で、帰国した後の玄奘の取り組みを支えなさった。国を挙げて仏教の利益を保護し、思想文化や社会生活における仏教の地位を高めた。玄奘も「聖僧」と崇められ、当時の仏教界の領袖となった。

統治者の絶大な庇護と支援のもと、玄奘は大量の人材と物資を得て、持ち帰った仏教経典を翻訳し、伝え広めた。こうして「大乗」仏教において多大な功績を残した。

西暦664年、玄奘は現世で成し遂げた任務に満足しながら、笑みを浮かべてこの世を去った。

(二) 第二世

西暦696年、新羅に転生。俗姓を金、法名を喬覺とした。唐の開元年間末期に中国の安徽省に至り、青陽県の九華山に入ってその山中で苦行を修めた。後に現地の「善人」に見止められ金銭や土地を寄進され、寺院を修築して九華山道場を開き、次第に発展していった。現在の九華山は観光客が訪れ

る景勝地となっているが、仏教名山の一つであり、地蔵菩薩の「相法」道場である。

　西暦794年、すなわち唐の貞元10年に、金喬覺は「相法」による衆生済渡の初歩的な体系を整え、円満のうちにこの世を去った。享年99❷。

（三）第三世

　西暦1960年、中国に誕生。12歳の時に災難に遭い、遁世の隠者に救われる。以来遁世の隠者を師と仰ぎ、法を学び道を修めた。常に師に伴って深山に入り、世俗を離れて修行を重ね、「出世間法」に通暁した。

　大乗の仏法を広める3つ目の金字塔が、西暦2008年に打ち立てられたのである……。

　他の言語で「法」を広めることについては言及する必要はなく、ここでは「華語」で「法」を広める「三世」についてのみ述べる。

　第一世では、経典を得て「華語」に翻訳することに重点を置き、「経典を解釈する」ことはなかった。

　第二世では、「相法」を打ち立て、経典を伝えることに重点を置いた。

　第三世では、「経典を解釈する」ことに重点を置く。仏教経典の精髄は「謎掛け」のように世間に問いかけられた。衆生はその真実義を探りながら、2500年以上の時が過ぎた。そ

して今、「答え」を示す時が来たのだ。「未來佛宗教」の教典では、古い仏教経典の精髄の答えを衆生に解き明かすため、正しい見聞で有縁の人々を「済渡」し、仏果を論じる。

新たなる視界 — すべからく知るべき新概念

☆化生

「色界」を俯瞰すると、生霊の転生は胎、卵、湿、化の4つの形式に分かれる。

1. 胎生

陰陽の結合を通じて、母体で育まれ、生命を得る。例えば、人間および一部の「傍生」。

2. 卵生

動物の生む卵（また玉子と書く）を基準とし、卵で繁殖する。例えば、鶏、家鴨、蛙など。

3. 湿生

「小虫」の多くは「胎生」、「卵生」、「化生」によらず、湿った土壌や環境から自然に涌くことから、「湿生」と呼ばれる。

4. 化生

人間は「胎生動物」である。死後は「業力」の牽引を受けて、「胎生」として転生せず、その他の境地に至る者もある。例えば、「天堂人」、幽鬼である。

巻一　己は何者にして、何者が己なりや？　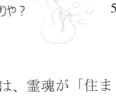

人の死後「色身」がなくなるということは、霊魂が「住まい」を失うに等しい。天堂に転生した場合、霊魂は直ちに新しい肉体、新しい「住まい」を手に入れる。霊魂は「業力」の牽引を受けて、一瞬にして天堂に至り、同時に「霊気」からなる肉体を得るのである。この過程が「化生」の過程である。

もちろん、総て自分の思い通りにできることではない。「小世界」の「陰間」管理機構が司っているのだ。

霊魂の転生を取り扱う管理機構は「細維空間」に設立されている。

②大孝

古人云はく、百善は孝を先と為す。

孝は「大孝」と「小孝」との別あり、また「遠孝」と「近孝」との分あり。

1. 大孝

①出世間の孝（無漏孝）

天下の一切衆生を皆父母とみなし、倦まず弛まず「済渡」して輪廻の苦海から解脱させる。「幻界」（色界）を離れて「高法身」を究め、「納界」（納維空間）に住んで永久に真実の安楽が得られるようにする。

②世間の孝（有漏孝）

生々世々の師の恩、父母の恩に報い、人に善行を施すを良しとし、人を助けるを楽とし、師を尊び弟子を愛し、老いたるを扶け幼を労わり、私心を捨てて奉仕する。

2. 小孝

①出世間の孝（無漏孝）

現世の父母を「済渡」し、輪廻の苦から解き放つ。

②世間の孝（有漏孝）

現世の父母に「孝行」を尽くす。

3. 遠孝

古えの聖賢を仰ぎ、その言行に倣う。

仏道者の弟子は釈迦牟尼仏を手本とし、仏に学ぶ。仏の道徳、行い、思想を学んで、自身を徐々に仏道に導く。

4. 近孝

自分の父母への「孝行」や「済渡」だけでなく、他人の父母にも「孝行」と「済渡」を施す。

③色身

❖ 色

「色」は体積、重量、形状を持つ。人間が肉眼で見ること

ができ、肉体で触ることができる。「粗維空間」を占め、「滅び」を迎え得る物質である。

地、水、火、風の四大、そして金、木、水、火、土の五行はいずれも「色」の範疇に含まれる。

❖ 色身

「色身」とは「色の性質」を持つ物質の組み合わせからなる肉体である。肉体には苦と楽の感覚があることから、「報身」、「業身」、「業報身」とも呼ばれる。苦と楽を受け止め、報いに応じる体である。

④ 三魂七魄

俗に「一寸の虫にも五分の魂」というが、「色身」を持つ動物には総て「三魂七魄」が備わっている。人は高度に進化した動物であるから、当然「三魂七魄」がある。人を例にすれば、以下のようである。

1. 三魂

①陽魂

人体の経絡の「三陽経」に宿り、人体の「霊気」を頼りに生きている。

人は生まれた後に「陽魂」を持つため、「陽魂」とは後天的なものである。

「陽魂」は人が「陰陽間」にある間の様々なやり取りを受け持つ。「色身」の一切の行動は「陽魂」が決定するため、「陽魂」は「色身」の主たる司である。もし「陽魂」が「色身」を離れたら、人は「植物人間に類する状態」になる。そのため「陽魂」はむやみに体を離れることはできない。

高度な禪定に入った修行者は、「陽魂」を体より離すことができる。「陽魂」が体を離れると、人は意識がなくなり、動けなくなる。

「陽魂」はむやみに体を離れることができないため、「守魂」とも称される。自分の「色身」を一生守護する魂なのである。

また、「陽魂」は意識や思想意識とも呼ばれる。

現代仏教では、「陽魂」を意や第六識と称している。

「陽魂」には人体を離れ、単独で動く能力があるが、長い間離れていることはできない。「色身」が傷つくことを防ぐため、あるいは死んでしまったと誤解されることがあるからである。

②陰魂

人体の経絡の「三陰経」に宿り、人体の「霊気」を頼りに生きている。人は生まれた後に「陰魂」を持つため、「陰魂」も後天的なものである。

「陰魂」は人が「陰間」（「細維空間」に存在）にある間

の様々な庶務を受け持つ。前世、現世、未来世も含めてである。

「陰魂」には人体を離れ、単独で動く能力があるが、普通は49日を超えることはできない。特別な状況の下では、100日まで延長できる。100日を過ぎると、人体に病や災いが生じ、死に至る場合もある。

「陰魂」はよく「色身」を離れて、あちこちを漂ったり、「用事を済ませたり」する。そのため、「遊魂」とも称される。

現代仏教では、「陰魂」を末那識や第七識と称している。

③原魂

人体の経絡の「心経」に宿るため、「心藏神」といわれる。「原魂」は人体の「霊気」を頼りに生きている。

また「原魂」を「原神」と称する人もいる。

「原魂」には人体を離れ、単独で動く能力がある。「陽魂」と「原魂」は体を離れる（竅穴を出づ）のに修行を経なければならないが、「陰魂」は修行をせずとも体を離れて漂うことができる。

現代仏教では、「原魂」を阿頼耶識、第八識、収藏識と称している。

「原魂」とは種であり、「僅かの霊気」であり、先天的なものである。生霊の太古からの総ての情報を齎すものである。

「原魂」は今生と前世でのあらゆる情報を集め、記録する

ことを受け持つ。そしてそれをまとめ、解き放ち、潜移黙化させるのである。

「原魂」が人に及ぼす潜移黙化は次のように行われる。

「原魂」は生まれ変わると、累世の先天的な情報を持っている。年を重ねるに連れて、家庭環境や社会環境などの後天的な条件が人間に影響を与え、新たな認識が生まれる。そうした認識は総て「原魂」に保存され、まとめられてから、また放出される。こうして人間の習慣、気性、性格、志向、嗜好などが形成されていくのだ。

「原魂」の潜移黙化は、例えて見れば、ある人が急焼（きびしょ）で何十年も茶を淹れ続けて、ある時茶葉を入れず湯のみを入れ、暫くしてこれを注げば、茶の香りと色とがあるのに似ている。無論急焼に数十年来のよろずの茶の成分が沁み込んでいたからである。

これは「原魂」が累世の情報をしまい込んで、それぞれの世でまとめた情報を再び放つのに似る。こうして人生の全体的な姿を形作っていく。

人というものは先天的な「霊気」と後天的な「霊気」が組み合わさって出来たものである。先天的な「霊気」は「僅かな霊気」とも呼ばれる。この僅かな「霊気」こそ人の「原魂」であり、一個人のあらゆる前世の情報を齎すものである。

「陽魂」、「陰魂」、「原魂」が一体に合わさったものが霊魂である。

現代仏教では、霊魂を「神識」と称している。

人が死ぬと「三魂合一」が行われる。

生きている間でも、決められたとおりに修行を進めれば、「三魂合一」が可能となる。

「道家」の説く「三花聚頂」の神功は「三魂合一」の境地である。「三花聚頂」の境地を究めれば、いつでも禪定に入ることができ、「寿限」の内に生死を操ることができる。そして「遙測」や「遙視」などができるようになるのだ。

人間の脳は霊魂の働く場所である。

コンピューターに例えると、「三魂」がソフトウェアで、脳がハードウェアとなる。そのうちのどちらかが壊れたり、「使い勝手が悪く」なったりすると、まともに動作しなくなるのである。

2. 七魄

❖ 魄

「魄」とは「霊気」からなる人体の臓腑器官の動力系統である。「魄力」の強弱が人体の内臓器官の活動能力や健康状態に直接関わってくる。例えば、腸の「魄力」が弱いと、蠕動運動が直接影響を受ける。

体に病気が生じていない場合は、自分で究めた「法身」や他人の「法身」の助けを借りて、「魄」を取り替える方法もある。そうして健康状態を改善していくのである。

❖ 七魄

「七魄」とは「七組の魄」のことである。「七組の魄」とは、心、肝（肝と胆は一組とする。以下同様）、脾、肺、腎、胃、腸に分れている。

「七魄」は人体に宿る「霊気」を燃やしながら動き続ける。生命が尽きると、「魄」は散り、霊魂に帰する。よってその世での健康情報を次の世に伝えるのである。

⑤三界

❖ 界

辺境。ある区域の境。境界、境界石、界標、境域、境界線（①2つの地区を分ける線。②異なる事物の区切り。③ある事物の辺縁）、限界（①異なる事物の区切り。②終末点、限度）。

範囲。視界、世界、自然界、思想の境界。

職業や性別などで分けられる集団の範囲。教育界、科学界、各界の人士。

自然界の動物、植物、鉱物などの大きな類別。無機界、有機界。

地質の系統分類で最高のもの。地質年代の「代」に当たる。「界」の下に「系」がある。

❖ 三界

「三界」とは次のことを指す。

巻一　己は何者にして、何者が己なりや？

　我々が生命を委ねる太陽系は一つの「小世界」である。この「小世界」では、異なる生活空間が衆生に与えられている。これらの空間は衆生の「業力」によって定まる。衆生は自分の「業力」の導きを受け、「業報」にふさわしい空間に転生する。

　「類は友を呼ぶ」という。仏陀は「小世界」の衆生を大きく３つに分け、それぞれ３つの異なる境界に住まわせた。

　「性相近し、習相遠し」❸というように、本性の似通った者同士を同類としたのである。

　「小世界」の基本的な定義は、一つの太陽、一つの月、一つの地球という空間である。「色」は「滅ぶ」ものであり、地球、太陽、月は総て「色」でできている。そして「色」が占める空間には「境界線」が決められている。

　我々の「小世界」は人間の「色身」を主として形成されている世界である。そのためこの「小世界」では、空間がどれだけあろうが、そこに住む魂の数がどれだけあろうが、総て人間の誕生により聚り、人間の絶滅とともに散ずるのだ。換言すれば、「小世界」のいかなる空間も、「小世界」全体に従って、成・住・壊・空のように進むのである。

　つまり、「小世界」は「色」からなる世界であり、早晩「滅び」を迎える世界である。そのため「色界」と総称される。

下図のように「色界」は更に「三界」に分かれる。

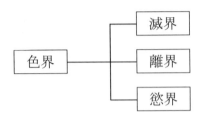

⑥ 法界

「法界」とは「法身」の住まう境地である。ただし「法身」には「低法身」、「中法身」、「高法身」の区別がある。

「法界」にある「納維空間」に住めるのは「高法身」だけである。「納維空間」は「納界」とも呼ばれる不滅の世界である。その他の「法身」も「法界」に暮らしているが、その「法界」は（「色界」に属する）「滅び」を迎える世界なのである。

⑦ 「陀羅尼」の言葉

古代中国には仏教がなかった。従って中国仏教は外来のものであり、仏典も主に梵語やパーリ語を翻訳したものであった。

古代において、経典を訳した先賢たちは、仏典の翻訳に当たって、慣例と規律を守っていた。それが「五種不翻」である。「五種不翻」とは、仏教経典を翻訳する際に次の5つの状況があった場合、均しく意味を翻訳せず、音写するという

ものである。5つの状況を以下に述べる。

1. 神秘性ゆえ

　神秘性を持つため、翻訳してはならないもの。例えば、「陀羅尼」などの神秘性を秘めたもの。

2. 多義にして含蓄あるがゆえ

　多くの意味を含むため、翻訳できないもの。例えば、「薄伽梵」などの多義語。

3. ここに無きゆえ

　中国では見当たらないため、意味の翻訳ができず、音写するしかないもの。例えば、「閻浮樹」など。

4. 古例に順うがゆえ

　これまでの翻訳者がただ音写しただけのもので、意味の翻訳はしていないが、読者らがその含蓄が何か良く知っているもの。

　このような場合は、古人の翻訳に従い、その訳語を用いて音写するに留めた。例えば、阿耨多羅三藐三菩提。意味は無上正等正覚である。既に一般にその含意が知られており、古人もずっとこのように音写してきた。古人の翻訳に従い、統一を図るため、古人の訳語を用いて音写するに留め、意味の翻訳は行わない。

5. 詞が意を達せざるがゆえ

　梵語とパーリ語は極めて複雑な言語であり、非常に含蓄に富んだ言葉もある。そうした言葉を漢語に訳すと、意味が伝わらなくなる恐れがある。そのような場合、原語の意義を尊重して、音写に留める。例えば、「般若」である。「般若」とは輪廻の煩悩を断ち切り、「涅槃」を成就する智慧である。こうした「般若」の意味だけを捉えて翻訳すると、智慧と訳すほかない。しかし、智慧とは軽薄なものであり、「般若」の奥深さ、真の意義を完全に表すことはできない。原語の意義を尊重して、あえて意味は翻訳せず、音写に留める。

　以上５つの状況を挙げ、何故幾許かの語句をただ音写するのみに留めたのか理由を概括した。

　「陀羅尼」は「五種不翻」の一つである。

　しかし、その神秘性は全く解き明かされていない。

　「陀羅尼」は「高法身」の機能の一種（別名「法力」、「神通」）であり、多くの種類がある。

　「陀羅尼」の言葉は数ある「陀羅尼」のうちの一つである。「陀羅尼」の言葉の機能を具体的に表すと、「高法身」が口にする言葉の一種であり、その場にいる魂はどれだけ離れていてもはっきりと聞くことができ、総て自分が分かる言葉となって聞こえてくる。例えば、仏陀の「法」を聞く一万人がそれぞれ異なる一万の言語を使用するとして、一人一人の耳に届くのは自分が分かる言葉となっているのである。

これが「陀羅尼」の言葉の効用である。

8 授記

仏陀と大菩薩はともにある種の「法力」を備えている。「記法力」あるいは「陀羅尼」の記憶と呼ばれる。その「法力」を駆使して、「法」が施された生霊にその時起こったあらゆる出来事、あらゆる言葉を永遠に記憶させ、心に銘ぜしめて累世の後も忘れないようする。

出来事や言葉が相手の中で消えない記憶となり、決して忘れないようにするだけの場合もある。

「授記」の境地は「色授記」、「禪授記」、「夢授記」の3つに分かれる。

1. 色授記

生霊の肉体は「陽間」、「陰間」、あるいは「陰陽間」のいずれにあっても、「小世界」にある限り、頭はまともで、思考がはっきりしている場合に「授記」される。これを「色授記」（「色界」での授記）と総称する。

2. 禪授記

禪功の修行の際、禪定の状態に入って、仏から「授記」される。これを「禪授記」と称する。

禪功において「授記」された者は、功を収めてもはっきりと覚えており、記憶はなお鮮明である。禪功の修行の際、誰

もが仏に会えるわけではない。禪功の修行を一生続けても仏との出会いがない者もいる。

その原因は一に「徳行」、二に方法、三に因縁である。

3. 夢授記

眠っている間に夢の中で「授記」されることを「夢授記」と称する。夢で「授記」された者は、目覚めてもはっきりと覚えており、記憶はなお鮮明である。「夢授記」されることは容易ではなく、修行して術を有する者だけが得られるのである。

人は毎晩眠りにつくが、夢で仏に会う者は少ない。

「色授記」、「禪授記」、「夢授記」の際、異なる衆生のステージによって更に「事授記」、「法授記」、「預授記」の3つに分かれる。この3つの「授記」は、3種の異なる生霊にそれぞれ対応している。

1. 事授記

ステージの低い生霊に対しては、「事授記」を施す。ある出来事について、相手が永遠に忘れぬよう、心に刻みつける。そして累世してなお忘れず、修行を支える力となるようにする。例えば、地獄に落ちた生霊には、「潜在意識」に地獄の苦しみを永遠に刻む。これが生霊に対する「事授記」である。そして累世して悪事をなすことを恐れ、徳を積んで善に向かう心が生まれるようにする。

2. 法授記

既に修行の弘い流れに身を投じた生霊に対しては、「法授記」を施す。

ある「法」について、相手が永遠に忘れぬよう、心に刻みつけ、累世しても忘れない「法授記」を施す。それにより、相手が累世して修行を積む力と与え、直ちに正果を修めるに至らしめる。

3. 預授記

ステージが高く、既に菩薩道に入った生霊に対しては、「預授記」を施す。菩薩道を歩むことは艱難辛苦であり、生れてから死するまで「凡聖」の間を行き来する。大きな煩悩が生じたり、疲労困憊に陥ったりするたびに、退道の心が生じる場合もある。菩薩が道心を堅持し、意気軒昂であるよう、仏陀は菩薩が将来成仏する様子を「予測」して菩薩に聞かせた。そして菩薩に「予測授記」を施した。菩薩がその「予測」結果を永遠に忘れぬよう、心に刻みつけ、累世して修証に向かうのを励まし、成仏に至らしめる。

⑨ 業

「業」とは、人間が生きていく上での思想 s 思考、所為所作、言述である。

「業」は「3つの種類」、「3つの性質」、「2つの区別」、

「4つの快報」、「2つの業報時間」にそれぞれ分かれる。

1.「業」の「3つの種類」

①意業
人間の思想や思考。

②口業
「語業」とも呼ばれる口から出た言葉。

③身業
人間の身体的行動や所為所作。

2.「業」の「3つの性質」

①善業
善業とは積極的で上向きであり、未来世あるいは現世で「福報」を授かることのできる「果」の「因種」である。例えば、進んで良い行いをすること。

②悪業
悪業とは悪、犯罪、堕落であり、未来世あるいは現世で苦痛に噴まれる「果」の「因種」である。例えば、自ら悪い行いをすること。

③無記業
「無記業」とは人道の基準に則した「業」である。要求に

巻一　己は何者にして、何者が己なりや？　

従って成し遂げられた場合のみ目標を達成できた、つまり人としての基準に達したものとみなされ、来世への輪廻で再び人に転生できる。そのため記録を作らない。善でも悪でもないため、何の「果報」もない。例えば、持戒のうちの不偸盗が挙げられよう。

　世の中には自分の物ではない物が数多くある。盗まないのが正常であり、盗めば悪業となる。毎日店を闊歩して、他人の物を盗みさえしなければ善業となるのであれば、盗みを働くということは正常な行為ではないだろうか？

　また持戒には不邪淫もある。在家修行の居士は配偶者がいたら、他人と性行為をしない。それはまともな品行で、善業というべきものだろうか？

　従って、これらはいずれも「無記業」となる。

　我々のこの世には「業力登記院」という組織があり、「細維空間」に駐在している。彼らは専ら各個人の善悪の記録を取り扱っていて、実際に基礎となる記録作業を担当しているのは無数の「地仙」である。

　記録の際には、規定に従って善業と悪業だけを記録する。善でも悪でもない「業」は、記載が許されないため「無記業」と称される。

　身、口、意の3つの「業」で「果報」を得ることができるのは、善業と悪業の二大「因種」だけである。

　人道を基準とし、善を行えば昇華し、悪を為せば堕落する。

「人格」に符合すれば引き続き人中に生まれる。これが「瓜を植うれば瓜を得、豆を植うれば豆を得る」という「因果の定律」である。

3.「業」の「2つの区別」

「業」には更に「別業」と「共業」の区別がある。

①別業

自分のなした「業」により、完全に自分が報いを受ける。この「業因」から「業果」に至る全行程は、「別業」とも呼ばれる。

②共業

甲という人の「業」が、乙という人の「業」あるいはその他の人の「業」と大同小異であるとしよう。そうした人たちが一箇所に集まると、その「業」が合わさり、「別業」よりも強大な「業報」の弘流が作られる。そしてその人たちは同じ環境において、共同の「果報」を賜るのである。

従って皆各々不同なる「別業」を具え、故に各人が受ける業報の軽重は不同なれども、大方大同小異なのである。

この共同の「業因」により、共同の「業果」を賜る。一同がともに「業報」（「業果」と大同小異の報い）を賜るようにする「業」は、「共業」とも呼ばれる。

「共業」は「業力」が同じような人たちに似たような運命

を定め、その人たちが同じ生活環境で暮らせるようにする。

③「共業」と「別業」の関係

「共業」の力は、衆生を大体同じような環境に引きつけるものである。例えば、同一世界、同一民族、同一国家、ないしは同一の団体、同一の家庭……。

皆同じ環境にあるとはいえ、それぞれの「別業」は異なる。そのため個々人の得る「果報」は同じではない。例えば、10人が一台の車で旅行に出かけ、途中で交通事故に遭った場合、怪我の程度はそれぞれ異なるものである。

この交通事故は「共業」ゆえに起こる。怪我の程度はそれぞれの「別業」による。この他のこともまたこれに類するものである。

人は誰でも自分の「業力」が齎した「果報」を賜るほかなく、他人の牽連は決して受けることがない。ある出来事が他人の牽連を受けているように見えても、それは「共業」が作り出したものなのだ。それ以外にこうした状況は発生しない。

そのような「業力」を持ち合わせていない人であれば、他人の「業報」の牽連を受けることは決してない。

「業報」には、表面的には団体や家族など「他方」が齎すように見えるものもあるが、実質的には「共業」と「別業」の関係なのである。

何に帰属するか、どこに落ち着くか、どんな家庭に生まれ

るかといった一切の善悪の報いは、総て衆生の「共業」と「別業」により定まる。我が彼に巻き込まれたとか、我が彼を巻き込んだとかいうものではないのだ。ゆえに一切は因縁の中にあり、一切は縁なのである。

4. 4つの速報

「業報」には速い「4つの類型」がある。「重業」、「豊業」、「近業」、「慣業」である。

①重業

「重業」と「軽業」は、いずれも善悪両方の性質を備えている。

「重業」は「大業」とも称される。例えば、親殺しなどは重大な悪業である。命を捨てて人を救うなどの「大徳」は大変な善業である。

「重業」に比べて小さく軽い「業」は「軽業」と称される。

「因果応報」の際には、「重業」がまず報われ、その後で「軽業」が報われる。「重業」が先に成熟し、「軽業」は後で成熟する。そのため人間が最初に得る「果報」というのは、多くが「重業」から来るものである。

②豊業

善悪や軽重に関わらず、「業績」をまとめて積み上げ、最も豊かに大きくなった「業」が「豊業」である。「豊業」は

牽引力が極めて強く、「業報」が突出する要となる。すばやく応報し、簡単に「業果」を結実する。

③近業

人は死ぬ前に幾許の「業」を作り出し、忘却され難くする。そのような「業」が「近業」である。次の一生に近いので印象も深いものがある。そのため牽引力も特に強く、影響力も大きい。従って、前に作り出した「業」よりも簡単にすばやく「果報」を得ることができる。

④慣業

慣とは習慣のことで、習いて以て常となし、積むこと久しくして性となる。

「慣業」とは繰り返しの行為やその他の習慣のことである。習慣が自然となることから、「業力」が大きく、簡単にすばやく「業果」を結ぶ。

「業」は習慣となるため、本性の一部となる場合が多い。「江山は改め易けれど、本性は移し難し」という言葉は「慣業」をよく表したものである。

「慣業」によっては、無量「劫」を経てさえも完全に取り除くことができない。「慣業」とはいかに頑強なものかがよくわかる。

5. 2つの「業報」時間

「業報」は「現世報」と「来世報」に分けられる。

「業」には、今生において熟し、豊かに果実を実らせることができるものがある。このように、その「業」は今生において必ず応報するのであり、こうした「業報」は「現世報」と呼ばれる。

植えたばかりの「業」、熟していない「業」、軽重のいまだ定まらぬ「業」、極めて複雑な「業」……。そうした様々な「業」は、きっと次の世に転じて応報する。更に次の世に転じるものもあるし、無量「劫」の後に応報するものもある。

未来世で応報するそのような「業報」は、「来世報」と総称される。

⑩ 娑婆世界

浩瀚な宇宙には、人間の住む星が無数無量に存在する。人間は聡明と才智、思想と大脳の発達の程度、「業力」などの状況によって、大きく3つに分類される。高級人種、中級人種、低級人種である。

各「人種」は更に3つの等級に分かれる。

それぞれの等級はさらに地区に分けられており、異なる「人種」が住み、各「人種」にもまた違いがある。例えば、「高級人種」の飛行機械は総て光の速さを超えて飛び、飛行速度は秒速「数十万光年」にも及ぶ。この人類の寿命は「千年紀」

を単位として計算する。それらの星は高度な科学技術の星であると言える。

「娑婆世界」とは、「中級人種」の住む星のことを指す。我々が生きるこの地球は一個の「娑婆世界」だというわけである。

この教典で述べる「娑婆世界」とは、総て我々が現在生きているこの世界のことを指している。

「娑婆世界」は「五濁忍土」である。五濁とは貪、嗔（瞋）、癡、慢、疑のことである。

1. 貪

多くを求め、足るを知らぬこと。貪玩、貪杯（過度の飲酒を好む）、貪婪、貪汚（職権を濫用して違法に財貨を得る）、貪恋（未練がましく恋々とする）、貪心、貪図、貪財、貪求、貪権、貪欲、躊躇無く貪る、法を枉げ賄賂を貪る。

2. 嗔（瞋）

怒り、憤り、他人への不満、非難中傷、誹謗讒訴、他人への怨恨。瞋怒、瞋斥、瞋怪、瞋責、瞋恚。

3. 癡

仏法が説く「癡」は、普通の生活で使われる「癡」とは異なる概念である。

一個人のどのような修行や行いでも、成したこと総てが「色

界」を飛び出して、輪廻の苦から解き放ってくれぬのであれば、それは「癡」である。つまり、病気に関する知識が如何に豊富でも、宇宙や人生の真諦は「認識」できない。それどころか、いわゆる宇宙や人生の真諦は総てまやかしの邪説だと思い込んでしまう。これが「癡」である。

4. 慢

冷淡で無礼な態度。驕慢、傲慢。

驕り高ぶり、他人を見下す。自分が他人より優れていると思い込む。「色身」を「真我」となすことに執着し、「自分」の総てが他人より優れていると考える。

「未証果」でありながら自分は既に「証果」に至ったと言う。

たとえ他人が自分より優れていることを認めたとしても、謙虚にその人より学ぶことがない。

徳がないのに自分には徳があると考える。

5. 疑

猜疑心が強く、あらゆることに疑いを持ち、誰も信用しない。実行の際は優柔不断である。

見るもの聞くものの実理や実質を信用しない。宇宙や人生の真理を疑い、今生きている世界と肉体だけが真実であり、その他の実際に目で見ることのできないもの総ては疑うに値すると考える。

巻一　己は何者にして、何者が己なりや？

　我々の「娑婆世界」では、誰もが多少や軽重に関わらず、「五濁」を持っている。
　人が集まって一緒に仕事や生活をすると、それぞれの「五濁」が多かれ少なかれ開放されていき、人々の間に矛盾を生み、様々な煩悩を互いに与え合うのだ。
　人間は群れをなす高等生物であり、孤立して生きることはできない。生き延びるためには、相手の「五濁」を甘んじて受けるほかない。
　そして菩薩が「娑婆世界」に生まれ変わって人々を救うのにも、「五濁」に耐えなければ、「弘法の大業」を成し遂げることはできない。
　上述の理由により、我々の世界は「五濁忍土」または「五濁忍世」と称され、「娑婆世界」と号されるのである。

涅槃

　「涅槃」は「高法身」を修めたことの専門用語である。
　「涅槃」というのは、「高法身」（納身）を究めた者の功徳が円満となり、「色身」の寿命が尽きて「法身」が正果となり、「法身」が「色身」の「三魂七魄」を「法身」に収めた後、「色身」を捨てて「法身」が「納界」に隠れ入ることを指す。このような「色身」が生命力を失い、「法身」が「色身」の「三魂七魄」を持ち去った瞬間を「涅槃」と呼ぶ。
　「涅槃」は「有餘涅槃」と「無餘涅槃」の2つに分けられる。

1. 有餘涅槃

「有餘涅槃」とは、算術でいう余りの出る割り算のようなもので、完全に割り切れない（余りが出る）ものである。「業報」がまだ最終的に完結していないことを表す。どんな時でも、「色界」に転生すれば、「色身」（報身）を得て、「業報」を受け続けなければならない。ゆえにそれは新しい「業」を作ることなく、古い「業」の応報が終わるまで続くのである。それ以前に得た「涅槃」は、皆「有餘涅槃」である。

そのため、「等覚菩薩」以前（「等覚菩薩」を含む）のあらゆる「涅槃」は「有餘涅槃」である。

「有餘涅槃」は「不究竟涅槃」とも称される。

2. 無餘涅槃

「無餘涅槃」とは、算術でいう余りの出ない割り算のようなもので、完全に割り切れる（余りが出ない）ものである。「業報」が総て完結したことを表し、あらゆる「業報」を二度と受ける必要がなくなる。その際に得た「涅槃」が「無餘涅槃」と呼ばれる。

修行者としては、「無餘涅槃」を得てこそ本当に仏果を得たと云い得るのである。そのため、「妙覚菩薩」の「涅槃」が「無餘涅槃」となる。「無餘涅槃」は成仏の「涅槃」でもある。

「妙覚菩薩」は、最後の人生の旅路において古くからの一

切の「業報」を完結しなければならず、同時にいかなる新しい「業」も作ってはならない。そうして最後の旅路において大円満を得ることができるのである。

「無餘涅槃」は「究竟涅槃」とも称される。

⑫弥勒菩薩

弥勒菩薩は慈氏菩薩とも称される。

弥勒菩薩は目下「兜率天」に住んでおり、「福報」を授かった「天堂人」のためにいつも経を講じ「法」を説いている。弥勒菩薩は既に「等覚」の水準に証入しており、「仏位候補」の段階にある。弥勒菩薩は釈迦牟尼仏の信託を受け、「娑婆世界」で成仏し、弥勒仏と号した。

⑬世尊

仏とは最高ステージの「法身」であり、衆生の導師である。

仏は仏陀と称されるほか、10種の称号を持つ。それぞれ如来、応供、正遍知、明行足、善逝、世間解、無上士、調御丈夫、天人師、世尊である。

1. 如来

生霊は成仏すると、修行の歩みを振り返って、どんな生霊でもこれと同じように修行すれば、将来は仏果が得られることに気づく。ただ「正覚」がないため、「正果」を究めるこ

とができずに「色界」で輪廻しているのだ。「正覚」を得て、「法」によって修持すれば、大覚者となって仏の列に加わることができる。

仏とはかくのごときものである。「傍生」の霊魂から、次第に進化を遂げ、人として転生する。そして無量「劫」の修行を経て、ついに「低法身」の果位から「高法身」まで少しずつ修行を重ね、最後に成仏する。

これまでの諸仏は総てかくの如く来たのである。

如来、如来。衆生は総てかくの如く仏の列に加わる。

如来、如来。仏陀はかくの如く修行し「衆生相」から上って来た。

如来、如来。かくの如く来て、意のままに来る。諸仏はかくの如く来た。

如来、如来。自如去来（自如去来とは自由に俗世に出入りする力のこと）。

2. 応供

仏は衆生の中にあって尊ばれ、敬慕さるべき、衆生が供養せねばならぬものである。

供養は「物供養」と「法供養」の2つに分けられる。

①物供養

仏陀がこの世にある間、衣食住行に必要なものを捧げて敬意を表する。これが「物供養」である。

②法供養

　仏の教えに従って戒律を厳格に守る。「法」に則って修行し、仏法を広める。仏法を衆生の心に伝え、機縁の熟した衆生を一切の苦から解脱させ、無上楽が得られるようにする。これが「法供養」である。

　以上のことから、仏陀は「応供」と呼ばれる。
　また、「応供」は「大応供」と「小応供」にも分けられる。
　仏、菩薩は「大応供」である。
　辟支仏、羅漢は「小応供」である。

3. 正遍知

　仏陀は、衆生の「心」や万事、万物、万象を含む一切の「法」について、知らないことがなく、わからないことがない。
　一切の「認識」が正確で誤りがなく、遠く離れたり顛倒することも虚ろになることもない。仏が「正遍知」なるゆえんである。
　仏陀が得た悟りは、「無上正確」の悟りである。そのため、仏陀は「無上正覚」と呼ばれる。
　仏陀は一切の「法」を真にあまねく知る「高法身」である。

4. 明行足

　衆生の一切の修行においては、「無明」を破ることが要となる。「根本無明」を破ると、仏果を得ることができる。
　衆生は悟りを開くまでの一切の行為は「無明」の行為であ

り、「無明行」と呼ばれる。

　衆生が悟りを開き、「枝末無明」を断って、異なるステージの修行に合流すると、菩薩以下（「菩薩」を含む）の「高法身」の果位が得られる。

　菩薩道が始ってからは、俗世間での修行は総て「明行」でなければならない。つまり、総ての世で「枝末無明」を断ち、成仏を阻害する「根本無明」を徐々に除いていかなければならない。「明行」を次第に円満にし、衆生を「済渡」する菩薩が仏果に近づけるようにするのである。

　そうした「明行」は、「高法身」を得てから仏果を究めるまでに止めなければ、円満十全であるとはされない。

　仏陀は既に「根本無明」を断った。「明行」が既に円満十全であるため、仏陀は「明行足」と呼ばれる。

　明行足——透明な行動の円満十全。

　明行足——全く十全で明確な知と行。

5. 善逝

　衆生の「色界」での生死と輪廻は、生と死が「苦報」となる。すなわち臨終の際の多くの苦痛は、筆舌に尽くしがたい。そのことから、善終（苦痛のない死）が「福報」となる。

　仏陀のステージになると、生死を掌握する能力を有するようになる。

　円満に道を成し遂げ、「色身」を捨てて「涅槃」の境地に

入る。

迷える者が見る「涅槃」は、死亡、苦痛、悲哀、啜泣である……。

悟った者が見る「涅槃」とは、昇華、福報、快楽、欣喜である……。

凡人の生死は自分ではどうすることもできず、煩悩に満ちたものである。そして間もなく「無上正覚」の「色身」を成就する状態は、つまり死にたい時に死ぬ―自分の生命を完全に自分が制禦し、苦痛がない。これが一つ目の「善逝」である。

仏陀は「業力」の束縛を解脱した。様々の逼り来る生死の輪廻は既に過去のものとなった。

仏陀は生死の連鎖を免れ、「全方世界」を自由に行き来する。「入世」して衆生を済渡する場合でも、「出世」して快楽と清浄の「法界」に安住する場合でも、一念のもとに終えることができる。

偉大なる仏陀から分化した無量の「法身」は虚空にあまねく点在する。それらは「納界」を消え去って「色界」に入り衆生を救済し、「色界」を去って「納界」に入る。出入り、往来、往復は意のままである。これが2つ目の「善逝」である。

これらのことから、仏陀は「善逝」と呼ばれる。

「善逝」とは、完善、慈善、和善、美善、善良の過去を持ったものであり、善に至り美を全くした人格にして、幸福な

生命の境地である。

6. 世間解

仏陀は過去を知ることができ、また未来がわかり、「世間」と「出世間」の一切の「法」を解くことができる。例えば、世界の成、住、壊、空、衆生の生老、病死、貧富、寿夭、吉凶、禍福などを知悉し、道理を細かく説いて明らかにできる。

仏陀は一切の離苦得楽の「法」を衆生に説いてくれる。それにより衆生は煩悩の囹圄を突き破り、解脱を得ることができる。

このように仏陀は人の心意を理解し、一切の「法」を理解している。無量の生霊に対して無量の法門を説く。症に対しては「投薬」し、個別に「済渡」する。無量の法門で、無量の心の病を治す。そうして解脱の法を解くことから、仏陀は「世間解」と呼ばれる。

7. 無上士

浩瀚な宇宙では、いかなる空間であろうとも、一切有情の生命において、仏の「智慧」、「徳行」、「法力」だけが至高無上のものとされる。仏陀よりも高尚な「有情」の生命は2つと存在しない。そのため、仏陀は「無上士」と呼ばれる。

8. 調御丈夫

調とは、

均衡、和睦、収束、征服……。

調整、調解、調色、調味、調配、調停、調心、調理❹、調伏、調和……。

御とは、

車馬を駆すること、統治、治理、上司の部下に対する管理と使用……。

執御、御車、御者、御下、御事、御用……。

丈夫とは、成年男子の通称。

ここでは、なかなか屈服しない強情な衆生を表すとともに、仏陀が真の「大丈夫」であることを示す。

強情な衆生は性情劣悪であり、なかなか調伏し得ない。思いつくままに悪事を働き、衆生は「色界」で輪廻を繰り返し、苦しみを受けることになる。

偉大なる仏陀は、「五濁忍世」において強情な衆生を調御することができる。教化を受けた衆生は調伏され、解脱と御用を得て、ついには苦を離れ楽を得て、真の「大丈夫」となる。そのため、仏陀は「調御丈夫」と呼ばれる。

調御丈夫――俗世間の調御者。

9. 天人師

仏陀が俗世間の導師であることに疑いの余地はない。しかし、偉大なる仏陀は「天人」をも絶えず「済渡」しているのである。経を講じ「法」を説き、無量の法門を伝授している。

「福報」のことで頭がいっぱいにならないように導き、更に上を目指して修行を続けさせる。そうして「福報」が終わってから悪道に陥らないようにするのである。輪廻を解くことだけが正宗であり、正法である。

仏陀は「天人」の導師でもあり、そのため「天人師」と呼ばれる。

10. 世尊

仏陀は無量の功徳、無限の慈悲を備えている。艱難辛苦をものともせずに衆生を済渡し、衆生の得度のため、進んで自らの利益を犠牲にする。このことから、仏陀は「世間」、「出世間」の一切「有情」の生命から尊敬を集める。

仏陀は衆生の尊敬を受けてしかるべき存在であり、衆生もまた仏陀を尊敬してしかるべきである。そのため、仏陀は「世尊」と呼ばれる。

劫

浩瀚な宇宙では、時間は無始無終に等しく、空間は無辺無際である。

浩瀚な宇宙には、無数無量の「小世界」が存在する。これら「小世界」には消え行くものもあれば、成長するものもある。始まりも終わりもない。

「小世界」は生まれてから消えるまでの一周期の間に、

巻一　己は何者にして、何者が己なりや？

「成、住、壊、空」の４つの段階を経る。それらは「四劫」とも呼ばれる。

「劫」とは長い時間の意味である。

「劫」の時間の長さは、通常の年、月、日、時で計算することのできない非常に長い時間で、「刹那」の対極に位置する。

また「劫」は「大劫」と「中劫」、「小劫」に分けられる。

４つの「小劫」が合わさって一つの「中劫」となり、４つの「中劫」が合わさって一つの「大劫」となる。

成、住、壊、空は４つの「中劫」であり、この４つの「中劫」が一つの「大劫」となる。

「劫」の時間の長さは基準が定められていない。衆生の「業力」によってそれぞれの「劫」の長さが決まる。

人の寿命と同じである。一歳で死ぬ者もあれば、100歳で死ぬ者もある。一歳から100歳の間のどの年齢でも死ぬ者はある。では人間の寿命というのは一体どれくらいなのか？100歳とも言えるし、一歳と言っても誤りではない。科学的には統計から平均寿命を出している。

同様の理窟で「劫」にも具体的な数字がなければ、人は理解できない。そこで「劫」について平均的な概算を行う。時間の推移に従って、「大劫」の平均値は変化を続ける。それは人の平均寿命と同じで、500年前と現在では数値がはっきり異なる。「未來佛宗教」の目下の統計では、一つの「大劫」

の平均時間はおよそ97億年に等しい。

　我々の暮らすこの「小世界」が「成」から「空」に至るまでが一つの「大劫」である。

　「成劫」は世界が生成する時期であり、第一期である。

　「住劫」は世界が安住する時期であり、第2期である。地球が属する「小世界」は、今のところ「住」の時期にある。

　「壊劫」は世界が壊れる時期であり、第3期である。

　「空劫」は世界が虚空となる時期であり、第4期である。

　「成劫」は大きく2つの段階に分かれる。第一段階は「器世間」を作る。「器」とは衆生の生存と蕃殖のために提供される物質である。つまり「器世間」は衆生が生存し子孫を蕃殖できるよう自然界が提供する自然条件である。例えば山、水、鉱物、庭園などである。あるいは金、木、水、火、土（五行）や、地、水、火、風（四大）である。

　第2段階は「有情世間」を作る。いわゆる「有情」は、生命を持った「有情識」の物体で、人類や畜生、天堂人、幽鬼が含まれる。

　「成劫」が完了すると、衆生は安住を得て、「住劫」に入る。「住劫」では、飢餓、疾病、兵火の三災が衆生の生命を脅かしており、これを世界の「小三災」と呼ぶ。

　「壊劫」も大きく2つの段階に分かれる。第一段階でまず壊れるのは「有情世間」であり、第2段階では「器世間」が壊れる。「有情世間」の壊滅はまず地獄から始まる。一かけ

らの「有情世間」が完全に滅ぶと、「器世間」が曠がる。最後に大火災が起きて世界を灰燼に帰する。（世界が滅んでも、世界の「多維空間」の仕組みは猶も存在し続けるが、一切の生命や建築物、乃至は一切の景観は総て存在しなくなる。）

「空劫」は「小世界」が焼け落ちたあとの虚空であり、日も月もなく、昼夜の区別もなく、ただ暗昏とするのみである。

「空劫」が終わると、また「成劫」に転じ、改めて第一期に入る。

「小世界」は総て成、住、壊、空の「四劫」を経る。無数無量の「小世界」は、成、住、壊、空がそれぞれ異なる。無限の時間において、無量の「小世界」の「消長」が絶えず起こっている。つまり、浩瀚な宇宙では一秒ごとに古い星が滅び、新しい星が生まれているのである。

言い換えると、あたかも生霊のように一秒ごとに死に、生まれる。そのため、「前因と後果、因果は連続す。因前に因ありて、永遠によくその始めを知らず。果後に果ありて、永遠によくその終りを測らず。前なく後なく、始まりなく終りなし。変化は無常にして、悠々として無疆なり」という。

恒河沙数

恒河は南アジア最大の大河川で、インド最大の河でもある。ヒマラヤ山脈の南壁を源流とし、インド、バングラデシュを経てベンガル湾に注ぐ。全長は2700キロにも及ぶ。

「恒河沙数」とは恒河の沙のように計ることのできない大きな数字であることを形容している。

⑯「三宝」に帰依する

1. 帰依

霊魂が形成されたばかりの頃は、一枚の白布のように書き、描き、染めることができる。「五濁忍世」で輪廻を繰り返すうちに、この白布は汚れに染まっていく。この生霊が悟りを開くと、不用な染みを除き、有用な染みを残そうとする。そこで汚れを取り除く方法を探すのである。

帰依とは、汚れを除くために心身を帰順、依託せしめて、解脱を得ることである。

また帰依は「尽形寿」と「尽未来」の2つに分けられる。

「尽形寿」とは、今生の「色身」が死ぬまでのこと。

「尽未来」とは、霊魂の以後の累世のことで、あるいは無量「劫」とも呼ばれる。

帰とは、帰属の意。水の如く海に帰り、客の如く家に帰る。

依とは、依託の意。子の如く母に依り、渡るが如く舟に依る。

2. 三宝

「三宝」とは、仏、法、僧を指す。また「三宝」は「出世間三宝」と「世間三宝」の2つに分けられる。「世間三宝」

は更に「正法期の世間三宝」と「相法期と末法期の世間三宝」の2つに分けられる。

3. 出世間三宝

仏は、「全方三世」（過去世、現在世、未来世）の一切の仏である。

法は、一切の宇宙や人生の真諦である。（主に「出世間法」を指す。一切の生死を罷脱する「法」で、「涅槃」の「法」とも呼ばれる。）

僧は、既に「正果」を成就した一切の「聖賢僧」である。一切の菩薩、辟支仏、羅漢を含む。

帰依の際に唱える「尽未来」とは「出世間三宝」に帰依することを指す。

4. 世間三宝

①「正法時期」の世間三宝

我々が暮らすこの「娑婆世界」における「正法時期の世間三宝」は、

仏すなわち釈迦牟尼仏である。

法すなわち釈迦牟尼仏が弟子に説いた修行の方法であり、宇宙や人生の真理である。

僧すなわち釈迦牟尼仏に従って修行する総ての弟子である。

②「相法」と「末法」期の世間三宝

釈迦牟尼仏の「涅槃」後、仏教は「相法期」に入った。そして更に「相法期」から「末法期」に入った。「相法期と末法期の世間三宝」において、

仏は、寺院や民間に伝わる様々な彫像や図画を主体として、敬意を表し、帰依と供養を行う。

法は、文字で記された仏教の経典により、敬意を表し、帰依と供養を行う。

僧は、寺院の「凡夫僧」を主な対象として、敬意を表し、帰依と供養を行う。

帰依の際に唱える「尽形寿」とは「世間三宝」に帰依することを指す。

菩提

「菩提」は梵語、パーリ語の音写で、輪廻、煩悩を断ち、「涅槃」を成就する智慧のことである。「高法身」の果位については、4つの「菩提」果がある。

1. 声聞菩提

「声聞菩提」とは羅漢果のことである。

「四聖諦」、「十二因縁」を悟り、しかるに「八正道」を修めると、「声聞菩提」を証することができる。それは羅漢の「菩提」であり、有餘涅槃である。

2. 縁覚菩提

「縁覚菩提」とは「辟支仏」果のことである。

羅漢道を修め、そこばくの人を救う。菩薩の境地を悟り、賢愚、貴賤、遠近、親仇、愛恨、恩怨について捨棄を学び始めると、「縁覚菩提」を証することができる。それも「辟支仏」の「菩提」であり、有餘涅槃である。

3. 菩提薩埵

「菩提」とは悟り、「涅槃」である。「薩埵」とは「有情」、衆生のことである。

「菩提薩埵」とは、「有情衆生」の悟りを開き、「涅槃」に至らせることである。「菩提薩埵」を略して「菩薩」という。

「色界」に生まれて衆生を救う大菩薩は、「涅槃」の大法が分かっていなければならない。そしてこの法を「有情衆生」に伝授する能力を持っていなければならない。これが菩薩道である。

菩薩は賢愚、貴賤、遠近、親仇、愛恨、恩怨を捨棄しなければならない。生死の法を罷脱し、衆生にあまねく恵む。

以上の行いで、菩薩果を証することができる―有餘涅槃である。

4. 無上菩提

「無上菩提」は「阿耨多羅三藐三菩提」とも称される「無上正等正覚」である。

菩薩が衆生を「済渡」し、「妙覚」のステージまで究めた後、「根本無明」を断って「無餘涅槃」に入ると、「無上菩提」が得られ、それも仏果である。

⑱ 正知見

「正知見」は「正見」と略され、「八正道」の一つである。また「八正道」の初めでもある。

「正見」が「八正道」の初めに位置することからも、「正見」の重要性がわかる。

「八正道」とは、「涅槃」に通じる8本の正確な道のことである。ただし、「正見」という道がなければ、その他の道は通じない。

「正見」というものは、「因果の定理」を固く信じ、「法界」の存在を固く信じ、「法身」の存在を固く信じ、「輪廻からの脱出」を固く信じ、「多次元空間」理論を固く信じることである。

そうした「正見」があれば、「出世」に向って修行ができる。

⑲ 霊魂の密航者

衆生を困惑させる大きな難関がある。「空間障壁」の突破である。

「空間障壁」を突破できるのは、一定の「道行」を備えた「法身」である。「空間障壁」を突破できない生霊は、この

ような「神通」を得たいと考える。

　これらの生霊は、「色身」の束縛を離れてようやくその道理が理解できる。輪廻転生して「色身」に入ると、また「模糊」として何もわからなくなる。

　「色身」を離れて修証すると、「正果」を得る速度は非常に遅い。「色身」に頼って修証すると、「正果」を得る速度が非常に早くなる。そして「色身」頼る修行の障壁となるのが「迷魂湯」である。

　また、「恒河沙数」の生霊が人として転生したいと願う。しかし本当にそれを得られるのは、ごく少数である（地球の場合、今のところわずか数十億人）。

　以上のことから、限られた枠に殺到する生霊もあれば、「迷魂湯」を避けようとする生霊もある。人間になったことがない生霊もあって、俗世で遊びたいと願う。そのため密かに俗世に「転生」する現象が起こる。これが「霊魂の密航者」である。

　「霊魂の密航者」の「色身」は、小さい頃から聡明で機知に富み、辯が立つ。

　「霊魂の密航者」が他の生霊に見つかった場合、生霊の「通報」さえあれば、「霊魂の密航者」は法の執行者の手で「逮捕」されてしまう。その場合、「色身」は夭折したり、短命に終わったりする現象が現れる。

⑳ 身外身

　「色身」が存在している状況で究めた「法身」は「身外身」と称される。

　「法身」とは「霊光」からなる身体で、空間障壁を突破でき（『天条』の約定により、永久に「障眼法」や「隠身法」を使用しなければならない）、超光速で飛行することができる（ステージによって緩急や一切の「神通」が異なる。以下同様）。低ステージの者は寿命に限度がある。高ステージの者は無量寿（不生不滅）である。

　道家は「法身」を「陽神」と称する。「陽神」は「色身」と合一して「真人」と呼ばれる。

　仏家は「法身」を「真我」、「金剛」、「金剛不壊の身」と称する。

　西洋の一部では「身外身」を「energy body ❺」と称する国もある。またこの「力量体」を用いて患者の恢復に役立てたという事例も報告されている。

　「法身」は大まかに 12 の等級に分かれる。（「法身」の具体的な状態については、紙幅を費やして講釈する必要がある。そのため「未來佛宗教」の 2 冊目の教典である『法身奥秘』にて全面解説を行う。）

㉑時空隧道

「時空隧道」とは、「空間障壁」を突破できない生霊の便宜を図るために設置された空間を転換する通路のことである。「時空隧道」は何本もあり、それぞれが別の空間に通じている。

霊魂が空間を転換するには、必ず「時空隧道」を通らなければならない。

「時空隧道」の長さや色は様々である。「霊光」を宿すものもあるし、「霊気」を宿すものもある。

「時空隧道」は更に過去時空、現在時空、未来時空の3種類に大別される。

霊魂の飛行速度は光速である。霊魂が体を離れた直後は、道が分からず師の導きを要する。自分が「身外身」を持っていれば、自分の「身外身」が導いてくれる。前世で「法身」を持っていた場合は、時にそれが手助けに来てくれる。

また、間違った「時空隧道」に入ってはならない。誤った「時空隧道」に入ると、その他の空間に行ってしまい、自分が行きたかった所へ辿り着くことはできなくなる。

㉒身体憑依

「身体憑依」は「取憑き」、「乗移り」とも呼ばれる。「身体憑依」は複雑なもので、霊魂の「身体憑依」、幽鬼の「身

体憑依」、神仙の「身体憑依」などがある。

　「高法身」は「身体憑依」の必要がない。その「法力」によって「色身」を体外から完全に操ることができる。

　身体を持つ霊魂の許可がない状況下では、いかなる「身体憑依」も『天条』に違反するものとなる。「通報」があれば、「身体憑依」を強行したものは逮捕される。

　「身体憑依」を望む者は「乗移り」の後、多くが経絡のある部分に「居住」するが、更には肉体と合一する者もある。肉体を持つ霊魂を抑え込めることができる者は僅かである。

　肉体を持つ「陽魂」を一定のツボに抑え込めたら、「陽魂」は自分の肉体を操る能力を失ってしまう。その肉体は「身体憑依」した者に完全に支配され、占有される。そのため、そうした現象を「占舎」と称する文化もある。

　「占舎」された「陽魂」は、「占舎」されてから自分の肉体が行った一切のことを覚えていない。

　「童乩（タンキー）❻」や「神降ろし」という現象も、「身体憑依」現象の一つである。

　高ステージの「身体憑依」は、体の快復や健康に役立つ。

　低ステージの「身体憑依」は、肉体に病を齎し、甚だしきに至っては病原を探し得ぬ場合もある。

　西暦1990年初頭、筆者はある人の紹介で李春蘭という病人に会った。

　李春蘭はこう自己紹介した。一年前に男の子を生んだ。そ

の子が満一ヶ月を迎えた頃、ある夜授乳をしていると、突然もう片方の乳頭が別の「子供」に吸いつかれたような感覚に襲われた。押しのけようとしてもそこには何も無かったが、別の「子供」の存在は確かに感じられたという。

　その日から、彼女は病に罹り、全身の力が抜け、いつも横になってぼんやりしていた。よく眠ることもできず、全身のあちこちに痛みが走った。息子が一歳を過ぎても、仕事に出かけることはできなかった。その無形の「子供」は毎日彼女の布団で寝ていた。漢方でも西洋医学でも病原を突き止めることはできなかった。滋養強壮の薬を少しく飲むばかりで、根本的な問題解決には至らなかった。

　筆者は「天眼」で概観して彼女に言った。「この無形の『子供』というのは『天界』のとある『神仙』の乗り物です。この『神仙』は別の『神仙』と碁を打っている最中で、畜生がこっそり逃げ出してきたのですが、その主人はまだ気づいていません。戻って待っていなさい。今夜私がその『神仙』を訪ねて、事情を話します。畜生を捕まえてもらえば、あなたもじきに良くなっていくでしょう。」

　その夜、筆者はその「神仙」を訪ねて、世俗での出来事を伝えた。

　「老神仙」が調べてみると、自分の乗り物が逃げ出していることがわかった。そして「げに悪しき畜生かな」と痛罵した。

そして筆者に「わざわざ申し訳ない。安心してお戻りください。早速片づけましょう。」と言った。

それから10日後の午後、李春蘭が夫とともに筆者を訪ねてきた。そして大いに感謝しながら語ることには「あの日お会いしてから、次の日の朝5時頃のことでした。私たちはまだ寝ていましたが、突然門扉の開く音が聞こえたのです。とても大きな音で、私も夫もびっくりして目が覚めました。でも私たちは体を動かせなかったのです。その時、あの無形の「子供」が大泣きするのが聞こえてきました。」

「戸口のところから老人の声がしました。大きな声で『悪しき畜生よ、またも儂を煩わせんとするか。早く戻れい。』と忿懣やる方ない様子でした。」

「その「子供」は『戻らぬ。』と言いました。」

「その老人が縄を取り出して空中で一振りすると、縄の端が「子供」の首に掛かりました。すると「子供」はあっという間に巨大な醜悪な怪獣になったのです。」

「そしてその老人は顔色一つ変えずに怪獣に乗って去っていきました。」

「その日から、私は日に日に良くなっていきました。仕事も見つかって、来月から出社です。今日は夫と一緒にお礼を申し上げたい。」

以上も別種の「身体憑依」の一種で、「入影随形」と呼ばれる。

人の霊魂は人体の「霊気」を喰らって生きている。人の「霊気」がたくさんの「霊」に吸い取られたり、不純な「霊気」が注がれたりすると、人体に病が生じる。
　反対に高ステージの「身体憑依」で「霊気」（しかも純正な）を補えば、肉体は健康の生気を得ることになる。
　上述の李春蘭は、よくない生気に遭い、その「身体憑依」が彼女の体内のよい生気を吸い取ったため、病を生じたのである。
　「身体憑依」の事例は数多いが、紙幅の都合により割愛する。

㉓七宝

　「七宝」とは、「粗次元空間」の人々の「価値観」を基準として認定された七種の貴く珍しい物質のことである。
　時間の推移とともに「七宝」も変化する。現在の「七宝」とは、金剛石、宝石、玉、金、銀、真珠、瑪瑙である。

㉔寿者相

　「寿者相」とは、一つの生霊が出生してから死亡するまでに表出する一切の現象のことである。出生と死亡であれば（生きた長さや、受けた苦しみ、授かった福に関わらず）、出生から死亡に至るまでに経る生、長、壮、老、已（やむ）あるいは生、老、病、死などと呼ばれる一切の現象を「寿者相」

と総称する。

㉕ 青陽

　「青陽」とは、月を象徴するものである。

　仏の智慧は太陽と同じく、照らせば、すなわち輝く。この智慧の光芒は衆生の心の暗闇を払い、衆生に光明をもたらしてくれる。衆生が方向を失わずに、気持ちよく解脱できるようにする。

　月はそれ自身では光を発しない。太陽の光を反射することで、輝くことができるのである。それは太陽がない場合に、太陽の光を反射して衆生に光明を齎してくれる。煩悩を払い、これを解脱せしめるのである。

㉖ 星雲

　浩瀚な宇宙において、一つの太陽、一つの月、一つの地球を持つ世界は「小世界」と称される。「小世界」とは、一つの太陽系のことでもある。

　1000の「小世界」が一つの「小千世界」を作る。1000の「小千世界」が一つの「中千世界」を作る。1000の「中千世界」が一つの「大千世界」を作る。

　そのため、一つの「大千世界」には10億もの太陽系がある。

　広大な宇宙には、無数無量の仏陀が存在する。働く仏陀もいれば、働かない仏陀もいる。あるいは、任務を持つもの、

持たないものがあると言っても良い。

それぞれの「大千世界」では管理機構が一つ必要とされる。仏陀とは「大千世界」の管理機構の統率者なのである。

一つの「大千世界」は一つの「星雲」と略される。言い換えれば、一つの「星雲」は、一人の仏陀が率いる団体が管理しているのである。

㉗大乗

仏教には「大乗」、「小乗」の区別がある。

「小乗」は、自分で小船を漕いで生死の輪廻の苦海を渡ることである。自分で自分を救い、自ら了い、自ら利して、他人に構わない。「小乗」は「利己行」であり、羅漢の境地である。

「大乗」は、大船を動かし、乗船を「乞い願う」人を乗せ、ともに生死の輪廻の苦海を渡ることである。「大乗」は「利他行」であり、菩薩の境地である。

現代佛教の
謬見より出でよ

訳註

❶ 納は、nano の音訳字であり、ナノである。漢語の「塵(じん)」の概念に相当する。しかし用語としての適切さを得ない為、直接音訳字の納を用いた。従って、本書では、納界(なっかい)、納身(なっしん)、納維(なふい)の様に原語の字を維持した。

❷ 本書では年齢を示す際、原文に従い数え歳で統一した。

❸ 三字経の文句で「性質が善であれば、大きな差は生れぬが、習慣によって善悪の差は甚だしくなる」の意。

❹ 「理を調える」の意である。

❺ 敢えて日本語で表現すれば力量体とでも称することが出来よう。

❻ 童乩(タンキー)は、福建及び台湾において、神を自らの体に降ろし、その意思を人々に伝える者。一種の霊媒師・シャーマン。

巻二
「未來佛宗教」はなにゆえ創始されたか？

一、仏教の三期

仏教は創生、興隆から正軌を逸するまで、「正法」、「相法」、「末法」の3つの時期を経る。

（一）正法期

「正法」と「正法期」は2つの異なる概念である。「正法期」、「相法期」、「末法期」のいずれにも「正法」は存在する。ただ「正法」の割合が減る一方だというだけである。

「末法」に入った後、「正法」の割合が20％前後になった時、「正法」の割合を上げるため、「聯合教化天」が「人員」を派遣して俗世の偏りを正す。

「正法期」には、「仏の應化」㊟があって法を伝授する。世界はこれより仏法を有する。この「法」は仏陀自ら口述したものであるため、「正法」と称される。

「正法時期」から仏教が正軌を逸するまでの間は、仏の應化はない。なぜなら、世間には既に仏法があるため、仏陀が世に應化して新たな仏教を創設する必要がないからである。この時期に俗世間に来て仏法を広める者は、総て仏陀の弟子である。

釈迦牟尼仏は2500年以上も前に我々の世界に来て、人世間

に法を広め、道を伝えた。その際付き従って修行した多くの弟子たちは、総て「即身涅槃」を証得した。

釈迦牟尼仏は大智慧者である。その救いの方法は人ごとに異なり、一人ずつに説く「法」も異なった。人それぞれの「法」に対する需要が異なるからである。人の前世は千差万別、人の生活は千差万別、人の経歴は千差万別である。従って人の「法」に対する需要も当然千差万別なのである。千差万別の人が、千差万別の「法」を必要としている。仏法の「八万四千」の法門も機運に応えて生じたのである。そのため、「万法は因縁生なり」という言葉がある。

「法に定法なし」とは、甲には乙の「法」を用い得ず、乙には甲の「法」を用い得ぬことを言う。最後には仏陀の指導のもと、皆が異なる起点から同じ所に到達して、同じ境地に至る。相次いで「涅槃」の境地に至るのである。

仏陀自らの教えにより、「それぞれの個体」にふさわしい修行の方法を用いて、最終的に「涅槃」を究める。これが「正法」であり、「それぞれの個体」が適切に涅槃に至る正確な方法である。

現代では、誠心誠意「涅槃」を究めたいと願いながらも、どのように修行していいかわからないという人が多い。信を軽んじ修を乱し、結局証果が得られない。正確な方法（正法）を覓索し得ぬからである。「正法」は求めがたいものである。自分の修行にふさわしい正確な方法を得れば、「涅槃楽」を

修得することができる。

　「正法」に文字なく、これは一種の比喩である。甲に説いた「法」をそのまま乙に援用すると、「偏法」に変わってしまう。これは２人の人生は経歴も来歴も異なり、物の見方も違うため、結果も異なるからである。従ってあらゆる人を一律に扱うことはできない。

　衆生を「済渡」する際は、「涅槃」を究めることを目的とするよう衆生を導く。衆生によって異なる「法」を施し、更に分相応に相手が「法」を受け入れ、そこから効果が生まれるようにする。「正法」とはかくも伝えがたいものなのである。

　釈迦牟尼仏は離苦得楽の「正法」を熟知している。「五濁忍世」において「強情」な衆生を調服させ、衆生を彼の方法に従って「涅槃」に至らせるに至っては、実に感服を禁じ得ぬことである。釈迦牟尼仏のそのような救いの方法は、極めて正確な方法であり、ゆえに「正法」と称される。

　世界には数多くの宗教が存在し、宗教ごとに異なることを行い、自らの有縁者を救っている。釈迦牟尼が仏教を開いた本意は、仏と有縁者を救済し、輪廻を解いて生死から脱し、「涅槃」に至らせるためである。その他のステージの「済渡」は、その他の宗教が完成させる。そのため、仏教では輪廻を解いて生死から脱し、「涅槃」に至る「法」が極めて正確な「法」であり、ゆえに「正法」と称される。

釈迦牟尼仏は世に応化して「法」を説くに当たり、いかなる書籍も後世の衆生に残さなかった。現在の仏典は、総て「仏弟子」が記憶に基づき編纂したものであり、2000余年にわたって伝えられていくうちに、多くの内容が正確さを欠いてしまった。更に、当時仏典の編纂に用いられたのは漢語ではなかったので、漢語に翻訳されると、そこでも多くの真実義が失われた。

　「時代」で計算すると、正確に仏陀が世にある時代が正確な弘法の時代であり、「正法期」であると言うことができる。

　仏陀が「涅槃」に至ると、仏教は「相法期」に入った。

　中国の仏教には「正法が無い」のではなく、「正法期」がないのである。

（二）相法期

　仏陀の「法身」が「色身」を捨て、「色身」の「三魂七魄」を携えて「法界」に至った時、仏教は「相法期」に入った。

　「相法」とは、現象、相状、表象、相信を意味する。この時代には、仏陀はもはや姿形を持った「色身」ではない。信徒たちは様々な物質で作られた像を拝み始める。像、寺院、僧侶、居士、仏経、法器などの「相状」を通じて仏法を広めていく。

　相とは外貌、相貌のことである。外貌の観察を通じて（これが観相である）内面を知ることができる。例えば、遠くか

ら動物が走って来ても、経験を積んだ人が見れば一目で何かがわかる。これが「動物相」である。人が現れれば、大人か、子供か、老若男女などが一目見てわかる。これが「人相」である。国にはそれぞれ国章があり、自国の文化がある。これが「国相」である。世界には多くの宗教があり、その表象を見れば、どんな宗教団体であるかがわかる。衣服、寺院、意匠などを見れば、すぐに仏教であるとわかる。これが「仏教相」である。以上は総て「相法」である。仏教の「相法時期」とは、こうした「相状」により広まる。「相法時期」の仏教は、既に一種の文化、一つの識別標を形作っている。「相法」もブランド効果なのである。仏教の「相法時期」には、価無き宗教ブランドが生まれた。これが「相法」の一つである。

相信とは正確、確実であると考え疑わないことである。「相状」により、衆生に一切の「法」を信じさせることが「正法」である。例えば、仏典の編纂に当たって、皆を信じさせるために最初に「如是我聞」と付け加える。これも「相法」の一つである。

従って、「相」という言葉は多義語である。一つは相貌の「相（かたち）」、もう一つは相信の「相（あい）」である。

仏教の「娑婆世界」における主な伝播時期が「相法期」である。そして「相法期」の主な伝播経路は、「相法期」に転生した大菩薩各位や仏陀の諸弟子によるものであった。その転生の目的とは、「色界」に「相状」を作り続けること、仏

巻二 「未來佛宗教」はなにゆえ創始されたか？

教という識別標を草創することであった。その中には取経、訳経、印経、伝経、講経、大菩薩の「相法」道場の建立などが含まれる。様々な方法で衆生に仏教を知らしめ、仏教をあまねく世界に伝え、衆生が「三宝」を信じて帰依するようにする。例えば、中国国内の仏教4大名山はそれぞれ4名の大菩薩が人世間に建立した「相法」道場である。

　山西省五台県内に鎮座し、もとより華北の屋根と称されてきた五台山は、文殊菩薩が俗世間に建てた「相法」道場である。

　四川省峨眉山市内に鎮座する、四川盆地に位置し、蜿蜒100kmに垂んとする「金頂仏光」の奇観が常に見られる「峨眉天下秀」の峨眉山は、普賢菩薩が俗世間に建てた「相法」道場である。

　浙江省舟山市内にあり、碧海清浪に浮かぶ「海天仏国」の普陀山は、救苦救難大慈大悲の観世音菩薩が俗世間に建てた「相法」道場である。

　安徽省青陽県内にあり、山内に480座もの寺があると称される九華山は、大願地蔵菩薩が俗世間に建てた「相法」道場である。

　菩薩は「相法」道場を建立したが、菩薩が道場に長く住み着いて経を講じ「法」を伝えたわけではない。それは「相法期」の衆生のために建立した「相状」である。こうした「相状」を通じて生まれた「渡人者」と「被渡者」は、「涅槃道

を歩み続けている。

　山、景、寺あり、歴史文化、現代文化あり、出家信者、在家信者あり、取経、訳経、印経、講経、聴経あり、誹謗、賞讃あり、寺の建立、寺の毀損あり、仏陀への讃美、仏陀への嘲罵あり、扶助と佑助あり。真の修行、偽の修行あり、真経、偽経あり、正道を伝える者、魔道を伝える者あり、「正法」を伝える者、「邪法」を伝えるも者あり、仏教により「慧命」を養う者、仏教により「色身」を養う者あり……。これらはいずれも「相状」である。こうした「相状」を縁として誘発される一切の「法」は、総て「相法」である。

　現代仏教では、2番目の時期を「像法期」と言うが、これは誤りである。筆者はこの問題を携え仏陀に教えを請うた。仏陀は筆者に「『像法』は『相法』に匡正すべし」とおっしゃった。

　「相法期」の初期にも創立を要する。「相法」の初期構築が完了すると、仏陀と大菩薩は一切干渉しなくなる。衆生をこの「相状」の中で七転八倒させるためである。「遊戯」の終り（「末法期」）を静かに待ち、「正法」含有量が20％前後まで減少するのを待つ。そこで「大將」を世間に生まれ変わらせて仏法を修正させ、2000余年にわたる修行者の果位を評定する。（これすなわち「伝法定位」である）

卷二 「未來佛宗教」はなにゆえ創始されたか？

> 慧命を続くる爲凡に下るは急に、
> 花々たる世界に心の迷ひを把む。
> 五濁は身に纏りて聖に返り難し、
> 仏は奇法を敕して天機を訳せり。

　仏や菩薩がひどいのではない。強情な衆生が調服しがたいのである。「慧命」を持つ生霊はいずれも自身に能力があり、自分が最高で最強だと思い込む。故に再三再四輪廻を申し込む。「慧命」を続けるためである。そのため、俗世間に生まれ変わる者は数多く、こうした生霊に試験を課さなかったら、どうして「果位の評定」ができようか？評定したとしても、生霊が不服を申し立て、上訴する生霊もある。そうして試験を課して、この「録画」を再生すれば、誰も文句はなく、皆が黙って従うのである。

（三）末法期

　「末法期」は仏教の衰退のことではない。また没落と滅亡の時期でもない。これは仏教が広めた理論と行為が、仏陀の伝えた本意から乖離し、ますます遠ざかっていくことを指す。また「正法」の軌道から離れていくということでもある。

　俗世間において、仏教の密宗と浄土宗が大きく興って且つ次第に隆盛を誇るようになると、仏教では「博愛」を喧伝

し、「有漏善」㉒を大いに行い、「有漏禪」㉓を大いに修め、「世間法」㉔を大いに唱え始めた。この時仏教は「末法期」に入ったのである。これが「末法期」にいつ入るかを計る基準の一つである。

もう一つは、「聯合敎化天」が把握する指数の一つで、「正法含有量総合指数」である。この指数は数字と表、線で表される。これが示すのは仏教徒の所作所為である。例えば、「有漏善」を修めている人数、「無漏善」を修めている人数、「有漏禪」を修めている人数、「無漏禪」を修めている人数、「世間法」を伝えている人数、「出世間法」を伝えている人数などである。

「正法含有量総合指数」が20%前後に下がった時は、仏教が「末法期」に入ったと見てよい。その時は修正の手はずを整えなければならない。

現代仏教の認識では、仏教のいわゆる「三期」は一期ごとにそれぞれ時間の長さが決まっている。これもまた誤りである。実際は「三期」に時間の制限などなく、総て衆生の「業力」によって決定されるのである。「正法含有量総合指数」が高ければ、少し遅れて「末法期」に入る。「正法含有量総合指数」が低ければ、少し早く「末法期」に入る。これは万世不変の法則である。

「末法期」には、仏教が混乱状態に陥る。

「ブランド」効果により、多くの人がこの「識別標」で糊

巻二 「未來佛宗教」はなにゆえ創始されたか？

口を凌がんと企む。多くの人がこの「識別標」を頼りに「法」を伝えようとする。そしてこの「識別標」には特許もなく、法律で知的財産権を保護することもできない。多くのいわゆる「大物作家」は、本物とも偽物ともつかないような仏経を読んで、自ら「得道した」と一人で思い込む。そして乱文乱筆で原稿料を稼ぎ、弟子を集める。仏教書は手を伸べれば、すなわち得べくして、神仏満天に飛ぶ、亦た乱ならずやである。

　筆者の伝える「未來佛宗教」では、「委員たち」が「聯合教化天」で会議を開き、今回の「修釈法」に定位を授けるに当たって、「ブランド」の問題も取り上げた。新たな宗教の名で「法」を伝えるのでは、早く広めることは難しい。例えば、「靑陽教」では早く伝播することは難しく、多くの人に理解してもらうのも難しい。引き続き仏教という「識別標」を使えば、衆生も簡単に理解できる。その後、釈迦牟尼仏の決定に従い、仏教という現行の「識別標」を用いることが有利であるとした。

　名高い「ブランド」であるほど偽物が多くなる。それはもはや予定調和と言って良い。

　「末法期」には、多くの偽修行者たちが寺院に住み込む。頭を丸め、袈裟を纏い、「活仏」であると自称する。あるいは自分は何々仏の應化であるとか、何々菩薩が転生した姿であるとか、何々金剛上師であると称しては財色を騙し取って

仏教の道場を穢す。また出家した風を装いながら、夫婦や子連れで寺院に住み着き、俗家の「法」を仏法として撒布する。でたらめな「法」を「正法」として信徒に伝え、いい加減で、僧と俗の区別も難しい。更に、邪悪な者もいて、師伝も師証もなく、もののけに取り憑かれる。自分が聡明だと思い込み、身を修めることも知らずに道が成ったなどと口にする。外身は仏教の衣装に身を包んではいるが、中身は、内なる邪悪な「法」を行ない世人を同じく邪道に引きずり込み、「正法」を滅して人の「慧命」を断つ。また仏法を騙って呪符を呑み呪文を唱え、信徒にただの水を聖水と言って飲ませる邪教もある。世人を惑乱し、邪見を増長させ、仏の正見を滅ぼす。更に邪人ありて、舞台の「演劇法」を仏教に用いて、化粧をして見世物にする。未証にして証を言う、未覚にして覚を言う、などである。些かの経典に目を通しただけで、極みに達したと思い込み、あちこちで風水を見たり、吉凶を占ったり、筮竹を揺らして、大衆を惑わす。仏教の名誉を損ない、仏教の「正法」を毀ち、「仏教相」を破るものである。

　以上が仏教の「三期」である。

二、現代仏教の誤謬

　現代仏教の誤謬を総て語り尽すのは、並大抵のことではな

卷二 「未來佛宗教」はなにゆえ創始されたか？

い。仏典は浩きこと滄溟の如しである。何が正しく、何が誤りか、誰もはっきりとは語れない。仏法に誤謬があると誰が口に出せるだろうか？筆者も口にできない。妄りに語れば地獄に落されることもあるのだ。

　仏法は釈迦牟尼仏が世人に残したものである。何が正しく、何が誤りか、語っていいのは釈迦牟尼仏だけである。筆者が現在説いている「法」も、やはり釈迦牟尼仏の「法」である。釈迦牟尼仏は隠身であり、筆者は世間に生きる凡人に過ぎない。筆者は隠身の仏陀とのやり取りの中で、仏陀が教えて下さった事柄を記録に留め、書籍にまとめて世人に伝え、有縁の敬虔な修行者の参考に供するのである。

　「正法含量総合指数」から、現在の仏教が既に正軌から80％ほど外れていることがわかる。結論として、現代仏教は既に「末法期」に入っているのである。限られた紙幅の中で約80％の内容を総て語り、匡すことは不可能である。正軌を外れた仏教を完全に正軌に乗せるには、未来の何代にもわたる人々が揃って取り組まなければならない。これも「聯合教化天」の遠大な作業計画である。

　一冊の本に総ての問題を書き連ねたいものであるが、それも不可能なことである。本節では、簡単に例を挙げるに留め、今後じっくり述べていく。

（一）密宗が大いに興る事は「末法」を衡る基準の一つである

　密宗は中国に伝わると「三密ヨガ」を構築して事理観行し、本尊法を修めた。密法を以て奥秘とし、灌頂を経ず、伝授を経ずには勝手に他人に伝習したり、顕示することはできない。そのため密宗と称する。

　現代社会では、才人が輩出され、宗派も林立している。自分も宗教の才人であると思う者もあるが、散々刻苦しても梲が上がらず、信者も少なく、金も稼げない。そのため一晩中眠れずに血圧が上がる……。すると、急転直下次の日金剛上師の「悟り」が開けて、「活仏」となる者も出てくる……。

　仏陀はかつて筆者に語られた。「『娑婆世界』に『活仏』など存在しない。『活仏』とは自分と他人を欺く手段である。『色身』というものは、生があれば死があるもの。もし『活仏』があるのなら、『死仏』もなければならない。では、『死仏』とは一体誰なのか？まさか私か？仏は仏である。仏は『法身』であり、不生不滅である。生と死の問題など存在しない。菩薩以下（菩薩を含む）の果位だけに『報身』（色身）があるのだ。仏陀は永遠に『報身』を持つことはない。象徴や比喩であれば、この詞を用いるべきではない。それは明らかに衆生を誤って導くものである。」

　「人世間において真の菩薩道を行く者は、己の名の高さ、

利の大きさに拘って汲々とすることはないだろう。そして『離苦得楽』を悟る法を知らぬ衆生を目にすると、『憐憫心』が生まれる。これが『菩薩の心腸』というものである。『菩薩の心腸』は自分が成仏することに『焦燥』を感じず、己の責任に対して『焦燥』を感じる。この『焦燥』が『責任心』である。己の説いた『正法』に対する『責任心』であり、衆生の『離苦得楽』に対する『責任心』である。」

❖ なぜ「娑婆世界」に密宗を開くのか？

　密宗が「聯合敎化天」で賜った任務は、密宗の「相法」（霊童転生など）を通じて、世界の「断帰見」と「断滅見」を持った衆生が「断廻見」を信じるようにすることである。そこから「知見」の水準を高め、次第に偏見を捨てて「正知正見」を得る。

　当然、密宗には「生死を脱する」法を究めるものもある。そのような密宗は密宗の「三部根本経」に基づいて修行する。その持戒は極めて厳しいもので、女色に近づかず、酒肉に染まらず、「殺生」を修行とすることは断じてできない。例えば、『楞厳経』に従って修行する場合、戒律（禁淫、禁肉、禁酒など）を厳守し、「三密」に応じて修証せねばならない。また『楞厳経』によって開かれた密宗は、菩提道「次第」に背かない。例えば、『楞厳経』で明解されている、菩薩成仏は52の段階を経るなどといった内容である。男女双修、気脈、

明点は決して用いず、直接肉体を「即身成仏」させる密宗である。

　遙か昔、「聯合敎化天」は密宗を仏教に帰属させようとはしなかった。仏陀の慈悲のおかげで、密宗は「直属」となったのだ。これも仏陀が世間を捨てないことを体現したものである。

　「聯合敎化天」の会議のたびに任務を受け、転生して密宗を広める「法身」は、散会後、必ず左側の門から出なければならない。門の外には「法身」が後事の手はずを整えていて、規定に従ってこの「法身」に道を示す。「あなたは先ほど傍らの門、左の道を通りました。しっかり覚えておいてください。俗世間で正果を修めて戻る時には、正門を通ってください。あなたが今日通ったこの門は、出るだけで入ることはできません。」

　怠惰で、楽をしたい者の多くは、「金一封」を供えて「活仏」に灌頂してもらうだけで「即身成仏」が叶うと考える。

　「活仏」の中には「法会」の席で、「……今日、蚊が一匹この『法会』の場を飛んでいます。それは私の『灌頂』を受けたということです。ですからこの蚊は『七世』の内に成仏できるでしょう……」などと言う者もある。

　西暦1986年初頭、筆者は『仏説大乗無量寿荘厳清浄平等覚経』を繙き、次の下りを見るに至った。「私が仏となった時、国には善名でない者はない。あまねく衆生は、私の国に生ま

卷二 「未來佛宗教」はなにゆえ創始されたか？

れば、皆心を一つにして、集まり暮らし、熱悩をとわに離れて、心に清涼を得る。受ける安楽はなお漏尽比丘のごとし。もし想念を起こし、計身を貪れば、正覚を得ず。」

この経の中の「計身を貪れば」の意味がはっきり摑めなかった。いくら考えても分からず、「仏陀機構天」に仏陀を訪ねて教えを請うほかなかった。

仏陀を拝み、来意を説明すると、仏陀は道を示して下さった。「経に書かれた『貪計身』は誤りだ。正確には『貪即身』である。つまり、目下有限の体軀を貪り、即身成仏せんとするという意味だ。」

そして仏陀は筆者を批評しておっしゃった。「本が間違っていても慌てずともよい。問題はお前の悟性が悪いことだ。最初からそう言っておいたではないか？字面にばかり拘泥するのでなく、義に依り語に依らず㉟でなくてはならない。表面的なものだけを見て皮相の理解で済ませてはならず、深層の蘊蓄を徹頭徹尾悟らねばならぬ。」

仏陀は続けて道を示した。「仏教が人世間に流布して2500年余りに過ぎないが、これほど多くの誤謬が生じるとは。その大きな原因とは、『法』を伝える者が『功を逸り名に近づかんとする』からである。『法』を学ぶ者が『功を逸り利に近づかんとする』からである。『法』を伝える者は速成を求めて虚名を貪る。『法』を学ぶ者は求成に逸って目前の利益を貪る。双方の利害が迎合し、渡りに船とばかりに一つに合

わさったのだ。伝「法」と修行が如何に簡単で速かろうが如何にしようが、誤謬は自然と現れるのである。」

「例えば、一人の名もなき者がどこかで甲という学堂を開き、『正法』を説いて『成仏とは無量劫のことである。』と言って聴衆を集める。するとそのそばに別の者が乙という学堂を開く。乙の学堂は甲の学堂より造りが絢爛豪華で、『法』を講じるのも『有名人』である。その内容は、『彼の方法に習えば即身成仏できる。』というものである。そうなると甲の学堂の聴衆は減り、乙の学堂に移り始める。乙の学堂の聴衆は次第に増えていく。」

「『法』を伝える者が謬説を知らねば、衆生を誤って導く。『法』を伝える者がわかっていながらわざとその様にいうのは、衆生を愚弄し欺くものである。なぜなら『即身成仏』というのは不可能なことだからだ。仏陀は無量『劫』の修行を経て成就したのだ。自ら利する羅漢の段階、利己が利他に先んじる『辟支仏』の段階、そして利他が利己に先んじる菩薩の段階を経なければならない。菩薩の段階では更に52段階の異なる修行を重ねなければならず、51番目の段階に至ってようやく『等覚ステージ』に入るのである。『等覚ステージ』では『仏位候補』となる。『候補』期間は菩薩の身分を隠して『娑婆世界』に転生し、『了業』を進めねばならない。遂には自ら『無餘涅槃』に至って成仏できるのだ。」

「なぜ『仏位候補』となるのか？成仏には機縁が必要だか

らだ。既に仏法のある世界には『下向』して成仏することはできない。『業力』が『一世完結』できる段階まで待ち、『娑婆世界』の衆生の機縁が熟する（『娑婆世界』にまだ仏教がなく、仏教が生まれるべき時）のを待たねばならない。その時、『等覚菩薩』は『下界』して成仏できるのだ。」

「生霊が成仏すると、『報身』を持つことは2度とない。功徳を積むあらゆる機会を大菩薩に譲り、仏陀は菩薩たちの導師となる。仏陀が何でも自分でやってしまうと、それらの大菩薩は永遠に成仏の機会を得ることができない。」

「覚えておくがよい。『即身涅槃』は可能だ。『有餘涅槃』である。『即身成仏』は不可能だ。『無餘涅槃』だからだ。修行においては決して道を誤ってはならない。すなわち急がば回れなのだ。ゆえに『智慧者は即身を貪らず』である。」

「皆になじみの阿弥陀仏の話をしよう。かつては大国の国王であったが、ある法会で『世間自在王如来』の説く仏法を聞き、欣求して悟りを開き、仏とならんと発心した。退位して国を捨て、毅然たる比丘として出家し、『法蔵』と号して成仏を誓った。そして『世間自在王如来』の目の前で48の大願を発した。それでも『即身成仏』はできなかったのだ。」

「発願から成仏まで、548億年の時を要した。その間は精進に励み、菩薩道を堂々と歩んだ。無数の衆生を救い出して、無量の功徳を重ね、諸仏の助けのもとでついに『根本無明』�36を断って『無餘涅槃』を成就した。」

「発願とは願望に過ぎないものだ。発願すれば成仏できるものではない。成仏すれば願望が実現するものでもない。成仏するか否かは自分や仏が允許するのではなく、認証を得なければならないのだ。成仏すべき時には、したくないと思っても無理だ。成仏すべきでない時には、したいと思ってもできないのだ。成仏してから、最初に発した誓願を振り返ってみると、中には幼稚でおかしな誓願もあるように思えるものだ。」

「『法蔵』比丘の道心は決して揺るがず、人々を感動させるものであった。そうした過程を経てようやく仏果を成就できるのだ。今、この世の衆生の中で、彼に比肩する者がどれだけいるだろうか？だから、『即身成仏』というのは現実にそぐわない妄想なのだ。」

仏陀の啓示により、筆者は更にはっきりと分かった。「仏位候補」の「等覚菩薩」は「分霊」を続けて人世間に現れ、菩薩の身分を以てせず、「了業」を無数に繰り返すのだ。だとすると、一匹の蚊が「七世」の内に成仏するなど、不可能なはずである。

「活仏」の中には「法会」を行うのに新聞に大々的に広告を載せる者もある。それに「観音菩薩の加持のあらんことを」などと書くのはおかしなことである。菩薩が仏陀に「加持」を請うのは普通のことである。「法力」については、菩薩の「法力」は仏陀の「法力」には及ばない。しかし、「活仏」

が菩薩に「加持」を請うというのは訳がわからない。これも「秘密」ということなのだろう……。

　衆生に懈怠の心あり。多くが「他力」を信じて、自分は修行しなくともよいと考える。「他力」に頼る「即身成仏」は都合の良いものである。そのため「活仏」の灌頂を探し回ることになる。

　生霊が前世で既に輪廻を飛び出しながら、この一世でまた輪廻を学び、「活仏」を羨み「霊童転生」を崇め奉り、あちこちで「活仏」に参拝して灌頂を追い求める。これはその生霊の修行の水準が下がっていることを示す。そういう人が増えれば、「正法含有量総合指数」が下がる。そのため、密宗が盛んになるというのは「末法」を測る基準の一つなのである。

（二）浄土宗の隆盛は「末法」を衡る基準の一つである

　一つの作品が総ての人類から受け入れられるということはない。一つの思想が総ての人類から受け入れられるということはない。一つの宗教も総ての人類から受け入れられるということはない。そのため、一つの宗教による「普渡衆生」は不可能である。「仏は有縁の人を救う」というのはそういうことである。

　しかし、「聯合教化天」では、この連合教化組織には「普

渡衆生」の力がある。地域ごと、民族ごと、文化ごとに異なる宗教をあんばいする。

　仏教の「正法」とは「生死を脱する」ことである。ただし「生死を脱する」ことには２つのステージがある。一つは「有餘涅槃」、もう一つは「無餘涅槃」である。そのため、仏教の「正法」というのも「即身涅槃」を主張し、修めることなのである。（「未來佛宗教」では「即身成仏」については総て「有餘涅槃」を指す。特に「無餘涅槃」と言う場合は、成仏の「涅槃」を指す。）

　「小乗」仏教が説くのは、己が「生死を脱する」（羅漢果を成就する）ことである。「大乗」仏教が説くのは、他人を「済渡」して「生死を脱する」に至らせる（自分は菩薩果を成就する）ことである。以上の２つを正しく修めれば、いずれも「即身涅槃」を得ることができる。

　「大乗」仏教では「不捨世間」という精神から「別の法門」が生まれた。この「別の法門」とは、ステージが低く「即身涅槃」が得られない人を対象に設定された低ステージで簡単に修められる法門である。これらの「別の法門」には次のいくつかを含む。

1. 「長寿有限の慧命」を修煉する
2. 「慧命」を引き伸ばす
3. 仏浄土に「往生」する
4. 人身を保つ

卷二 「未來佛宗教」はなにゆえ創始されたか？

　実は、こうした「別の法門」を伝授することは、仏陀の伝え教えた「主旨」ではない。それらは他の団体に完全に任せている。例えば道教、儒教、民間信仰などである。しかし、機の熟していない衆生をより多く、より良く世話するため、ついでに「別の法門」を伝授し、最低水準として衆生が人身を保ち、堕落しないようにするのである。そうすることで未来世において「涅槃道」を修煉する縁を持つことができる。

　上記の４つは総て「世間法」である。「即身涅槃」が得られる「正法」だけが「出世間法」である。これらの「別の法門」で最も多く伝授され、利用されているのが「方便法」である。

　衆生は迷い、「色界」という「泥濘の底無沼」に陥って自分では抜け出せずにいる。たまたまこの「泥沼」を飛び出しても、程無くして自分からまた戻ってくる。生霊はそうやって迷いに囚われ悟ることがない。仏陀の慈悲は、生霊が悟らないからといって見捨てることはない。それは衆生の悪業が深く重いためであり、衆生のためには得渡の縁をより多く、より良く作り続け、衆生の悪業を不断に減少させ、善縁を育て、漸く悟りの方向に近づいて行けば、軈て悟りを得ることを仏陀は深く知っている。。

　衆生のステージは千差万別であり、衆生の「根器」はそれぞれ異なるため、分かりにくく、学びにくく、修めにくい「涅槃正法」を一律に説いても、受け付けない者がきっと出てくる。特に文化水準の高くない者、更には文盲であれば受け入

れることができないものだ。そのため仏陀の慈悲が法雨をあまねく降らして、衆生に最も多く施す法門が「方便法」なのである。

「方便法」は簡単で学びやすく、成功の容易な法門であり、修行者が最も多い法門でもある。現在の世界で最も広がり、修行者の多い「方便法」は、阿弥陀仏が開き、釈迦牟尼仏とその弟子が広めた「浄土法門」である。「浄土法門」は「浄土宗」とも「念仏法門」、「往生法門」とも称される。この法門は簡単で行いやすく、把握しやすい。一たび「往生」に成功すると、極楽浄土に「化生」して、「長寿有限の慧命」を得ることができる。

この法門は阿弥陀仏が発した48の大願から派生した「方便法門」である。「那摩阿弥陀仏」あるいは「阿弥陀仏」と唱えることを修行の主な方法とする。これは阿弥陀仏の48の大願において、次のような優待条件があるからである。

第18大願：私が仏になる時、衆生が10回念じれば、私の国に必ず生まれる願

第19大願：私が仏になる時、衆生が名を念じて発心する願

第20大願：衆生が私と極楽世界を信奉すれば、臨終に必ず接引を得る願

この優待条件により、極楽世界に「往生」する「方便法門」が生まれた。便利で行いやすく、成功率が高いことや極楽世界の語り尽せぬ素晴らしさが更に加わり、衆生を「浄土法門」

の修行に惹き付けた。

霊魂の飛行速度は光速である（光速とは秒速30万kmであり、光の速度で一年かかることを一光年と言う）。極楽世界は我々の世界から445億8000万光年のかなたにある。極楽世界に行くには、光の速度で445億8000万年かかるということである。そして阿弥陀仏の「法身」が極楽世界から我々の世界に来るのには、0.25秒しかかからない。我々が阿弥陀仏の名号を念じ、接引を請うのはそのためである。

自分が「涅槃」を成就すれば、超光速で飛行できる。阿弥陀仏の飛行速度と比べればずいぶんと遅いものの、短時間で極楽世界に達することができる。これが「自力」に頼る修行と「他力」に頼る修行の違いである。

人の脳に生じる思念は光速である。そのため我々が発する念仏情報は極楽世界に到達できず、我々の世界の「仏陀機関天」に収容されるしかない。最後に「陰陽聯合機構天」と共同で裁決を下し、霊魂がどの境地に向かうかを決定する。

「天網恢恢疎にして漏らさず」という。管理機構の多さを見れば、霊魂に対する管理がいかに厳重であるかがわかる。いかなる生霊もたまたま解脱を得るということがあってはならない。これが「蒼天有眼」ということである。

「涅槃」を成就した者以外は、阿弥陀仏を念じる者の総てが極楽世界に「往生」できるわけではない。具体的な状況に対して具体的な分析を要する。極楽世界は修行の精鋭を集め

て訓練する場所であり、汚穢に塗れた場所ではない。極楽世界は大善人が「福報」を授かる地であり、掃溜めでも廃品回収場でもない。心の善良でない者が、一生の内にせわしく悪事を働きながら、死を迎えて阿弥陀仏と唱えて極楽世界への接引を請うというのは、無理な話である。条件が整っていないからだ。「仏陀機構天」の同意を得たとしても、「陰陽聯合機構天」が首肯しない。ましてや「仏陀機関天」が是非も分からない機関であるはずがない。

　阿弥陀仏や菩薩に接引されて極楽世界に至った霊魂は、総て蓮の花の上に誕生（化生）する。誕生後に得た体は総て「霊光」からなる。苦はなく、あるのは楽だけである。考えに応じて一切の景色や物事、そして一切の必要なこと（必要応じて配分）を「化生」することができる。ただし、各自の「娑婆世界」での修行ステージによって、体や様々なことが等級に分けられる。

　「化生」の境地は3つの階層に大別され、9つの等級に分かれる。そのため九品蓮花と称され、次のように分かれている。

巻二　「未來佛宗教」はなにゆえ創始されたか？

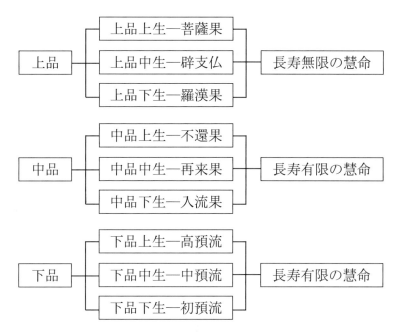

　「下品下生」の体は、全身から光を放ち、色は淡く、白いものが多い。「上品上生」の体は、同じく全身から光を放つが、色は金色である。その間のステージの色は、白から金色までの中間色となっている。

　体の色は異なるが、いずれも「娑婆世界」の「色身」と同じではない。血肉や皮膚、骨骼といった「色界」の物質はない。寒さ、暑さ、痛み、痒みなどの煩悩もなく、男女の区別もない。それらが表出する男女の相は、一方で仏や菩薩の願力に操られたものであり、一方で自分の思念や要求により操るものである。それらが集まると女相だけを表出することも、男相だけを表出することもある。単独で活動する場合には、

自分の思念に従って変化する。

　極楽世界の地面は、総て黄金が敷き詰められている。亭台や樓閣などの建築物は総て「七宝」でできている。国土は清浄にして平坦であり、気候は温暖で過ごしやすい。至る所に美しい蓮の花が咲き乱れ、宮殿は広く荘厳で、万物が総て光を発している。樹木は総て高く大きく、枝は金の如く葉は玉の如く美麗なること限りなし。木の葉は三角形、五角形、七角形、八角形、九角形と様々である。天から花が降り注ぎ、樹木は音楽を奏でる。美しい鳥が飛び交い、妙なる歌声を聞かせてくれる。鳥も姿形が様々で、頭が一つのもの、２つのもの、いくつも頭があるものもあり、翼が２枚のもの、４枚のもの、いくつも翼を持つものもある。それは自由に飛び回って外来の脅威にさらされることもない。蓮の花のほかにも、名も知れぬ珍しく奇異な草花があり、鮮やかな花が四季を通じて咲き誇り、美しさに目を奪われる。とにかくここでは、足元の黄金が人世間の絨毯よりも軟らかい。様々な草花や樹木は時々刻々と世俗にはない奇しく爽やかな香りを放ち、嗅ぐ者の意識をはっきりさせ、気分を良くしてくれる。

　ここの衆生は身なりも端正で、神通を有している。その体は空間障壁を越えることができる。一瞬にして集合場所に達することができ、何万人が犇めいても互いにぶつかることがない。集まって講義を受ける際は、組は装束ごと、年齢ごとに分かれている。同じ組であれば、一切が同じであり、組が

巻二　「未來佛宗教」はなにゆえ創始されたか？

違えば違いがある。それぞれが自分の蓮の花を活動の場所としており、自分のステージに応じて蓮の花の大小が異なり、良し悪しも異なる。小さい蓮の花は数十平米しかない。大きなものは、何千万余平米にもなる。これも「娑婆世界」での修行の程度に従って評定されたステージにより決められる。大きな蓮の花には、「小世界」と同じように一切があり、宮殿や様々な亭台、樓閣もある。福を授かる物なら何でもある。

　昼間は蓮の花から出て、集まって活動するほか、菩薩たちが経を講じ「法」を説くのを聞く。あるいは歌い、踊り、戯れ、遊ぶ。あるいは仏陀を拝む。または読経し、坐禪を組む。休む時は、それぞれ自分の蓮の花に戻って眠ったり、跌坐したりする。様々な夢幻の中を周遊する者もある。極楽世界であるため、様々な夢境は総て自分の蓮の花に現実と同じように現れる。夢から覚めると、夢に現れた一切は総て雲散霧消してしまう。

　例えば、世俗の親族のことを思うと、世俗の親族が直ちに目の前に姿を現す。これは世俗の親族が本当にやって来たのではなく、世俗の親族は誰かが自分のことを思っているということは知らない。ここは極楽世界なので、一切は阿弥陀仏の「神通法力」によって顕現する。阿弥陀仏の「神通法力」の範囲では、想像した総てが「現実」となる。ひとたび想像を終えると、そうしたいわゆる「現実」もすぐに消え去ってしまう。これは俗世間の夢とは異なる。世俗の人の夢は眠っ

た後に現れるものであるが、彼らは目が覚めている時に夢を見ることができる。それは自分の心に浮かぶ一切を、阿弥陀仏の「法力」を藉りて忽ち「現実」に変えているのである。そして思念の変化によってそうした「現実」は破滅してしまう。これも仏陀が衆生を「済渡」する一つの方法である。このような「幻生幻滅」の法を通じて、衆生に悟りを開かせ、一切の幻想は無常であり、「涅槃」を修煉することだけが、本当に生命に永劫を齎すということを衆生に知らしめるのである。

極楽世界では、何が「実相」で何が「虚相」なのか？

思念によって生まれ、思念のまにまに滅する光輝と冥闇の景色は「虚相」であり、思念のまにまに生まれて滅するものではなく、永久に存在して、光芒を四方に放つものがすなわち「実相」である。従って、極楽世界で真偽の判断をしようとすれば、光芒に少し目を向ければ虚実がわかるのである。

「娑婆世界」において、個人として阿弥陀仏を念じ（浄土宗を修め）始めると、「仏陀機構天」がその人の一切の情報を極楽世界の管理機構に送る。その機構はその人のステージに従って、ふさわしい蓮の花を極楽世界の蓮の花の池に用意する。この人が俗世間で修行をよくすれば、蓮の花が次第に大きくなり、光芒も次第に強くなっていく。光芒の色も白からようよう金色に変わっていくのである。

その人が修行をしなかったり、あるいは悪事を覚えたり働

巻二 「未來佛宗教」はなにゆえ創始されたか？

いたりするようになると、その蓮の花の光沢は冥闇となり、やがて枯死してしまう。それはその人が既に退道し、堕落に向かっていることの表れである。

「下品」に生きる人はステージがまだ低く、「娑婆世界」で悪事を働いているため、これらの人の「徳行」によっては、極楽世界に生まれることはない。それでも善縁に恵まれ、その善良さは罪悪を大きく上回るものである。よい善根を持ち、「浄土法門」を信じて修行すれば、仏や菩薩は慈悲であるので、さらなる導きと訓練を通じて、早く「涅槃道」に入ると信じている。それで彼らを接引して極楽に「往生」し、「下品」で「化生」できるようにするのである。

そうした人たちはステージが低いため、妄想も多く、得られる「福報」も「上品」より少ない。蓮の花も小さく、体軀も矮小で、光芒や色などあらゆる面で劣っている。彼らは高ステージの機能を有しておらず、多くの「神通遊戯」が思いのままにいかない。極楽ではあるものの、「楽」のステージが「上品」と比べて懸隔がある。それは俗世での「福報」と同じで、「福報」の大きい者もあれば、「福報」の小さい者もある。違うのは、極楽世界では俗世間のような懊悩がないということだ。

極楽世界では、等級という観念が非常にはっきりしている。蓮の花は総て組ごとに集まり、同じ組の蓮の花は同じ蓮の花の池に集まっている。例えば、「上品上生」の池には「上品

上生」の者が暮らしている。「下品下生」の者は「下品下生」の池にしか住めない。こうした等級というのは、人々が「娑婆世界」での修行に更に努力を重ねるように促し、励ますためのものである。

「上品上生」の蓮の花と蓮の花の池は、「下品下生」の蓮の花と蓮の花の池と比べ、その荘厳で優美な様は計り知れない。蓮の花は高く大きく、人の体軀も巨大である。宮殿などの様々な建築物もそれに合わせて大きいものとなっている。

「上品上生」の池には、多角形の大宝塔があり、高山のようにそびえて千万種の光芒を放っている。池は清らかな香りに包まれ、景色が人を和ませる。様々な橋や建築物は妙なる美しさを見せている。池の面積は極めて大きく、果てしない。池には蓮の花が咲き誇り、万象の風景も見える。空は珠光宝蓋が燦然と煌いている。菩薩の住まう蓮の花は、更に無数の階層があり、各層に宝塔、亭台、樓閣があって、総て「七宝」でできており、独特の美しさを誇る。菩薩たちはそれぞれ金光に輝き、衣服は華麗無比で、種々の光芒を放っている。

「上品上生」に生きる者は、総て菩薩果位である。そのような菩薩は「娑婆世界」で既に宇宙や人生の真諦を悟って、刻苦して修行に打ち込み、勇んで精進を重ね、衆生を「済渡」し、行善を施し、功徳を積んだ。数十年を一日の如くした末、ついに「上品上生の菩薩果」を成就したのだ。

そうした六根清浄の菩薩は、既に完全に「法身」のステー

巻二 「未來佛宗教」はなにゆえ創始されたか？

ジに達しており、極楽世界を離れても、自由に変化し、神通遊戯をすることができる。「下品」の者と異なり、極楽世界を離れさえすれば、阿弥陀仏の「法力」の範囲から離れたことになり、一切の極楽がこれに伴って消えうせる。

このように「上品上生」の階層はかくも高いが、成仏するにはやはり「娑婆世界」に転生し、再び菩薩道を行って「無餘涅槃」を成就しなければならない。

成就するのに「娑婆世界」への転生が必要なだけでなく、「下品下生」から「下品中生」に昇格するのにも「娑婆世界」への転生が必要である。階層が「下品中生」に昇格しなければ、「下品中生」の蓮の花の池に往生する資格はなく、「下品中生」の蓮の花と体を得ることができない。

「娑婆世界」への転生は勝手にできることではない。まず申請を提出して、極楽世界の管理機構の許可を得なければならない。管理機構は更に「娑婆世界」の管理機構に連絡し、適合する縁を探す。例えば、生まれ変わる場所、国、民族、どんな言語を話すか、どんな家庭に生まれるか、男身、女身、信仰する宗教、誰と縁があるか、どんな社会集団に属するか、どんな「法」を修煉するか、「業報」をどうあんばいするかなどである。機縁が適合すれば、最後に「娑婆世界」の「輪廻転生院」に回され、「迷魂湯」を飲み終えると転生できるようになる。

「法」を修める道のりにおいては、楽をしようと考えては

ならない。どんな法門を究めるにせよ、修道のステージが高ければ、どの世界に行っても高ステージの者がいる。修道のステージが低ければ、どの世界に行っても低ステージの者しかいない。このように、生霊はどの世界に行くにしても修行を免れることはないのだ。もし「人道」以上の法門の修行を離れれば、我々を待ち受けるのは堕落と地獄のみである。

現在では仏教徒の多くが、どんな人でもちょっとばかり阿弥陀仏と唱えているだけで極楽世界に「往生」できると考えており、いかなる人であろうと死んだら、隣人がそばで阿弥陀仏と唱えてやれば死者は極楽世界に「往生」できると考えている。乃至は畜生が死んでも極楽世界に「往生」できるよう救ってやることができると思っている。極楽世界を霊魂のごみ溜めや回収場としているのである。霊魂をそこに送り込むだけで、受け入れられるか、送り込めるかは構わない。ひたすら阿弥陀仏と唱えるだけなのである。

多くの人が、仏陀は何でも掌り、世界もその手中に帰すると考える。それは完全に誤った「認識」である。実は、既に正常な働きに入った「色界」では、仏陀は何も構うことがない（むやみに構うのは『天条』に反する）。衆生を「済渡」する大菩薩だけを掌るのだ。そして大菩薩は庶務を扱わず、衆生の「済渡」だけを扱う。一切の庶務は事務処理機構が管理する。例えば、俗人には俗人の管理機構、「天堂人」には「天堂人」の管理機構、神には神の管理機構、幽鬼には幽鬼

巻二 「未來佛宗教」はなにゆえ創始されたか？

の管理機構、天国には天国の管理機構、地獄には地獄の管理機構……。いかなる仏、菩薩でもこうした管理機関に干渉する権利はない。これら『天条』などの法律は、いかなる生霊に対しても平等である。

　そのため、仏陀は万能ではないのである。阿弥陀仏も万能ではなく、これらの管理機構を超越して「娑婆世界」でむやみに衆生を「接引」する権利はない。別の例えで説明してみるとよりはっきりする。「色界」全体は大きな「囹圄」である。「涅槃」を成就できない人は、この「囹圄」の中で輪廻するしかない。そういう輪廻をする人は罪人のようなものであり、罪人は「囹圄」の中で刑に服し、刑期が満了して釈放される（「涅槃」を得る）のを待つ必要がある。この「囹圄」は管理機構が管理しており、釈放条件を満たさない者を釈放する権利は誰にもない。勝手な釈放は『天条』の違反とみなされる。

　『天条』と『法身管理条例』はいずれも諸仏の参与により制定された。立法は司法でなく、司法も立法ではない。生霊が成仏できるゆえんは、法の遵守を知っていたことである。仏陀は高度な遵法者であり、ほしいままに法律を破らない。

　我々のこの世界では、多くの人が前世で既に「囹圄」を飛び出し、「涅槃」を成就して輪廻を解いている。しかしあることが原因で、またこの世界に戻ってくる。例えば、前世での親族や友人、有縁の人がまだ「色界」という「囹圄」で輪

廻して、「輪廻せぬ」境地の素晴らしさを知らずにいるのを見て、「憐憫心」や「慈悲心」の働きにより、享楽を捨て、「娑婆世界」への生まれ変わりを申請する。それはある集団が砂漠で迷って、水も底を突いたようなものである。2人にオアシスを探させる。その2人はオアシスを見つけるが、一人は他人の生死など構わず残って享楽に耽る。もう一人は急いで引き返して皆をオアシスに連れて行く。残って享楽に耽るのは「涅槃」の羅漢であり、戻って皆をオアシスに導くのは「涅槃」の菩薩である。

既に「涅槃」を得ながら、我々の世界に戻って人を「囹圄」から救い出す者は、菩薩の精神を持っている。しかし、菩薩の精神を持つだけでは十分でなく、菩薩道を行く能力がなければならない。俗世間は苦海に比せられる。人を苦海から救うには、船や道具が必要であり、泳ぎや操船などの技術を身につけていなければならず、更に自分の「色身」を養う能力も必須である。さもなくば、餓死させられるどころか、波風に遭って自ら溺れ死ぬことになる。

このような一時の勇猛さに任せて人を救うために苦海に飛び込む「涅槃」者は、能力も限られていて、「迷魂湯」の働きにより、方向を失って苦海に「顛落」したまま抜け出せなくなる。「陽魂」は状況を理解できず、「潜在意識」は焦る。もしこの人が「原魂」の法を究めなければ、「原魂」は支配できず、「原魂」によって「陽魂」に「潜移黙化」を行うほ

かない。「功力」が不足する状況下では、「陽魂」は自らが曖昧模糊とした不確かな内容を感じるだけである。よって修行して他人を救いたいと思っても、どう修行すればいいのか、どう人を救えばいいのかわからない。そこであちこちを転々とし、学び、講じ、拝み、書物を読む。最後に多くの人が選ぶのは「浄土法門」である。

そういう人は思い違いをしている。「浄土法門」は簡単で学びやすく、どう修行しても、極楽世界に「往生」できさえすれば、「生死を脱する」ことができる、つまるところ遅かれ早かれ成仏できるというものだ。

「浄土宗」が低ステージの修行者向けに作られた「方便法門」であることを殊更に知らないのである。前世で既に「涅槃」を成就した人が、今世でまた「浄土宗」を究めるというのは、あたかも大学を卒業した学生が修士課程に進んだり就職したりすべきところを、また小学校からやり直すと同じようなものである。

修行とはそのようなものである。果位を一つずつ高めながら修証していかなければ、「前世果位の合一」㊳は叶わない。前世の果位よりも低い果位を修煉すれば、輪廻を続けなければならなくなる（任務の完了状況により決まる）。任務完了の良し悪しも果位を評定する一つの条件である。すなわち任務完了がよくないと、与えられる果位は必ず低いものとなる。これも基本的な規則である。任務を完了しなかったり、うま

く完成できなかったりすれば、必ず輪廻を続けねばならない。

「涅槃」の者は既に不生不滅の「法身」を持っており、極楽世界を自由に行き来でき、仏や菩薩の「接引」を必要としない。自分で歩けるのに他人に抱えてもらうというのは、理に適ったことではないのだ。

「涅槃」の者が「浄土宗」を修煉するというのは、「高果位」を持つ者が「低果位」に向けて修証するようなものである。俗世間でこのように修行する人が増えると、「正法含有量総合指数」は下降していく。そのため、浄土宗の隆盛も「末法」を測る基準の一つなのである。

三、「未來佛宗教」はなにゆえ創始されたか？

「聯合敎化天」では、部門ごとにそれぞれ別の宗教を管理している。宗教にはそれぞれ「宗旨」と「附旨」がある。「宗旨」は「主旨」とも称されるその宗教の「正法」であり、「附旨」とは、その他の生霊を捨てない「方便法」である。従って、宗教には各自「正法」があり、宗教ごとに「正法含有量総合指数」図表がある。この「正法含有量総合指数」図表はさらに過去図、現在図、未来図に分かれる。過去図は歴史的資料である。現在図と未来図は動的図式で、「業力登記院」の発

表データに従って刻々と変化する。

「聯合教化天」では過去と現在の図表の数値に基づき、未来の「正法含有量総合指数」を予測する。未来のデータをもとに、あらかじめ100〜150年前に関連部門に「指定伝法人」の転生届を提出しなければならない。届出が許可されると、関連部門が共同で打ち合わせや計画策定を行う。例えば、どんな両親の姿を藉りるか（遺伝子）、どの民族、国家、言語を選ぶかなどといった一連の問題である。その中には学習期、蟄伏期、及びいつ蟄伏期を出るか、いつ伝法するか、伝法の機縁、いつ機縁が熟するかなどといった非常に複雑な「業報」の編集も含まれる。

100〜150年前に届け出るのは、ふさわしい両親をあんばいして前もって転生するためである。時間に間に合わない場合、「星雲内外聯合王国」に「特赦令」を申し込む必要がある。「特赦令」得て、適宜『天条』に背いて手配を行うことができる。かくして、「輪廻転生院」の任務遂行がずいぶん楽になるのである。

（一）仏勅の奇法人

20数年前のある日、筆者は師に問いかけられた。「『星雲内外聯合王国』のことを知っていますか？」

私は答えた。「存じません。」

師は筆者に告げた。「この太陽系を離れ、東に飛ぶこと約

「112兆光年のかなたに、非常に美しい世界があります。『星雲内外聯合王国』と呼びます。それは真の『万仏城』であって、仏国であると言ってよいでしょう。」

「我々の住むこの太陽系は一つの『小世界』です。この『小世界』は一つの『星雲』の中に存在します。その『星雲』は一つの『大千世界』です。3000もの『大千世界』が一つの連合体を構成しており、その連合体が『星雲内外聯合王国』です。」

「浩瀚なる宇宙は無辺無際で、『星雲内外聯合王国』のようなものが無数無量にあります。我々のいるこの『星雲内外聯合王国』には3兆もの太陽系がありまして、無量の生霊があるが、浩瀚なる宇宙に比べれば一粒の塵芥に過ぎません。そのため『星雲内外聯合王国』の国王も『万仏王』と称されるだけなのです。」

「『万仏王』とは一人の大仏であり、広大な宇宙では、そのような『万仏王』も無数無量であります。例えば、一つの『星雲』に一人の仏陀がいると計算すると、『星雲内外聯合王国』には既に3000もの仏陀がいることになります（いまだ仏浄土を得ていない仏陀も含む）。しかし、一つの『星雲』に仏陀が一人だけということがありましょうか？この『万仏王』が導く仏陀は一万に留まるものではないのです。」

「『星雲内外聯合王国』は諸仏がいつも会議を開く場所です。また立法し、3000の『星雲』を管理し、大菩薩たちを訓

練する所でもあります。」

「『万仏王』は無量『劫』の前に既に成仏しています。無量の仏の導師であり、諸仏の領袖であります。周知の阿弥陀仏、薬師仏、そして私も皆『万仏王』の管轄のもとにおります。」

「よろしい、百聞は一見にしかずと言いますね。今晩私が貴殿を『星雲内外聯合王国』に連れて行って、『万仏王』に会わせてやりましょう。」

その晩、筆者は師の指導に従い、体を横たえて布団をかけた。そして楽にして入静した……。ほどなくして、眠りと同じ感覚がしてきた。眠りと異なったのは、一切の出来事が完全にはっきりしていることだった。しかし「色身」は知覚を失い、動かすことはできなかった。その後、見聞きしたこと一切が記憶になお新しく、決して忘れることはできなかった。

その時、筆者の「現世法身」（身外身）が筆者の「三魂」を伴って空中に昇った。下を見ると、自分の「色身」が横になっているのが見えた。それは死んでいるようでもあった。

「参りましょう！」後ろから師の声が聞こえた。

筆者が振り向くと、師が大きな蓮の花に坐っているのが見えた。筆者がふと俯いて自分の足元を見ると、筆者の足元にも蓮の花があった。その蓮の花は師のものと比べてずいぶん小さく、色や光芒も比べ物にならなかった。

面白いのは、足元の蓮の花は思念に従って変化するとい

ことである。上に行こうと思えば上がり、下に行こうと思えば下がる。動くのも止まるのも自由自在であった……。変化させたければ、何にでも変化した。意のままに変化する空中楼閣のようであった。

筆者は蓮の花の上で師に拝跪した。

師は言った。「参ろうぞ！『万仏王』に会わせて進ぜましょう。」

一瞬にして、我々の下に巨大な光球が見えた。

112兆光年？着いたのか？それほど天文学的な数字は、口にするのも不思議なことであるが、一瞬で着いたのだ。何の感覚もなく、元の場所から動いてさえいないようだった。

このような時空の観念は本当に理解できない。空想科学の世界のようでもあり、癡者の夢のようでもある。智慧の限界により、筆者もまだ完全にはっきりと解釈できず、完全に理解できない問題も多い。しかし、筆者が目にしたこれらの現象、そして筆者の経験したことは、紛れもない事実なのである。

筆者が師の「法身」の境地を理解できないのは確かである。然り。筆者がその老師の「法身」の境地を完全にはっきりと理解できたなら、それは修行が既に成就したということであろう。とすると、理解できないのは「正常な」ことなのだろう。

我々は空中に停まった。師が筆者に言った。「着きまし

巻二 「未來佛宗教」はなにゆえ創始されたか？

よ。下の巨大な発光体が『星雲内外聯合王国』です。ここでは、『因果の法則』を保持して、様々な生老病死、成住壊空、生滅変異などの法則を掌握しています。ここは諸仏が会議を開き、話し合いや決め事をする場所でもあります。」

「仏陀の階級が一つだけだと考えないことです。仏陀の階級は数多いのです。それは貴殿が取り組むことではないから、大体分かっていればそれでよろしい。」

「貴殿の『色身』にこだわってはなりません。既に『護法神』が貴殿を守護するよう手はずを整えてあります。問題が起きることはありますまい。」

「さあ下りますよ。」

話が終わると、我々はもう地上に立っており、足元のきれいな蓮の花は見えなくなっていた。目の前には雄大荘厳で、絢爛豪華な宮殿がそびえていた。宮殿の正面には大書された『万仏王宮』の4文字が燦然と金色の光を放っていた。宮殿は総て「七宝」で飾られ、無量の金光を放っていた。

目の前の世界は非常に奇妙なものだった。太陽もなく、月もない。どんな場所も総て光明である。ここでは総てが光を発し、天空は輝きに照らし出されていた。

その時、筆者は自分が卑小であると感じた。なぜか心に疚しさと慙愧の念が浮かんだ。宇宙は無始無終であり、無辺無際である。「有情」は無数無量であり、高級な「有情」も無量である。そして人生は僅か数十年であっという間に過ぎ去

ってしまう。広大な宇宙と比べていかほどのものだろうか？渺茫たる大海原の波間に散る浪飛沫に過ぎない。ならば、人生において他にどんな越えられない障壁があろうか？

そう考えているうちに、いつの間にか大殿に昇っていた。

筆者は「万仏王」の前にひれ伏した。

仔細に見て何と神々しい「万仏王」なのだろうと驚嘆せずにはおれなかった。頭には宝石を鏤めた皇冠を戴き、金銀の星で飾った空色の外套に身を包み、黒い軟らかそうな靴を履いている。容貌は瀟洒にして麗しく器量は並べてならず、仏陀の相好円満をほしいままにしていた。

筆者の師と「万仏王」との歓談から、二人がとても昵懇かつ親密な関係にあることが見て取れた。

稍あって、「万仏王」は我々を後宮に案内し、小さな部屋に坐らせた。間取りや内装から見て、そこは客間であった。

我々が腰掛けると、すぐに旗袍（チャイナドレス）を着た女性が茶盆を携え入ってきた。筆者の前に来ると片膝をつき、お茶を茶卓に置いて「お上がり下さい」と言う。

筆者は「いただきます」と答える。

その女性はとても美しく、俗世間ではお目に掛れないほどだった。眉目秀麗な姿と嫋やかな振る舞いは筆舌に尽くしがたい……。

意外なことに、筆者が彼女を見ていると、彼女が秋波を送って挑発してきた。

卷二 「未來佛宗教」はなにゆえ創始されたか？

　こんなに荘厳で汚れなき地に、なぜこのような軽佻浮薄な女がいるのかと思わずにいられなかった。

　作者は師と「万仏王」に視線を向けた。おかしなことに二人は何事もなかったかのように、我々に構わずにいる。

　偉大なる仏陀の前でこのようなことが起こったのに、仏陀も構わない様子だった。筆者は思わず叫んだ。「師よ！」

　「万仏王」には既に筆者の意図が分かっていた。そして「悪しき畜生よ、まだ下がらぬのか！」と一喝した。

　彼女は「万仏王」の叱責を聞くと、おとなしく部屋の隅に引き下がった。その時、部屋の隅に大きな籠が置いてあるのがわかった。彼女は籠の中に入っていった。

　「万仏王」が籠に向かって手を振ると、籠の口が大きな錠前で閉じられてしまった。それに同時にあの美しかった女性が、青い面に牙を生やし、体中が赤褐色の毛に覆われた怪獣に変化してしまった。

　刹那の出来事に筆者は呆然とさせられた。

　「万仏王」は筆者の心を見抜いて言った。「恐れずともよろしい。あやつはまだましな方である。さにあらねばこうして化けることもできぬ。」

　「万仏王」は一息置くと更に続けた。「あやつは私が今しがた未成熟の世界で手なずけた『妖怪』である。この『妖怪』がこのステージまで窮まるのは容易なことではない。『天条』に叛いて俗世間で『神通』を顕化し、『法力遊戯』に興じて

いた。能力はたいしたもので、『司法人』との戦いに明け暮れていた。私は通りがかりにやつを降伏させ、ついでに連れ帰って飼い馴らしているのだ。まだ馴れていないから、お主に突っかかったのだ。これも何かの縁だ。お前の乗り物にすれば奈何？」

筆者は驚きの余り、狼狽しつつ「いえいえ、結構です。ありがとうございます、『万仏王』よ。」と断った。

その時、茶葉の香りがした。茶碗を取ると、中には小さな木の葉が僅かにあるだけだった。水の色は変わっておらず、ただのお湯のようであった。「こんな素晴らしいところで、どうしてこんなまずいお茶を飲まねばならぬのだろう？お茶かどうかもわからないのか？」と思った。

そう思いながら茶碗を口に当てた。一口飲むと、瞬く間に甘い香りが口に広がり、気力が漲り、疲れもどこかへ飛んでいった。体中が言い知れぬ心地よさと快適さに包まれた。こんな機会を逃してはならぬと、急いで何口か飲んだ。

「いらないのなら仕方ない。我々のこの境地では、男相と女相の区別はない。『神通』で一念のもとに総てを変化させるのだ。お主が『不動心』でいればできることだ。」

「『妖怪』には皆そのような『神通』が備わっている。仏陀の『神通』はもっと不可思議なものだ。」

「お主の師がお主を連れて来たのは、多くを学び、多くを理解し、将来に役立ててもらおうと思ってのことだ。師は他

巻二　「未來佛宗教」はなにゆえ創始されたか？

　の仏陀とまだ少し話がある。これから私がお主の役に立つ物を見せてやろう。ついて来るがよい！」

　筆者が「万仏王」に従って大殿を出ると、いつの間にか足元には件の蓮の花が咲いていた。一瞬にして別の宮殿の門に着いた。宮殿の正面には「青陽蔵」の大きな3文字があった。

　門前で停まると、足元の蓮の花はおのづと消えた。筆者は「万仏王」に従って大殿を通り抜け、ある部屋に入った。

　その部屋は大きく、中には珍しく奇妙な物がたくさん置かれていた。何に使う物なのか、筆者が見たことのない物ばかりだった。部屋の反対側には多くの書棚が置かれており、様々な書物が整然と並んでいた。部屋の一角には、大きな画面があった。それは筆者にもなじみの深い、俗世間の映画の銀幕のようなものであった。

　「万仏王」は筆者に「『青陽蔵』は大菩薩を訓練する基地で、その資料は滄溟の如く果てしない。『青陽蔵』にある書物を大海原に例えると、この部屋に収めてある書物など、大海原の一滴の水に過ぎないものだ。」と説明する。

　「『青陽蔵』にはこの『星雲内外聯合王国』の一切の文化が収められている。この『星雲内外聯合王国』というのは、宇宙は無辺無際で、『星雲』は無数無量であるからで、『星雲内外聯合王国』も一つだけではないのだ。それについてはお主が一定のステージを究めれば自ずと明白になる。」

　「ここには俗人のいう『天書』もある。『青陽蔵』では、『天

書』さえも並の書物でしかない。」

「書物がこれほど多くては、数えることもままならない。読み尽くすなど論外だ。しかし、お主の師の頭の中には、とっくにこれらの書物が収まっている。そしてどの段落、どの語句を用いるか、どんな目的を達するか、いつでもどこでもわかっているのだ。」

「仏陀は一切の文化に通暁し、一切の言語をよく操る。」

「お主は知らぬであろうが、私もいつもお主を見に行っているのだ。中国にはうまい言葉がある。『唐詩三百首を熟読すれば、作詩はできなくても吟ずることはできる。』考えてもみなさい、300首を熟読するだけでそうした能力が身につくのだ。お主の師を始めとする仏陀たちは熟読どころか、この『星雲内外聯合王国』の一切の知識を掌握しているのだ。果たして俗人を見てこれと比べることができようか？だからどんなことがあっても俗人と比べてはならない。衆生が哀れだからな。」

「ここの書物については、お主にわかるのは漢文だけだが、我々はいかなる文字も読める。よくよく修めるがよい。いずれお主もそのステージに達するであろう。」

「では、あちらへ参ろう。」

そう言うと「万仏王」は筆者を画面の前に連れてきた。「これは『星雲内外全息儀』といって、『星雲』内外の一切の便り・消息を思いのままに画面に表示することができる。音声、

巻二　「未來佛宗教」はなにゆえ創始されたか？

データ、画像、文字がある。機能は必要に応じて何でも揃っている。例えば、ある世界を見ようと思ったら、その世界が一粒の砂のように画面に表示される。そして思いのままに一層ずつ、様相ごとに展開していくのだ。」

「よし、ではお主の住む世界で試してみよう。」

「画面を開いて、お主の住む太陽系を表示する。地球、長江、長城、黄河を表示する……。蟻の巣、蟻の群れ、一匹の蟻、蟻の卵も表示する。」

「見えたか？」

「見えました。すごい！」

「当然である。井にいて天を観る、天はただ井口の大あるのみ。」

「よし、続けよう。これから見るのは、青陽県、九華山、そして、とある山洞だ。お主の服を脱がして、皮を剥いて、胃を切り開いて……。お主の子供の頃を見てみよう……。どうだ？」

「本当に不思議ですね！」

「これがあれば誰の過去、現在、未来でも理解できるのだ。お主、私、お主の師、そして我々がこれまでに転生してきたどんな動物でも、はっきりと表示できる。」

「いかなる世界の過去、現在、未来も総て一つずつ見せてくれるのだ。」

「今お主には時間の制限があるから、簡単で早くする必要

がある。」

「お主の師のような『高法身』は、頭の中にこうした画面を持っている。だから、仏陀は一切に通暁し、一切の境地に合わせ、一切の変化に適応できるのだ。」

「仏は古く、かつ現代的であるが、何より空前のものである。」

「空前はまた退嬰であり、空前はまた古老である。現代はまた過去であり、過去はまた未来である。なぜなら、物事は発展し、繰り返しているからである。如来、如来、かくの如く来たり。お前たちの歩んだ一切の道は、仏も通った道である。しかも数え切れないほど歩んでいるのだ。仏陀にとっては、一切の出来事は総て正常なことであり、起こるべくして起こったものだ。想定の範囲内にあるのだ。意外なことなど何もない。想定を超えることも何もない。」

「仏陀が永遠に境地に沿うというのは、俗人が毎日必ず眠るのと同じで、正常な欲求なのである。」

「境地に沿うには、無数の方法が生じる。だから『仏法無辺』というのである。『法に定法なし』というのは、その時の状況に応じて、どの方法を用いるかを決定することである。どんな『済渡』の方法を用いるにしても、『済渡』という目的が達せられるのであれば、それは正確な方法であると言える。」

「一つの『相』だけで仏陀を認識してはならない。一つの

巻二　「未來佛宗教」はなにゆえ創始されたか？

形式だけで仏陀を解釈してはならない。一つの方法を習うだけで仏陀を成就することはできない。仏陀の一切は境地の変化に沿ったものであり、一切の『法』は境地に沿う中で生じる。一切の『処方』は境地に沿う中で分類して出される。仏陀は様々な境地の変化に適応して衆生『済渡』の目的を実現できる。衆生は様々な境地の変化に適応することで生命の道のりを終えることができる。」

「よし、お主の時間は限られている。お主の師は、お主に『法身管理条例』について少し理解してもらいたいようだ。」

「『法身』のステージも俗人と同じように千差万別である。」

「条項が多すぎて精読はできない。まずは主なものを覚えておけばよい。……『色身』を失った『法身』は、妄りに俗世間に顕形し、俗世間で『神通』遊戯に興じてはならない。」

「『法身』ステージの高低に関わらず、宇宙の『因果の法則』を破ってはならない。妄りに俗世間の人、事、物に干渉し、『自然の法則』に背いてはならない。『神通』を用いて『業力』を変えてはならない。高ステージの『法身』の『神通』で低ステージの『法身』の『神通』を毀損してはならない。」

「俗世間に赴き衆生を『済渡』する必要がある場合は、必ず『分霊』して凡胎に生まれ変わり、凡胎を拠り所としなければならない。特別な赦しがない限り、決して『法身』とし

て衆生『済渡』の任務を完了することや、衆生『済渡』の目的を実現することがあってはならない。この規定がなければ、『法身』が総て俗世間に行って自分と有縁の人を救済してしまい、迷いと悟りの区別がなくなってしまう。信と不信、覚と不覚は総て衆生の『心力』次第であり、『法身』が無理に干渉してはならない。一時の『焦り』からその形を現すことは『天条』を犯したとみなされ、相応の処分を受ける。」

「一切の『法身』は、いかなる理由があっても『自然の法則』に背いてはならない。どのステージの『法身』であれ、『制限時間内』に言うべきでない事柄について妄りに話すことはできない。違反した場合は自らその責を負う……」

「条項は多いが、時間の関係で、まずはここまで見ておこう。」

「このような規定があるからには、私と私の師はどうやって……」

「おお。お主とお主の師の間の出来事はもちろん諸仏の赦しのおかげだ。これらの条項は一人の仏だけが定めたものではない。無量『劫』にわたる諸仏が制定したものだ。『法身』たちはこの条項（すなわち『法律』）の制約のもとで、少しずつ、一歩ずつ艱難を越えて修証を目指すのだ。」

「この『法律』は元々簡単なものだった。しかし宇宙の時間には始まりも終わりもない。長い時間の中に異なる時期が存在するのだ。異なる時期には異なる問題が生じる。一律に

巻二　「未來佛宗教」はなにゆえ創始されたか？

そうした問題に対処することはできない。問題に正確に対処するには、時期ごとにこの『法律』を絶えず変化させ、絶えず修正していかねばならない。その『法律』はそれにより厖大なものとなる。成、住、壊、空のいずれの時期でも、『法身』は『法』を拠り所とし、『法』に則って物事を行う。」

「過去の『法』は、何も変えないまま現在に持ってきて使うことはできない。仏法とはそういったもので、体現するのは一つの『空』（すなわち『変』）である。一つの真理に無数の方法があるのだ。」

「お主の師は２千年以上前にそうした『法』を伝えた。それを今にそのまま持ってくるのは誤りである。時代が違えば、現代の『法』に変えなければならない。この任務はお主が未来に完了するもので、お主が俗世間に転生する使命でもある。」

「何が仏法で、何が仏法でないかだと？余が説くのは総て仏法である。修める者は修め、修めない者も修めている。ある者は上を目指して修め、ある者は下を目指して修めている。またある者は上も下も目指さず、平らかに修めるのも同様に修めているのである。それは総て生霊が仏道に近づく道のりであって、その道のりは長く、無量『劫』の後にようやく辿り着くものかもしれない。」

「それもまた『仏法無辺』の体現である。『世間法』を修めるか、『出世間法』を修めるかの違いである。」

現代佛教の
謬見より出でよ

「衆生が皆修行しているのに、なぜ衆生を『済渡』しなければならないのか？衆生『済渡』とは、難関を示し、衆生に正確な『知見』が生ずるようにすることである。衆生が自分で自分を修正し、自分で自分を救うようにすることである。衆生に『迷いを転じて悟りを成す』ことを示し、回り道をしないようにする。歩幅を大きく、足取りを速くさせる。正果を早く実らせ、苦難を早く脱するようにする。そのため、『出世間法』を『主旨』とするのである。」

「ついて来なさい。」

我々は書棚の前に来た。「万仏王」は書棚から書物を一冊取り出した。それは分厚く、「曲がりくねった」文字で書いてあった。どれも筆者には読めないものだった。

「万仏王」が筆者を見て言った。「この書物の文字は梵語といって、豊かな文化を持つ言語の一つだ。そして『法界』でよく用いられる言語の一種でもある。複雑なことから、『中等人種』の世界に普及して用いるのにはふさわしくない。お主の学んだ華語とこれらの文字では、文化に違いがあるのだ。」

「表紙には大きな字で『仏敕の奇法人』とあるが、これが書名だ。」

「万仏王」はそう言いながら書物の中ほどを開いて、さらに続けた。「この書物にはこの『星雲内外聯合王国』の総ての『仏敕の奇法人』が記してある。ここにはお主の状況が記

載されている。お主はこの『星雲内外聯合王国』の命を受けた『仏敕の奇法人』の一人で、108の令牌を賜っている。詳しいことはひとまづ話さぬことにする。機が熟していないからだ。今はまだ『天機』である。とにかく、お主は衆生『済渡』の任務を賜っているのだ。よく修行を重ね、辛抱強く待つがいい。機が熟したら、どうすべきかはお主の師が教えてくれるであろう……」

「よし、時間だ。今回はここまでだ。これから時間のある時は何度も訪れるがよい。普段は何かあったらお主の師に尋ねればよい。お主の師に知らぬことはなく、分からぬことはない。師の話によく耳を傾け、悪業をなしてはならぬぞ。悪業をなせば、誰も救ってはくれないのだ。その時になって我々を非情だと責めてはならないぞ。道理はお主に話して聞かせた。道をどう歩むかは、お主自身の選択にかかっている。説くも説かぬも我々のことだ。するかしないかはお主のことだ。自分の浮き沈みは自分次第なのだ。」

「さあ、お主の師に会いに参ろう。」

……。

筆者と師は「万仏王」に別れを告げ、蓮の花を踏みしめて、我々の太陽系に駆け戻った……。

（二）「有縁」の人を率いて謬論より出でしむ

「法」を学び「法」を修める上で、「知見」がとても重要

である。正しい「知見」がないのは、正しい方向、明確な目標がないのに等しい。正確な方向と明確な目標なくして、大道を究めることはあり得ない。

衆生は「迷魂湯」の働きにより、修行すべき、修行したいとおぼろげに感じるが、修行の方法が見つからず、どうやって修行すればいいか分らずに、あちこちに救いを求める。衆生の迷う有様は、実に哀れである。

離苦得楽の「法」がわからない人は、名誉や利益のために、衆生の善良な心を利用する。「高功大徳」を装っては、濫りに仏法について書き、語る。衆生を騙して誤りに導くのは、実に嘆かわしいことである。

現代では、仏教関連書籍を手に入れることは非常に容易である。適当に眺めてみると、多くが剽窃であり、あることないこと書き連ねている。大部分は「不究竟(ふくっきょう)」の法門である。中には、作者でさえ語句の意味がわかっていないものすらある。そういった書籍は経典とは言えず、一般書でしかない。

多くの仏教団体では、既に仏教をただの慈善団体へと変えてしまった。寺院の中ですることといえば読経、超渡、放生、菜食……、「涅槃」を究めることなど絶えて分かっていない。多くの仏教徒は仏を拝み、加持を求め、庇護を求めるのみで、その他は全く知ることがない。

一番ひどく謬論へ導くのが書籍である。お金や資源の無駄である上、時間も大量に浪費する。読者が「至宝と奉る」些

卷二　「未來佛宗教」はなにゆえ創始されたか？

かの書籍には、誤りが百出する。例えば、多くの本に見られる「宇宙の中」、「宇宙の裡」、「宇宙の内」、「宇宙の外」、「全宇宙」などである。いずれも極めて誤った用語である。

釈迦牟尼仏は、2500年以上も前に弟子たちに告げた。浩瀚なる宇宙は、時間に始まりも終わりもなく、空間に端も果てもないと。

宇宙という言葉は2つの意味が組み合わさっている。「宇」は空間を表し、無限の空間のことである。「宙」は時間を表し、無限の時間のことである。浩瀚なる宇宙は無数無量の世界が組み合わさってできたものである。

世界という言葉も2つの意味が組み合わさっている。「世」とは時間を表し、有限の時間のことである。「界」とは空間を表し、有限の空間のことである。

比べてみると、世界には端も果てもあり、始まりと終わりがある。宇宙には端も果てもなく、始まりも終わりもない。

端や果てがないということは、「裡、外」が存在せず、「内、中」もないのである。宇宙に裡、外、内、中があるとすれば、宇宙には境界があり、世界と同じ有限の空間となってしまう。宇宙に境界があるのであれば、宇宙の境界の外とは一体何なのか？一人の仏教徒として、このような「宇宙観」で仏法を説くことは、完全に仏陀の唱えることに反するものである。

また、「全宇宙」という言い方がある。宇宙は果てしないのだから、全体があるはずもない。全宇宙というのは、宇宙

には境界があるということである。

　一方、「世界の中」、「世界の裡」、「世界の内」、「世界の外」、「世界全体」というのは正しい。世界には果てがあるからである。

　仏や菩薩と疎通する能力を持たない修行者は、どうやって宇宙が理解できるのだろうか？一に見る、2に聞く、3に想像、4に幽霊やもののけの身体憑依である。この4つを組み合わせて、簡単に並べて、撒き散らすのである。

　そういった伝道者は「大風呂敷を広げること」を好むものである。世界は卑小に過ぎ、宇宙を語ってこそ充分に大きくまた神秘的であるというわけである。実はそんな必要はない。世界を明らめれば、きっと「涅槃道」を究めることができる。

　多くの人は近を捨て遠を求めがちである。自分の住む世界をはっきり理解しないうちに、「他方」の世界を理解したがる。2言目には宇宙と言う必要はない。世界を語るだけでも問題をはっきりと解釈できるのだ。

　正知や正見がなければ、正道も正果もない。多くの人は誤りの中を右往左往し、多くの金銭と時間を無駄にしている。誰かに間違いを指摘されると、普通の人は間違いを認めず、詭弁を弄したり、あれこれ言い訳をしたりして、自分が正しいことを証明しようとする。しかし誤りは誤りである。早く誤りから抜け出せば、その分早く成功に至るのだ。しかし誤りを認めることは自分で自分に我慢できないものだ。心の辛

巻二 「未來佛宗教」はなにゆえ創始されたか？

抱が必要である。過去に拘泥し、誤りに縛られてはならない。自我を置き去り、精神的重荷を置き去ることである。誤りを正して、楽に前進するのだ。偏りを正すには虚心が必要である。

　誤りとは迷宮のようなもので、よい案内人がいなければ、出口は見つかりにくい。この修行の迷宮をゲームと捉え、指図を受けようとしないのであれば、救う手立てはない。無理に連れ出しても、また戻りたがるのだ。必ず自分で悟り、その迷宮をつまらないと感じるようにならねばならない。時間の無駄、人生の無駄であり、迷宮を出たら、2度と戻りたいと思ってはならない。その際の導きは、本当の効果を生むのである。

　仏教の典籍は既に滄溟の如く果てしなく広がっている。筆者が本を出して仏教を語ったところで、何の意義があるだろうか？読者がこの本を読んで「知見」を変えたり、増したりすることができれば、それは有意義なことである。正しい「知見」は、人の観念を変えることのできるものである。観念が変われば、生命の結果も変わってくる。それゆえ「未來佛宗教」を創設する必要があった。「有縁」の衆生が、誤りから抜け出し、修行の足取りを速め、有限の生命を利用して、無限の「慧命」を創造できるようにする必要があるのである。

（三）「未來佛宗敎」の誕生

　「万法は因縁生なり」という。新たな時代の到来に合わせ、衆生の欲求に応じ、「聯合敎化天」が100年以上も準備してきた作業の円満に伴い、西暦2008年に「未來佛宗敎」は誕生した。

　機は熟したものの、世俗での多くの作業は始まったばかりである。「有縁の信徒」の強い支えがあってこそ、「正法」を更に世人に伝えていくことができるのだ。

　誕生は取立てて喜ぶに値することではない。生あれば死がある。みどりごは、誰にも守られず、誰の思いやりも世話も受けることがなければ、すぐに夭折してしまう。そのため、誕生はまた死亡の象徴でもあり、寿命が長いか短いかの違いに過ぎない。

　一粒の種が発芽し、土から出てくると、誰もが喜ぶものだ。しかしその生命力がどうなっていくか？「瞠目して乞うご期待」というわけにはいかない。養い育てていかねばならないのである。適切な温度、湿度、水、肥料、そして適度な光を与え、更に病害や虫害を取り除く。こうして苗はすくすくと育ち、大きくなる。やがて花を咲かせて実をつけ、繁殖を続けていく。さもなければ、土から出てきた時に、無造作に踏みつけられるのである……。

　「未來佛宗敎」の仕事は、筆者一人の仕事ではない。一人

では伝え広めることはできない。それは衆生の仕事である。修行者全員の共同事業である。「多維空間」の協同作業である。

> 大法船を掌舵して
> 凡聖の間を往来す
> 無量衆を運渡するに
> 一人担ふ力無からん

この「大法船」の大きさはいかほどか？船に乗る生霊の多少によって、船の大きさが決まる。それほど大きな船は、筆者一人で動かせるだろうか？無理に決まっている。船では多くの仕事をしなければならないが、筆者は舵を取ることしかできない。船でのその他の仕事は、誰かが担当しなければならない。そうすることで、我々はこの「大法船」を「色界」から船出させ、「納界」に達することができるのだ。

「未來佛宗教」の誕生は、多くの「法」の概念を変えるものである。この事実を受け入れられない者もいる。特に「高功大徳」なる者は、一生学び、一生修め、一生語り、多くの本を著し、文章を発表する。突如人からその内容の誤りを指摘されても、受け入れがたいものである。受け入れれば自分の誤りを認めるに等しい。そのため公の場に出て、自分の誤った観点を強いて前面に出し、「未來佛宗教」を攻撃する。

それは無理からぬことである。人の持つ弱点の一つは、自分の「顔」を美化することである。煌めきのない「しみ」を蔽い隠し、「面子」にしがみつく。修行者がそうした心理的障害を乗り越えることができれば、成功は目前である。

　多くの人が回り道をする。それがわかると恨みを抱き、後悔する。後悔する必要はない。考えてもみれば、車を運転していて道を間違えたことのない人がいるだろうか？誰もが間違えたことくらいあるはずだ。修行の上では、生霊はいずれも道を誤る。人というのは、生から死までが一つの過程である。正しい道も間違った道も、総て人生の積み重ねとなり、人生の試練、人生の経験となるのである。一事を経ずして、一智を長ずることはない。

　「未來佛宗教」の誕生も衆生が道を誤るのを防ぐことはできない。しかし我々は心から願っている。衆生にいわば「修行のGPS」を提供し、衆生がなるべく道を誤らず、一日も早く目的地に達するようにする。

　既に道を誤っていても構わない。我々が果位を評定するに当たっては、状況に応じて誤った道の過程の分も点数として修行指数に加算し、追加点として累積計算する。

　「未來佛宗教」はこうして平穏裡に、粛々と誕生した。実際の行動でこれを養い育てていき、大いなる光で衆生をあまねく恵むようにしようではないか。「聖なるみどりご」を生み育てる母のように、無量の「慧命」を育て上げるのだ。

新たなる視界 すべからく知るべき新概念

㉘ 仏の應化

　古えの時代、衆生の機はまだ熟しておらず、世界に仏教はなかった。衆生も仏の存在を知らなかった。衆生の機が熟すと、「聯合教化天」は「等覚菩薩」が人世間に転生し、仏教を興すよう手はずを整えた。「等覚菩薩」の「分霊入胎」の時をもって、「等覚菩薩」は「妙覚菩薩」となった。この人世間に生まれ変わって仏教を興した「妙覚菩薩」は、自分が菩薩を名乗ると仏教を興せないため、自らを「仏」と称する必要があった。

　実は、本当に世に誕生して法を伝えたのは「妙覚菩薩」で、仏ではない。「妙覚菩薩」は任務を終え、功徳を円満にして、「根本無明」を断ち切って、「無餘涅槃」に至った。その時の「法身」が「無上正等正覚」である。「星雲内外聯合王国」の認証を待ってから、仏と称することができる。

　衆生を「済渡」して仏教を興す必要があったことから、「星雲内外聯合王国」は転生して仏教を興す「妙覚菩薩」が「仏」を名乗って仏法を伝授することを特別に許可した。真の仏陀が誕生したわけではないのである。

　真の仏陀は「無餘涅槃」の悟りを開き、永遠に「報身」を

失った。再び転生することはないのである。一方、成仏を待つ「仏位候補」の「等覚菩薩」は無数無量である。仏陀の慈悲は２度と転生せず、員数の枠を占めることもない。「法界」は仏陀を一人失ったのだ。

仏陀はもはや誕生せず、誕生するのは「妙覚菩薩」である。しかし古来皆がそのように言っており、「法界」もそう認めてきた。「未來佛宗教」も古人に従い、そのままにしておく。ただ修行者の「知見」を高めるため、このいきさつを公開し、その道理を説明するものである。

「妙覚菩薩」は菩薩52階級の最後の果位である。その「報身」が次に死を迎えた時、「無餘涅槃」が成就され、仏陀の列に加わることができる。

㉙即身涅槃

現代に仏を学ぶ人の多くが信じていることに、有限の生命は「即身成仏」できるというのがある。これは大きな誤りで、修行の障害となるものである。「即身成仏」は不可能なことである。智慧者はこの道理がよく理解できているはずである。

「即身成仏」はできないが、「即身涅槃」は可能である。「即身成仏」とは「無餘涅槃」であり、「即身涅槃」とは「有餘涅槃」である。「未來佛宗教」では「即身涅槃」を唱導する。「即身涅槃」とは「有餘涅槃」を指し、成就するのは「等覚菩薩」（「等覚菩薩」を含む）以下、羅漢（羅漢を含む）以

巻二 「未來佛宗教」はなにゆえ創始されたか？

上の「涅槃」である。特に「無餘涅槃」や「究竟涅槃」とした場合は、「妙覚菩薩」の「涅槃」を指す。すなわち成仏の「涅槃」である。

㉚八万四千

　「八万四千」とは数の極めて多いことを表す。「八万」とも言う。煩悩の種類は極めて多く、「八万四千」の煩悩と例えられる。仏陀の教法とその意義は非常に繁雑であることから、「八万四千」法門（八万法門）と称される。仏陀の「八万四千」相を讃美し、一切の「相」は荘厳で美しく、「八万四千」光明を放出する。更に、地獄は縦横「八万」由旬に広がり、そこで「苦報」を作る刑具も「八万四千」種に上ることから、「八万」地獄と称される。人体の毛穴の多さも計り知れず、「八万四千」の毛穴と呼ばれる。長い「慧命」と持つ体は、寿命を「八万四千」大劫とする。

　「八万四千」で数の多いことを表すのは、古代インドでの慣用表現である。かつて仏陀が「法」を講じた時、弟子になじみに深い文化に合わせて、この言葉で数の極めて多いことを表したのであるから、本当に「八万四千」という実質的な数を示すものではない。

㉛ 博愛

❖ 博愛 ≠ 慈悲

現代仏教において、多くの人が、仏陀の説く慈悲は博愛に等しく博愛は慈悲に等しいと考えている。誤った認識である。

仏教では、慈悲とは2つの意味の組み合わせである。

慈とは楽を施すことである。法楽を施し、極楽を施し、大楽を施す。すなわち「出世間法」を施して、衆生が「納身」を修め、「納界」に至るようにし、永久に真実の極楽、「涅槃楽」を享受するようにするのである。

悲とは苦を抜くことである。衆生に「出世間法」を施し、衆生を輪廻の苦から解き放ち、苦根を抜き去って、永久に真実の安楽を得られるようにするのである。

慈悲とは、「苦楽法」を知る菩薩が、衆生に離苦得楽の「法」を施捨することである。施捨した「法」は、「色界」を離れ、輪廻を解く「出世間法」である。

博愛とは、大いなる愛、寛い愛、あまねく恵む愛のことである。人間（じんかん）は愛を必要とする。人々が少しずつ愛を出し合えば、世界を美しい世の中に変えることができる。愛とは高尚なものである。愛とは捧げるものであり、求めるものではない。愛心とは利他であり、利己ではない。自分のための愛は、我儘であり、私慾である。

しかし、どれだけ高尚とはいっても、博愛の中身は性愛か

巻二　「未來佛宗教」はなにゆえ創始されたか？

ら逃れることはできない。性愛とは愛の一種である。仏教の戒律は数多いが、その中の一つが、出家した修行者は「不淫慾」、在家の修行者は「不邪淫」というものである。

「生死を脱する」最初の果位は、羅漢果である。生霊が「色界」という「囹圄」を飛び出すには、必ず「色界」の恋愛を断ち切らねばならない。「色界」の恋愛も、輪廻の重要な因縁の一つである。恋愛の鎖が衆生を輪廻に引きずるのだ。恋愛の鎖を離れ、「三界」を飛び出した後で、世間に「戻って」衆生を救おうとするのは、「憐憫心」と「慈悲心」に基づくものであり、博愛のためではないのである。

博愛と慈悲の区別は非常に明確である。博愛は「世間法」であり、慈悲は「出世間法」である。従って、博愛と慈悲とは等しくないのである。

人世間では、一切の愛心はよいものである。高いステージの法理においては、博愛と慈悲を分け、修行者を誡める。愛とは奉仕である。しかし奉仕の礎の下に、輪廻から解放され、生死を脱することを決して忘れてはならない。それは仏や菩薩の「慈悲心」を裏切らないことなのだ。「慈悲心」とは楽を施し、苦を抜く心でもある。

☆ 有漏善

善心は修行の基礎となる。善心がなければ「長寿有限の慧命」もない。悪を断ち、善を行うことは、天堂に「化生」す

るもととなる。徳を積み、善を行うことは、人格の昇華である。

　善心とは、人間に不可欠な美徳である。そして「涅槃道」の修行という点では、善業は「有漏善」と「無漏善」の２つに分かれる。

　善良な人の修める善業は、天堂に至るという「果報」が得られ、「長寿有限の慧命」（但し法身に非ず）を得ることができる。あるいは来世で人に転生し、大いなる「福報」を授かる。そうした「善」を行っても、生死輪廻の荒海を逃れることはできない。そのため「有漏善」なのである。「八万四千」の大劫という長寿であっても、寿命が尽きれば輪廻をしなければならない。

　善良な人が「涅槃」を究める過程にあって修める善業は、「納界」に至るという果報が得られ、「納身」を得ることができる。こうした善は「無漏善」である。それを通じて、生死輪廻の苦海を逃れ、２度と輪廻を迫られることがなくなる。「長寿無限の慧命」を得て、永遠に寿命が尽きることはない。

　一切の善業はよいものである。高いステージの法理においては、「有漏善」と「無漏善」を分け、修行者を戒める。善業を修めることに基づいて、輪廻から解放され、生死を脱することを決して忘れてはならない。

㉝ 有漏禪

禪とは一種の功夫❶であり、境地である。より正確には、禪は功夫と境地の結合である。禪は命禪、慧禪、命慧双修禪、忍禪、戒禪、悟禪、往生禪、慧命禪、無生禪に分けられる。

1. 命禪

「命禪」とは肉体の健康や長寿を「主旨」とする修行方法である。例えば、現代に伝わる数多くの気功、硬気功、一指禪、二指禪、太極拳、各種武術などである。

「命禪」を究めると経絡が通じ、気血が整い、気が滞りなく巡り、傷ついた体を修復し、自身で調節する生理機能を発揮できるようになる。従って寿命を延ばす働きが得られる。

「命禪」は更に「静禪」と「動禪」の2つに分かれる。「静禪」は「真気」の流れを内練するものであり、「動禪」は筋骨、皮膚を外練するものである。「静禪」の「三要素」とは調身、調息、調心である。「静禪」は「下丹田」を主に意識し、調心が鍵となる。

2. 慧禪

「慧禪」とは肉体の潜在能力の開発を「主旨」とする修行方法である。例えば、「天眼を開く」（または「天目を開く」）、「催眠」（催眠はここ200年ほどの科学の新しい言葉であるが、その方法自体は人類の歴史とともにある）、「通霊」、「観落陰」、「霊魂竅穴を出づ」などである。

「慧禪」を究めると、智慧が開かれ、超能力に目覚め、潜在能力が掘り起こされる。人体、人生、宇宙について悟る。一歩ずつ悟りの道を歩むようになり、やがて大智慧、大徹悟を得て、参禪悟道し、霊魂の「住まい」のステージを高める。

「慧禪」は2つに分けられる。一つは「孤慧禪」であり、もう一つは「縁慧禪」である。自分の力を頼りに「開慧」を得ることから、「孤慧禪」と呼び、「他力」を頼りに「開慧」を得ることから、「縁慧禪」と呼ぶ。

「慧禪」を修めていく過程では、「火候」を把握することが重要である。天気には気候があり、調理や煎薬では「火候」を見る。料理人の腕前は、調理の際に、「火候」の把握奈何を見ればわかる。「慧禪」を究めるにも、「火候」の把握が必要となる。

練功の「火候」は、「文火」と「武火」の2つに分けられる。現代では師の多くが功を伝えるが「火」を伝えず、「文火」を伝えるが「武火」を伝えない。甚だしきは練功の「火候」が自分でも分かっていない師も多い。「武火」を伝授するに当たって、「霊気」が偏っていると、「走火」とみなされる。「走火」の現象が現れると、師は偏りを正さなければならない。

「慧禪」は「上丹田」を主に意識する。

3. 命慧双修禪

「命禪」を究めると同時に「慧禪」を究めると、健康や長寿に加えて、智慧が開発され、霊性を高めることができる。これが「命慧双修禪」である。

「命慧双修」に当たっては、思念を駆使して、「霊気」を体内で凝縮、運動、昇華させ、「色身」を強健なものにする。それにより寿命が延び、智慧が開かれ、心身が浄化し、潜在能力が現れ、心身がともに鍛えられる。最後には「迷いを転じて悟りを成す」という目的が達成される。

4. 忍禪

「忍禪」は「苦禪」とも称され、「苦行を修める」ことを主とした修行方法である。果位を得るために、家庭を出て、あわただしい社会を去り、俗世間を捨てて、深山幽谷へと入って、隠遁生活を送る者もいる。終日粗衣粗食にして、世俗の一切の出来事を聞睹しない。山の洞穴に住む者もあれば、遠く人里離れた寺院や道観に暮らす者もある。「世俗の事は聞睹せず、ただ一心に聖賢禪を修むる」のである。

そうした修行者は得道のため、凡人には耐えられないような生活を送る。修行者の中には、「生ける屍」（読んで字の如く、生きた死人である）となることを究める者もいる。そうして3～5年、更には10年も修行すると、超人的な能力を身につけることができるのだ。その時の修行者は世俗の事を

聞睹せずとも、既に「山中に坐して、あまねく天下の事を知る」という達人の域に達している。例えば、古えの「古墓派」の修行者は、生きている間に自分で墓を掘り、古墓に入って修行を行い、世俗と隔絶する。墓という形を通して、常に自分に言い聞かせるのだ。「人生は無常にして、早晩死を迎えるもの。早めに修行し、生死を脱するにしかず」と。そして最終的に修行が成功すると、墓から出てきて「真人」となる。

　このような修行法は現代の市中の寺院を騒がせる修行者のものとは明らかに異なる。現代の寺院での修行は、供養が多く、接する人が多く、授かる福が多く、争いが多く、思想が混乱する。一心不乱に「忍禪」を究めることはできないため、得道する者が減り続けているのだ。

　現代社会の生活に適応するため、「忍禪」を都市に持ち込む者もいる。これは「忍禪」の改革であるが、ただ成功率は低い。

5. 戒禪

　「戒禪」とは「持戒」を頼りに高いステージの禪定の境地に至るものである。例えば、『楞厳経』によって創設された密宗では、修行者は皆戒律を厳守し、破ってはならない。中でも不飲酒、不殺生❷、不淫慾を主な戒律としている。

　厳格な「持戒」によって、修行者は心の平静を得、思想を統一し、気脈を通じ、精神は安らかで、一心不乱となる。

人がこの世で生きる時間は限られている。すなわち学校へ行く時間、食事や食べるのに忙しい時間、眠る時間、生活のためにお金を稼ぐ時間の他、それに加えて、恋愛したり、家族、子供、老人、親族、友人の面倒を見る。社会の中では饗応接待や肉体の鍛錬、新聞、インターネット、テレビを見る……（遊び、楽しみ、病、子育て……）など、人生百年に、修行の時間はどれだけ残っているだろうか？

「戒禪」とは戒めによってそのような時間や修行に影響を及ぼす嗜好を除くことである。そして修行は「戒め」の力で修行を成功させるのである。

6. 悟禪

「悟禪」は「参禪」とも称され、参悟、参禪悟道の意味である。

「悟禪」は主に坐禪静修の際、始終一つの主題に沿って瞑想を巡らし、思いが通じ、はっきりするまで考え続けていく。一つの主題がはっきりしたら、更に別の主題で瞑想を続けていく。

こうした「悟禪」には、「参話頭」と呼ばれるものもある。師が弟子を鍛えるために、既に答えのある問題を弟子に問う。弟子が正しく答えれば、更に次の問題に移る。答えが間違っていたら、弟子はその問題を持って「坐禪」に行き、瞑想を行う。答えが思い浮かんだら、師に伝える。答えが正しくな

ければ、更に瞑想を続ける。正しい答えが出るまでこれを繰り返すのである。

7. 往生禪

「往生禪」とは「浄土禪」とも称され、静坐の際に、始めから終わりまで絶えず「阿弥陀仏」または「那摩阿弥陀仏」と念じるものである。

「浄土禪」を修める主な目的は、一つには死後極楽世界へ「往生」を遂げるためである。もう一つは「一念を以て万念に代え」乱れた心を鎮め、修行者が禪定の境地に至るためである。

8. 慧命禪

「慧命」を延ばすことや「長寿有限の慧命」（これは中・低法身を指す）を究めることを「主旨」とする禪修は、「慧命禪」と称される。例えば、「成仙得道」や「天仙正理」などの修行法である。

「陽神」を究めることを主とする道家の禪法で、まず「五気朝元」を修める。「五気」とは金、木、水、火、土の5種類の「霊気」で、それぞれ西、東、北、南、中を表す。陰陽の和合により「受胎」（聖なるみどりご）し、更に10ヶ月後の「懐胎」、3年の「哺乳」を経て、9年壁に向かい、10年虚に還る。そこから「長寿有限の慧命」を得る。

仏教にもこの「法」がある。100日で基を築き、3年の過渡、

5年の小成、10年の大成を経ると、声聞の「四果」（「預流」、「入流」、「再来」、「不還」）を得て、「長寿有限の慧命」が手に入る。死後はこの世界の「精維空間」の「滅界」に住むこともできるし、どの仏浄土に「往生」することもできる。

以上の修行が必要とする時間は、一人になり、みづから行なう時間であるゆえ、「明師」の導きと教えがあれば、その速度を速めることができる。

9. 無生禪

「無生禪」とは生死を脱し、「即身涅槃」を「主旨」として修行する禪法である。「無生」とは2度と俗世間に生まれてこないことであり、すでに「長寿無限の慧命」を究め、「必須輪廻」を解いたことを意味する。将来また転生するかどうかは、自分で決めることとなる。

「無生禪」を究める者は、必ず「次第」に従わねばならない。まず正しい「知見」を打ち立て、「色界」に未練を残さない。「十二因縁」を徹悟し、「四聖諦」を理解し、「八正道」を歩む。そして一定の禪法修行に従えば、「無生果」が得られる。

「無生禪」は「知見」と「禪法」が結びついたもので、どちらも欠かすことはできない。

以上、簡単に9種類の「禪」について紹介した。どの「禪」にもそれぞれ特徴がある。修行者が「慧命」を得ることがで

きる「禪法」は、「無漏禪」である。その他は総て「有漏禪」である。

㉞ 世間法

「色界」を世間とする。世間とは衆生の輪廻の境地である。そこには「長寿有限の慧命」（「中法身」、「低法身」と「天堂人」）が含まれる。衆生を輪廻から解き放てない「法」は、総て「世間法」である。衆生をこの世間から離し、この世間を輪廻し続けることから解き放ってくれる「法」だけが、「出世間法」と呼ばれる。

㉟ 依義不依語（義に依り語に依らず）

修行者が「法」に耳を傾け、読経する際、言葉や字面だけでその内容を理解してはならない。文字のみに局限したり、文面に依存して真義を害い、甲論乙駁を惹起するべきではない。様々な形式にはなおさら縛られてはならない。追窮すべきは内在し、真に深く、微妙な意義である。そうすることで、我々は本当に「経蔵を深く理解」でき、大海の如き「般若の智慧」が得られるのだ。

修行者がこのように「法」を学ぶことができれば、その修行者は「依義不依語」を遂げたのである。

㊱ 根本無明

　人がこの世で受ける苦は、総て前世で「無明」ゆえに作った「業」より得た結果である。そのため、「無明」は一切の煩悩の根源となる。

　いわゆる「無明」とは、宇宙や人生の真諦をまだ悟っていない衆生が、迷い、方向を見失い、光明を見出せず、執着し、蒙昧なる境地である。この境地では、人性を超越する「般若の智慧」が備わらず、世界にまだ「法身」や「法界」が存在するかも知れない。更には人には霊魂があり、霊魂は永遠に存在し、「業力」によって昇華や堕落をするということさえ分らない。様々な迷いによって「色身」が「真我」であり、「色界」が「実界」であると誤認し、「仮我」に執着する。更に「仮我」の様々な慾望を満足させるため、様々な「業因」を作り出す。

　人生を「見通せない」、世界を「見通せない」、「我」というものを「見通せない」ため、「不透明」な「認識」と呼ばれる。例えば、淵の水が濁っていて底が見えない場合、状況をよく理解していなければ、水の深さや水中に何があるかは分からない。そのため汀に立った観察者諸氏には、それぞれ異なる見方が生じる。そうした現象を合わせたものが、「無明」の表れである。

　まさに「無明」のせいで、衆生は「色界」を絶えず輪廻し、様々な苦痛や挫折を味わうのである。

「無明」には「枝末無明」と「根本無明」の区別がある。

1. 枝末無明

「枝末無明」は「標無明」とも称され、「根」や「本」に対して、皮相という意味を持つ。例えば、一生の間戒律を守って毫程の違反も犯さないが、夢の中や禪定の間はよく戒律を破ることである。そういう場合でも、「枝末無明」は断ったものとする。

悟りや修行の状況に応じて、「等覚菩薩」（「等覚菩薩」を含む）以下の果位を得ることができる。

2. 根本無明

「根本無明」は「本無明」とも称され、「枝」や「末」に対して、深層、根源、本質、徹底、元来、本来という意味を持つ。例えば、仏教の戒律に従い、在家では不邪淫、出家では不淫慾を定めることである。「持戒」に成功した修行者でも、夢の中や禪定の際に祖裼裸裎した美女が現れて、挑発し、性行為を求めてくる場合がある。しっかりと惑わされず女を追い払う修行者もいる。女と性行為に至る修行者もいる。女と性行為に至った修行者は、「枝末無明」を断っただけである。女を追い払った修行者は、「根本無明」を断ったのである。

菩薩であるからには、「妙覚」というステージで「根本無明」を断たなければ、仏果を得ることはできない。しかし、

巻二 「未來佛宗教」はなにゆえ創始されたか？

「妙覚菩薩」であるがゆえに既に大智慧、大徹悟を得ており、「妙覚」のステージで「根本無明」を断ち、一切の煩悩を解くことができる。そこから「無餘涅槃」を得て、「無上正果」を成就できるのだ。

㊲「上品上生」の菩薩

「法身」が果位を究めるのは、「色身」が学位を修めるようなものである。例えば、博士号を取得した人が、更に世界共通の歯科医の証書を得る。その証書があれば、どこの歯科医院でも歯科医が務まり、基本条件を総て満たすのである。その証書がない人が、歯科医院で歯科医を務めようとしても、無理な話である。闇医者をやるというのは、違法である。

俗世間では、菩薩の果位を既に得た「法身」は、いずれの仏浄土に行こうとも許される。

「上品上生」の蓮華池とは、既に菩薩の果位を得た「法身」のために設立された居住区域である。「上品上生」の池に暮らす菩薩たちは、極楽世界で菩薩の果位を究めたのではなく、「娑婆世界」で既に菩薩の果位を究めているのだ。

極楽世界に築かれた「上品上生」蓮華池は、無量の仏浄土や無量の菩薩居住区域のほんの一握りにすぎない。

菩薩の「法身」は、どの仏浄土にも自由に出入りや往来ができ、どの仏浄土にも居を構えることができる。

㊳ 前世果位の合一

　転生の前に既に「慧命」を持ち合わせている人もいる。「迷魂湯」の作用で、自分がどこから来てどこへ行くのか、この世に来たのは一体どういう訳か、わからずにいるのだ。例えば、「辟支仏」は元々既に極楽世界に住んでおり、無量寿でもある。「娑婆世界」で菩薩道を行なうことを「乗願」した。その目的は菩薩果の「修証」であった。一生を終えたが、菩薩果は得られず、羅漢果を得た。このような状況下で、必ず輪廻の継続を求めるとともに、羅漢の「法身」を合わせ、「辟支仏」の果位で「法界」に生きた。「辟支仏」の果を得たら、「現世果位と前世果位の合一」ができる。菩薩果を究めることに成功すれば、前世の「法身」を現世の「法身」と合併できる。そうすれば予定の計画を完了でき、その後は菩薩の「法身」となるのである。

㊴「万仏王宮」の字

　筆者の師にかつて告げられたことがある。「万仏王宮」の4文字は変化するものである。例えば、3人が同時にこの4文字を目にする。一人は「華語」しかわからず、一人は「英語」、一人は「スペイン語」しかわからない。その3人が見るのは、総て自分が知っている文字なのだ。その文字が「陀羅尼」である。

卷二 「未來佛宗教」はなにゆえ創始されたか？

　生霊に理解させるべきは、読めるようにせしめ、理解せずとも良いものは、読めないままにしておく。読むべきでない場合は、生霊の知らない文字に変わる。あるいはぼやけてしまう。それが「陀羅尼」の文字の神秘である。

㊵ 因果の法則

　「因果の法則」とは古えより、諸仏が制定してきた永遠不変の規律である。簡単に言えば、「悪に悪報あり、善に善報あり。これ報いざるにあらず、時候いまだ至らず。時候一たび到らば、すなはち報ゆ」ということである。よく言われる「瓜を植うれば瓜を得、豆を植うれば豆を得」、「善因を植うればすなはち善果を得、悪因を植うればすなはち悪果を得」、「正因を修めて、正果を得る」、「過去の因は、これ現在の果なり。現在の因は、これ未来の果なり」ということである。

　悟道とは、植えることから始まる。田園生活から身をもて悟るのである。春に一粒の粟を植えると、秋には何万粒にもなる。子を生み育て、家畜を肥やす。蕃殖とは「因果」である。教育もまた「因果」である。原因があれば必ず結果がある。

　仏を何千年と学んだところで、「因果」を学ぶのは容易ではない。仏典は何千巻とあるが、いずれも「因果」を説いている。「仏学」は広く深いと言われるが、実は簡単なもので

ある。説いているのは「因果」なのだ。「因果」の2文字は、理解するのは容易だが、究めるのは難しい。「因果」は何千年と説かれてきたが、それはこれからも続くのだ。

「因果の法則」は諸仏が制定したものであるが、いかなる超能力者といえども、許可なくして勝手に破ってはならない。「神通」を用いて「因果」を変えることは許されないのだ。

㊶ 自然の法則

『自然の法則』とは古えより、諸仏が制定してきた規則である。例えば、人間の生・老・病・死。生物の生・長・壮・老・已。世界の成・住・壊・空。物質の不滅の「消長」（こなたが消えればかなたが育ち、かなたが消えればこなたが育ち、こなたが滅べばかなたが生じ、かなたが滅べばこなたが生ず）。生は死、死は生。太陽と月。春夏秋冬。陰陽の変化と相互の転化。無から有が生じ、有は無に還る。対立は統一し、相互に依存する。有即是無、無即是有。色即是空、空即是色。陰陽不二なれども、又一に非ず。人、事、物の相生相剋。利害の共存……。

これらの法則は、いずれも悟りを開き、悟道に至らせてくれる。同時に一切の『自然の法則』は、俗世間で人々の拠り所となる法である。簡単に言えば、「人間遊戯」には規矩があり、衆生は「悟道」の啓発を受けるのだ。

衆生のためにそうした世界を築き、法則を定める。その目

的は自然現象を通して衆生の悟りを導くためである。

　『自然の法則』は諸仏が制定したものであるが、いかなる「超能力」者といえども、許可なくして勝手に破壊してはならない。例えば、どんな自然現象も「超能力」を用いて破壊してはならないのだ。

訳註
❶練習・鍛錬の蓄積あるいは労力を表す語。
❷原文では「不喫肉(ふきつにく)」。

巻三
「色界」剖析と註釈

一、「霊気」とは何ぞや

　古えより、広大な宇宙にはある基礎的力気が存在している。その力気は「多維空間」に無秩序に散らばり、瀰漫している。その力気は単体では微細な粒子である。微細なため、「色身」の肉眼では見ることができない。それは空間障壁を越えることができ、極めて優れた貫通力を持っている。

　古代中国の修行者は、そういった力気を「炁」❶と呼んだ。「炁」は霊魂を組成する物質であり、霊魂は「炁」を食することによって生き永らえる。「細維空間」の中の身体には、「炁」からなるものもある。従って「炁」は「霊気」とも称される。また「真気」、「純気」とも称される。

　「霊気」は「色身」が呼吸する気とは全く異なる物質であり、「色界」を構成する重要な要素である。万物の生滅変異の根本であり、人体生命の基礎である。「天眼」⓬を開いた者、あるいは功を練り、術を得た修行者だけが「霊気」の存在を見ることができる。

　人体について言えば、体内の「霊気」は「内霊気」と称される。体外の「霊気」は「外霊気」と称される。

　世界中の人間もいかなる物質も、総て「霊気」の変化と組み合わせからなるものである。我々自身が「霊気」の変化と

組み合わせからなるだけではなく、我々の歴代の先祖も総て「霊気」の変化と組み合わせでできている。時間という点では、「霊気」は「先天的な霊気」と「後天的な霊気」の2つに分けられる。

（一）先天的な「霊気」

「先天的な霊気」は次の2つに由来する。

1. 天地開闢以来の霊魂を源とする

これは「幾許の霊気」であり、「原霊気」とも称される。

2. 両親を源とする

父親と母親の「内霊気」がそれぞれの体内で濃縮され、液化して、精子と卵子を生成する（「液」と「炁」が均等に攪拌される）。精子と卵子は交合して胎となり、一つの「液胞」を形成する。母体で絶えず滋養を受け、その「液胞」は次第に固形物質を生じていく。それが骨骼である。その段階で胎児は母体と一体となる。

（二）後天的な「霊気」

胎児は母体の中で発育し成長すると、母体を離れ、一つの独立した生命体となる。

嬰児が母体を離れると、感覚器官が外界と接触を始め、次

第に知覚、運動、思考、感情……を得て、家庭や社会環境に適応し、家庭や社会環境と一体となる。その時、「幾許の霊気」は次第に後天的なものとなっていく。

「後天的な霊気」は次の2つに由来する。

1. 食事を源とする

嬰児は母体の中では母体の一部として、一切の「霊気」を母親から授かっていた。嬰児が母体を離れると、自分の「色身」の慾求は完全に自分で満足させねばならない。

「色身」の五臓六腑、十二経絡、奇経八脈、五官九竅、四肢百骸とは、完全なる「炁化」系統である。いつでもどこでも「霊気」相通じ、規則正しい拍動で物質の運動と変化を進める。

「民は食を以って天と為す」という。食事は誰にとっても必要不可欠なものである。体の健康にとって、食事は何より大切である。すなわち食事を適切に整えることで、「霊気」が漲り、体内の老廃物が減り、生命の活力が増す。それは「命禪」を究める上での大切な内容の一つでもある。

修行者になると、「色身霊気化」の後では、「人間(じんかん)の食物」を食べなくともよい。そのような状態を俗に「辟穀」という。実際には、「辟穀」とは「人間(じんかん)の食物」を本当に食べないのではない。「人間で爨いだ」食べ物を食べないだけである。本当に「辟穀」をする人は、主に「五穀雑穀」、つまり穀物

を食べないのである。実は、真の「辟穀」の働きを手に入れた人は、食べ物を食べないわけではない。食道を通して食事をとるのではなく、ただ全身を通じて「霊気」を吸収するにすぎない。「霊気」は力気である。その力気は我々が口にする「五穀雑穀」の働きよりも更によいものである。「辟穀」は無理に行うと、体に病が生じる。そのため、修行者はむやみに「辟穀」をしない。本当の「辟穀」であるかどうかを検討するには、飲食をしないことで元気や力が更に増すかどうかを確認する。そうなるのであれば、それは本当の「避穀」である。

　食は一つの学問である。食という学問を知れば、「霊気」を増し、健康長寿でいられる。食という学問を知らず、むやみに食べれば、「霊気」が低下し、体の健康を損ねる。食事は飲と食の２つに分けられ、合わせて飲食という。

2.「外霊気」から

　「霊気」とは天を生み、地を生み、人を生み、一切の万物を生む基礎的力気である。「道は一を生じ、一は二を生じ、二は三を生じ、三は万物を生し、万物は陰を負い陽を抱く」という。ここでいう「道」とは、「霊気」のことであり、一種の基礎物質であり、宇宙エネルギーである。そうした力気は至る所に散在している。果てしない宇宙に瀰漫し、絶えず運動を繰り返している。時間という点では、始まりも終わり

もない。空間という点では、果てしなく広がっている。立てれば上下はなく、開けば外はなく、畳めば内はない。無数無量に散らばり、集まっては人の腹に収まる。

「霊気」は虚空において永劫のものである。不生不滅、不垢不浄、不増不減である。絶えず変化と合成を繰り返し、また元の姿に戻っていく。

宇宙エネルギー――「霊気」は、永遠不滅にして、広大な虚空に瀰漫する。定められた方法で修行を行えば、体内に集めて、人のために用いることができる。

「色身」の経絡は「霊気」の通り道である。「色身」のツボは「霊気」の門である。「色身」の中での「霊気」の運行には、一定の規律がある。定められた方法を駆使して、「霊気」を様々なツボから「色身」に入れて、経絡に従って規則正しい拍動で巡らせれば、「色身」の内なる力を強め、経絡を通し、気血を整え、元気を補い、病気を排し、病を除いて身を健やかにできる。そして「色身」の筋肉、内臓器官、循環や神経系統などの機能を調節、改善して、免疫力を高めることができる。また体の興奮と抑制の協調が整う。更に「色身」の潜在能力を引き出し、目覚めさせることができる。

昔の漢方の理論では、早くから「霊気」が人体にとって非常に重要なものであることを示していた。「通ずれば痛まず、痛めば通ぜず」というが、この「通」とは、経絡の順調な巡りのことである。経絡がすんなりと巡れば、「霊気」は順調

に滞りなく全身のいかなる場所にも達することができ、体に滋養を与えることができる。「気通ずれば血通じ、血滞れば病生ず」という。ここでいう「気」とは、「炁」のことで、「霊気」である。経絡が通じれば、「霊気」が順調に通る。「霊気」が通れば、血が通う。反対に、経絡が通じていなければ、「霊気」は順調に通らない。「霊気」が通らなければ、血が順調に通わない（瘀血❷）。血が滞れば、病が生じる。

　多くの「外霊気」は散乱し、秩序がないものである。定められた方法で、無秩序な「霊気」を秩序のある「霊気」に変えることができる。秩序のある「霊気」は人のために用いることができる。

　「無秩序化」と「秩序化」に関しては、ある事例に例えられる。建設会社が図面に従って空き地にビルを建てる。しかし作業者も材料も世界のあちこちに散らばっている（無秩序化）。そこで、必要に応じて作業者を集め、秩序ある作業を手配する。更に使用する物資の前後によって、様々な材料を四方八方から工事現場に集め、次第に「秩序化」していくようにする。しばらくすると、ビルが建つ。これが無秩序から秩序への過程である。

　泥土は無秩序である。煉瓦にして使えるようにすれば秩序を持つ。

　日曜日に一万人が街に繰り出す。この一万人は無秩序である。面白い試合が近くの体育館で始まると知って、そのうち

の3千人がその試合を見に行く。その時、その3千人は体育館で並び、入場券を買い、中に入って番号通りの席に坐る。この3千人は無秩序から秩序のある状態へと移ったのである。

「外霊気」を究めるに当たっては、定められた方法に従って、無秩序の「霊気」を秩序ある「霊気」に変える。そして更に濃縮し、変化させ、我々の力気のステージを高め続ける。現世での修行を通して、力気のステージを新たな段階へと高めていく。

「色身」が吸収する「外霊気」は次の3つに由来する。

①「自力」から

定められた方法を学んで、散乱した無秩序な「外霊気」を「色身」の中に集める。これは完全に「自力」を頼りとした修行方法である。例えば「忍禪」や「戒禪」を主に修めることである。あるいは「忍禪」だけ、「戒禪」だけを修めたり、「忍禪」と「戒禪」を同時に修めたりしてもよい。長時間集中的に修行し、エネルギーのレベルを高めるという目的を達成する。

②「他力」から

「他力」には2種類ある。

＊俗世間では、力気の低い人は力気の等級が高い師を拝する。高力気の「色身」を持った師から、自身の「内霊気」をある方法で、自分の弟子の体内に注ぎ込む。俗に「水は低い

所に流れる」という。弟子が元々高い力気の持ち主であった場合、智慧に乏しいがゆえに「名ばかり」で力気の等級が低い師を拝してしまうと、心に備えがないことから、師が弟子に力気を注ぐ際に、力気が逆流してしまう。「朱に交われば赤くなり、墨に色ふれば黒くなる」という。低力気の者は普段高力気の者と一緒にいることで、自然と力気の等級が高まる。一人が「霊気」を究めると、家族全員恩恵に与かれるのは、こういったわけである。

＊「多次元空間」には、無数無量の高い智慧、高い力気の生霊が存在する。生霊は様々な形態で虚空に存在し、絶えず動き、変化し続けている。例えば、地球上の人類は酸素を呼吸することで生きている。その他の星の「人類」は、酸素を呼吸するとは限らない。地球に見学に来る場合は、生きるのに必要な「ボンベ」を用意する必要がある。我々地球の人類が飛行機械で他の星に行く際に、背中に酸素ボンベを背負うのと同じである。地球人の空は青い。その他の「人類」が暮らす空は、様々な色があり、同じではない。「人類」の中には、「霊気」吸って生きるものもある。そのため、そうした人類は時空の制限を受けず、我々地球人よりも明らかに逍遙自在である。「人類」には、体が光の形態、波の形態、「炁」の形態、磁場の形態、電場の形態をとるものも存在する。その住む世界や用いる物質も、同じように光の形態、波の形態、「炁」の形態……として存在している。そうした空間は、修

行を積み、術を得たものだけが目にすることができる。一般人に「謎の現象」と思われているのは、実は「多維空間」の生命物質なのである。

「多維空間」には無量の生命が暮らし、無数の生命が高い力気を持っているが、総てはそれらとの縁次第である。前世あるいは現世での生活において、意識するしないに関わらず高ステージの生命と縁が持てれば、きっとその高力気の者が我々の「色身」に「外霊気」を注ぎ込んでくれるであろう。

③功徳から

知っての通り、人の一生において「業」をなさないことはありえない。「業」には善、悪、無記の区別がある。善業はまた「有漏善」と「無漏善」に分かれる。「有漏善」を修めるのは福田に種を播くことである。福徳であり、来世報——来世に有福の人あるいは「天堂人」として生まれることである。現世は春に、来世は秋に例えられる。「春に一粒の粟を植えると、秋には何万粒にもなる」という。田植えに当たって必要なことは、(1) まず土地の様子を見る。(2) 一生懸命に耕す（他人が耕してくれるのでない限りは、植えっぱなしではいけない）。(3) 天災や人災に注意する。そうしないと収穫はない。俗に、「年ごと植うれども収穫物を入れざれば、定めていづれの歳にか大豊作あり」という。その意味は、一生懸命に働き、「耕耘だけを念頭に、収穫を勘定に入れず」

にいると、「功夫は心ある人を裏切らない」ため、やがて大豊作を迎えるということである。

　以上は功徳ではなく、福徳である。では功徳とは一体何か？それは多くの人がはっきり分かっていない問題である。まず確認しておかねばならないのは、功徳は「出世間法」の範疇にあり、福徳は「世間法」の範疇にあるということである。

　福徳は「有漏善」であり、功徳は「無漏善」である。

　福徳は「来世報」であり、功徳は「現世報」である。

　使命を授かり、俗世間で衆生を「済渡」する大菩薩は、「化業」☆の能力を備え、生霊の福徳を功徳に転化できなければならない。「化業」は、第一に方法と順序が分かっていなければならない。その生霊の「業力」の応報をどう調べ、修正し、均衡を保つかを知ることである。（菩薩は「星雲内外聯合王国」の発した「特赦令」を持っており、その「令牌」を持って関連部門で「業力」資料を調べ、修正結果を関連部門に提出して批准と承認を受ける）。第2に相手に十分な福徳がなければ、繁雑な「化業」の手続きを処理するに値しない。

　修行者は、小さい頃から「霊気」を究め、生活のあれこれに割かれる時間を除くと、老いて死ぬまで修行を続けても、数十年の「道行」にすぎない。しかし「化業」を経た「道行」は、数千年、数万年、数十万年にも及ぶ……。

　功徳を説くのは「現世報」である。なぜなら（以下は総て涅槃に至り、「長寿無限の慧命」を得るために生ずる前段階

の修行)、(1) 功徳が直接「霊気」と化し、修行者の体に入って、「内霊気」となる。「内霊気」が満ちると、「五気朝元」を究めて、「聖胎」を成就する。修行者の「現世法身」となり、更に「身外身」となる。(2) 既に「身外身」を持つ者は、直接「身外身」に加わり、「身外身」はすぐに力気の等級が高まる。功徳の大きい者は、すぐに「身外身」のステージが高まり、更には果位が高まる。(3)「現世法身」のない者でも、「前世法身」に加わる——「前世法身」が「長寿有限の慧命」であれば、その寿命が増し、果位が高まる。「長寿無限の慧命」である場合は、力気の等級や果位が高まる。(以上3つをどう選択するかは、霊魂自身が決定する。)

　以上のことから分ることは、「涅槃」を究めるために「霊気」を究め、「神通」を究め、「法身」を究める者にとっては、功徳を修めることが重要だということである。修行は功徳を本とし、徳高く功高ければ、果位も高まる。

　この「五濁忍世」においては、功の高い師は見つけがたいものである。しかし、功徳がその位へ到れば、功の高い師の「法身」はいつでも訪ねてくる。

　「無漏善」によってできた功徳は、生霊を速やかに「涅槃道」へと近づけ、「納身」の成就を早めてくれる。更には功徳によって「即身涅槃」が成就される。そういった功徳は「航行」の際の「漏」を補ってくれる。そして「航行」は最終的に智慧、極楽の彼岸に達し、永遠、真実の安楽が得られる。

そのことから「無漏善」とされる。

（三）「霊気」の変化

「霊気」の変化は多種多様である。状態においては、気態、液態、固態の 3 つに分かれる。性質においては、物理変化と化学変化の 2 つに分かれる。

1. 物理変化

世界の万物には総て 3 態変化がある。化学変化には 3 態変化があり、物理変化にも 3 態変化がある。

一枚の紙を千切って破片にする。これは物理変化である。紙は大から小へ変化し、全体が細かくなったが、どう変化しても、紙のままである。性質には何の変化もない。

液態の水を加熱すると、蒸気（気態）が生じる。液態の水を低温で冷凍すると、氷（固態）が生じる。

天然ガスも水の物理性質と同じで、3 態変化がある。天然ガスは既に 21 世紀のエネルギーの主役に躍り出た。保管や輸送に便利なため、天然ガス（気態）を摂氏 -162 度で冷却し、液態に変える。液態の天然ガスの体積は、気態の 1/625 となる。

「霊気」にも他の物質の物理性質と同様に、3 態変化があ

る。「霊気」は世界中に散らばって漂っており、気態として存在する。定められた方法でこれを人体に集め、「内霊気」とする。「内霊気」は人体の経絡の中で気態として存在し、絶えず動き回っている。

高い力気を持つ修行者は、「丹田」で「丹」を生成する。読んで字の如く、「田」は万物を生み出すものであることから、「丹田」とは「丹」を生み出す場所である。

「丹」は「力気団」であり、「外霊気」が人体に入って「内霊気」と結合し、高度に濃縮された後の産物である——道家は「丹」、儒家は「仁義」と称し、仏教では「舎利子」と称される。「霊気」の高度な集中から、気態の「丹」が生成される。更に濃縮が進むと、液態に変わる。人体を離れる際には、「丹田」と経絡による密封包装の圧力が失われるため、また気態に変わり、世界を巡る。

こうした変化は100円ライターのようなものである。中には液態の物質が見えるが、液態の物質は放出されると、気態の物質に変わってしまう。それは液態の物質が気態の物質を濃縮したものだからで、密封包装による圧力を失うと、また気態の物質に変わって空間に存在するようになるのだ。

人間は「霊気」を究めることができる。多くの「傍生」も「霊気」を究めることができる。毎日、深夜の人が寝静まった「子の刻」に「丹」を練るのである。天地の「霊気」、日月の「精髄」を集める。修行の際には多くが「呼吸法」を用いる。そ

のような苦しい修行の末、多くの「傍生」が仙となり道を得る。仙となり道を得ることによって、後に転生して人となるのである。

「霊気」の物理性質とは——集めて形となり、散じて気となる、である。

2. 化学変化

化学変化とは、主に物質の性質に変化が生ずることである。

一枚の紙に火をつける。その紙は燃えて煙と灰になる。燃焼により物質の構造が変化し、紙の性質が変わる。これが化学変化である。

科学技術の発達した21世紀の現在、人の体や身の回りの至る所で化学変化の産物が目につく。例えば、石油（液態）や天然ガス（気態）は、化学変化を経て、固態の物質に変わり、製品は様々な分野に広がっている。合成繊維、合成ゴム、可塑性樹脂、化学肥料、農薬、爆薬、化粧品、合成洗剤などである。

「霊気」が人体に高度に集中すると、至る所で「丹」が形成される。修行者の「色身」が死んでから、定められた方法で火葬すると、化学変化した「丹」（「舎利子」）が得られる。この化学反応は、燃焼により生ずる高温で形成される。化学変化した「舎利子」は透明に透き通っている。色とりどりで非常に美しいものもある。

火葬した後に得られる「舎利子」は、修行者の修行の遺物であり、何ら珍しい品物ではない。また「得道者」だけが得られるというものでもない。「霊気」を究めた者であれば誰でも、死んだ後に定められた方法に従って火葬すれば、手に入る。大小や色の良し悪しに差があるだけである。その他の遺物、例えば骨などは、「舎利子」とは呼べない。

化学変化を経た「舎利子」は、物理変化の「舎利子」と同じく——散じて気となることはできない。

霊気の化学的性質とは、燃焼により高温が生じ、「粗維空間」の物質に変化することである。

二、「霊光」とは何ぞや

「霊光」は「霊気」の変化や昇華によって生成される高等級の力気で、「霊気」よりも更に微細で、豊かな光沢が美しく、変幻に富み、力気が強大である。変化しながら、さらに多彩になっていく。

「納維空間」は「霊光」の空間である。「納身」は「霊光」からなる。仏浄土も「霊光」で造られている。例えば、阿弥陀仏の築いた西方極楽世界、薬師仏の築いた東方琉璃世界、「星雲内外聯合王国」などは、総て「霊光」を用いて造られたものである。

「高法身」の頭上の光環は、実は立体の球状の「霊光」であり、「上丹田霊光」の外延である。どの角度から見ても円となる。「霊光」は果位ステージを象徴するもので、収めることも、放つこともできる。収めるのも放つのも境地に応じて自在に変化する。

「霊光」は「霊気」の変化や昇華により得られるため、「霊気」のように多くはなく、どこにでもあるものではない。「霊気」は地球の土のようなもので、「色界」が生じれば土は存在する。「霊光」は土の中から精錬された希少元素のようなものである。「霊光」は「霊気」の変化や昇華によりできるもので、自然に形成されるものではない。「有情衆生」が修行を重ねてやっと得ることができる高等級の力気である。

「神光」や「仏光」はいずれも「霊光」が高度に集中したもので、それぞれ異なる働きを持つ。

「霊光」の世界では、人でも物でも、総て「霊光」により造られる。「納界」は「霊光」でできているため、「霊光」は「納光」とも呼ばれる。

「霊光」にも物理変化と化学変化が存在する。それらの変化は総て「法身」が操るものであり、「色身」にできることではない。

「霊光」が空間障壁を貫く力は、「霊気」より優れている。高度に集中した「霊光」は特定の条件において、「粗維空間」の物質に変化できる。

修行という点では、一般人は体を鍛えること（様々なスポーツや「命禪」）しか知らない。その上のステージでは、「霊気」を吸収することを研究し、実践する。その上のステージになると、「身外身」に関する理論を求め、学び、研究し始め、実践に移ることさえある。その上のステージでは、「身外身」を究め、「身外身」に合わせて「霊光」を究める。その上のステージでは、「色身」と「身外身」が協同で「霊光」を究める。「涅槃」に至るのが目的である。

　「霊光」を究めるのは、「法身」の境地である。最初に、現世の「法身」が「五気朝元」より生じる（中丹田での「坐胎」）。「出胎」すると、まず「中丹田」で究める。「中丹田」で究め終わると、「下丹田」に移って究める。「下丹田」で究め終えると、更に「上丹田」に移って究める。「上丹田」で究め終えると、「法身」は頭頂部の百会穴から「出家」する。汚濁より出づれども染まらず、清浄の身（「身外身」）を成就する。この時、「法身」の「霊光」の色によって、「法身」の力気の等級が定まる。この時の修行は、完成には程遠いもので、更に長い修行の道のりを経なければ、「涅槃」に至ることは叶わない。

　「法身」は「霊光」を高度に集中させると、高度に集中させた「霊光」に「三昧真火」を施す。温度の違いや他の物質との割合の違いによって、異なる「粗維空間」の物質を生み出す。

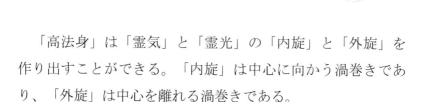

　「高法身」は「霊気」と「霊光」の「内旋」と「外旋」を作り出すことができる。「内旋」は中心に向かう渦巻きであり、「外旋」は中心を離れる渦巻きである。
　「霊気」と「霊光」により形成された「内旋」は、力が非常に強く大きい。「色身」ではその渦巻きが見えないため、「暗黒粒子流」と称される。それは無形の力である。大きな渦巻きが生む吸引力は驚くべきもので、軽々と太陽系を飲み込んでしまう。そうした「暗黒粒子流」が飲み込んだ物質が一定の「量」に達すると、「暗黒物質」が「光明物質」となり、直ちに「放出」が始まるのである……。

三、「色界」剖析と註釈

　「色界」とは一つの完全な「小世界」である。一つの完全な「小世界」には、一つの太陽、一つの月、そして人類と「傍生」が暮らし、蕃殖していくための地球がなければならない。更に天堂や地獄などの「多維空間」もある。そういった空間は開発され、利用されると、完備された管理体系を持つようになる。その管理体系には、行政機関、立法機関、司法機関などが含まれる。つまり、霊魂から肉体、「鬼身」から「天堂人身」、「低法身」から「高法身」、「傍生」から「天魔」に至るまで、総て「法」を頼りに、機関がそれぞれの等級で

管理を行う。そうして一つの「小世界」が正常に動き、衆生に「真実」の「大試験場」を用意する。

修行者としては、「大試験場」が一体どういう働きをするのかを理解しなければならない。そこから修行者の「知見」が増すのである。

以下では「陰陽間」、「陰間」、「陽間」の3つの面から、「大試験場」の構造と働きを徹底解説する。

（一）陰陽間

古来、人類の生きる世界は「陽間」であると人々は考え、事あるごとに「陽間」について語ってきた。実は、これは極めて大きな誤りなのである。我々が暮らすこの地球は、半陰半陽の世界である。人と「傍生」も半陰半陽の動物である。例えば、眠りは過陰、目覚めは還陽。内は陰、外は陽。女は陰、男は陽。月は陰、太陽は陽。夜は陰、昼は陽といった具合である。

地球は自転しており、これは太陽を陰陽の基準としている。すなわち日没は陰、日の出は陽、雲が日を遮れば陰、雲や霧が晴れれば陽である。つまり、「天日」が見えないのは陰、「天日」が見えるのは陽であり、日光の当たらない面は陰、日光の当たる面は陽である……。

表面的には、陰陽の中身とは太陽光の働きの表れである。「多維空間」に入り込むと、陰陽の中身がとても豊かである

ことがわかる。

働きを見ると、陰中に陽あり、陽中に陰あり。陰盛んなれば則ち陽衰え、陽盛んなれば則ち陰衰える。陰極まれば則ち陽を生じ、陽極まれば則ち陰を生ず。物極まれば必ず反り、相互に転化し、互いに因果をなす……。

我々の「色身」は地球で暮らす。「色身」にしてみれば、そうした陰陽の転換によって、人類は陰陽の間で暮らしていることになる。そのため「陰陽間」と称される。

「陰陽間」で暮らす生霊とは、人、傍生、低法身の3種類である。

1. 人道

人類の生きる「小世界」は無数無量である。生命のステージには高低があり、我々の世界は中間のステージである。道を修めようとする者は、多くが中間レベルの世界に転生することを選ぶ。なぜなら、中間レベルの世界では悟りが容易に開け、人類の修行にうってつけだからである。

我々の地球の人道は中道に属し、苦楽相半ばする道である。様々な世界における生霊の悟りの数を統計してみると、中道世界で得た悟りが一番多く、大多数の「妙覚菩薩」が中道世界において成仏している。

悟りや修行、伝道は、いずれも大きな環境や生命の境地と密接な関係がある。「極苦」の境地は、手に負えず修行がで

きない。例えば「地獄」である。「極愚」の境地は、修行がわからない。例えば、低ステージの動物である。「極楽」の境地は、修行を考えない。例えば、「天堂人」である。

我々の「娑婆世界」を例に挙げると、まともな知性の持ち主なら、極楽にも極苦にも偏ることなく、機が熟せば、悟りを開くのは容易である。

人道とは、「粗維空間」の境地であり、凡聖が入り混じった境地であり、仮面をつけた境地であり、劇場の境地である。「因地」、「果地」が共存する境地である。様々な「果報」が総てある境地である。汚染と汚染除去が並存する境地である。霊魂の昇華と堕落の「因地」の境地である。楽しみと悲しみ、幸福と苦痛、歓喜と憤怒、そして愛・恨・情・仇などの心情が複雑に絡み合った感情の境地である。

人道とは大きな舞台である。劇はそれぞれ自作自演である。生まれて舞台で脚光を浴び、退いて舞台袖に捌ける。自分が現世で演じる役は、貧富や貴賎、苦楽や寿夭に関わらず、総て自分が前世で書いておいた脚本をもとにしている。それと同時に、また自分で未来世の脚本を書きながら、未来世において自分がどんな役を演じるかを決めるのだ。そのため、人は誰しも脚本家であり、大俳優でもある。未来世での筋書がどう進むか、自分が劇中でどんな役を演じてみたいか、それは総て自分次第であり、自分の手で書いていくのである。

2. 傍生道

「傍生道」は極めて膨大な生命の群れである。「娑婆世界」は人類を主に「済渡」の対象として築かれた修行の境地である。そのため人類の傍らで生きる生命は「傍生」と称される。

「陰陽間」の「傍生道」のステージは千差万別、複雑で膨大なものである。生命の繁殖の形には湿生、卵生、胎生の3種類がある。

「傍生道」にも修行の法則がある。法則で規定されている修行の原則とは、霊魂のステージに従って、「次第」を高め、一歩ずつ上を目指して修めていく。最後に、500年以上の「道行」を積み重ねると、関係機関に申請して、人として転生することを要求できる。関係機関は申請を受理すると、審査を行い、決定を下す――ステージの低い者は却下する。基準を満たした者は証書を発行し、転生待ちの人数に加える。

繁殖の形については、「湿生」のステージが一番低く、次に「卵生」が続き、「胎生」のステージが一番高い。

霊魂の進化については、①まず「湿生」である。②「湿生」を究め終えると、「卵生」に入る（「卵生」にも高低の区別があり、主に寿命の長短から見て、寿命の長い者は、「低法身」を究めてもいる）。③「卵生」を究め終えると、「胎生」に入る（「胎生」の動物にもステージの高低の区別があり、ステージが高いほど「人性に通ずる」）。

「傍生」は人として転生する前に、哺乳動物として転生し

たことがなければならない。「禽獣類」から人として転生するには、一年に複数回の受胎から一年に最高一回の受胎へと進化し、多胎妊娠から単胎妊娠へと進化し、複数の乳頭から二つの乳頭へと進化し、妊娠期間の短いものから長いものへと進化し（海豚や鯨など、人より長いものは除く）、小さい動物から大きい動物へと進化し、足のない動物から多足または二足動物へと進化し、多足または二足動物から四足（四肢）動物へと進化し、人間と接触しない山奥の動物から人間の生活に溶け込んだ動物へと進化し、地下洞窟の動物から地上に巣を作る動物へと進化しなければならない……。これら一切は彼らを訓練するためであり、人として転生するためにしっかりと準備するのである。そうしなければ、「五濁悪世」では生きていけない——人としての時間が長い者との生存競争に勝ち残れないのである。

　「傍生」はこうして絶えず輪廻を続ける。高いステージに至った動物が、転生に当たって、再び低いステージの動物となる場合もある。上下のステージでの輪廻を繰り返すのだ。つまり、どんな動物に転生しても、低いものから高いものまで一通り経なければならないのだ。総てを一通りやり遂げると、高いステージからまた低いステージに転じても恐れることはない。最後がどのステージだったとしても、500年の「道行」を積み重ねさえすれば、関係部門に人となることを申請できる。

なぜ低いところから高いところまで通してやらなければならないのだろうか？それは「道行」を積み重ねる過程であり、「傍生道」の生命の歩みでもある。とはいえ、人に転生するのは総て高ステージの動物であるというわけではない。例えば、Ａという動物が低から高へと進化した。高ステージにおいて命が尽きたが、人になる基準を満たしておらず、また転生する。この世で低ステージであったＢという動物は、ちょうどこの世で500年の「道行」を遂げた。そこで人になることを申請し、批准を得て列に加わった。人に転生する前のこの動物を主として、その人はＢという動物から転生したのである――持って生まれた容貌などの一切がＢという動物と大いに関係する。更に累世を経て人となり、進化すると、容貌はますます円満となる。つまり、一つの生霊は「傍生相」を経て、更に「仙相」、「神相」を経た後、「羅漢相」に至る。続いて「菩薩相」に至った後、「菩薩相」から進化を続けて、一歩ずつ「仏相」に近づく。

　以上のことからわかるように、衆生の容貌の良し悪しは、無量「劫」の修行と進化によって決まるのである。

3. 低法身道
　「低法身」の大多数は「傍生」により修成されたもので、多くが俗世に暮らしている。例えば、深山、森、洞穴、海などの場所である。

「低法身」のステージは千差万別である。『天条』の制約を受け、俗人に「隠身術」を施さなければならない。

　「低法身」の中には「細維空間」で機構のために働くものもあるが、仕事は毎日忙しい。仕事のないものもあり、俗世で暇を持て余している。またやることがなく「救済」したいと考えるものもある。救済をしたい「低法身」は、自分が「神降ろし」（「身体憑依」）できる肉体を探し回っている。口を開いて話をするためである。しかし、話ができるようになる前に、必ず関連部門の批准を得なければ、『天条』に違反したものと見なされる。

　「陰陽間低法身道」に生きる者は、多くが暇を持て余しながら救済をしたいと考えている。「身体憑依」が必要な「低法身」には、使命を受けて人々の間で「相法」を作り、衆生を「済渡」するものもある。「身体憑依」という現象を通して、世界における霊魂の存在、「神霊」の存在、「神通」の存在、輪廻の存在などを衆生に信じさせる。人々は互いに伝え合い、深い思いを引き出され、やがてより深いステージの悟りが導かれる。

（二）陰間

　「陰間」は「細維空間」の世界に築かれており、一切の物体、動物体は総て「霊気」からなっている。例えば、建築物、食物、「鬼身」などは総て「霊気」または「霊気変化」によ

りできたものである。

「陰間」は「陰陽間」の曇りの時のように、霧が立ち込め、光はほの暗い。光は暗いものの、一切がはっきりと目に見える。永遠にそれが続き、いかなる変化もない。永遠に「晴天」が訪れることはなく、永遠に「陽光」が現れることはない。そのため「陰間」と称される。

「陰間」は「陰陽間」のように複雑で、多くの「国家」に分かれる。しかし「陰陽間」ほど多くはない。実は「国家」というのは、異なる信仰、異なる種族、異なる文化に基づいて分けられた生活領域なのである。例えば、華人の区域、西洋人の区域などである。

異なる区域には、異なる文化や生活様式がある。2つの区域が互いに行き来することはない。もう一方の区域に入るには、次の3つの状況しかない。

1. 「業力」による
2. 移住を申請する
3. 「法力」による（「他力」と「自力」）

これ以外に別の方法はない。

区域ごとにそれぞれの行政機関、立法機関、司法機関がある。ある人が西洋人区域から華人区域に入るには、当人が西洋人区域での総ての資料を持って華人区域に入らなければならない。

「陰間」に暮らす生命には、種類を問わず、「他心通」が

備わっている。それは一種の正常な身体機能である。

「未來佛宗教」の「色界剖析と註釈」では、この「色界」の中の華人区域について説いている。その他の区域は華人区域とは大きく異なる。華人区域は複雑であるため、一を聞いて十を知ることができる。華人区域の情況を明めれば、修行者にとってはそれで十分である。更に多く知りたいというのは、好奇心のなせる業である。

華人区域の行政、司法、経済、文化、教育の中心は、「酆都市」あるいは「酆都城」という所に築かれている。「陰間中央集権院」がこの「国家」を統治している。「鬼民」の生活は平和で安定しており、一切が健全な司法制度のもとにあって、秩序正しく運営されている。

市の中心には政府などの機関の大小様々な建築物がある。建築物は荘厳で、眩く輝いている。中心の街区の四方を囲むように多くの「衛星街区」が建てられており、「鬼民」と「法身」がそれぞれ分かれて住んでいる。

中には大きな区域がある。「陰陽間」の人々の霊魂と「法身」のために設けられた居住区で、「本命荘園」と呼ばれる。「本命荘園」にはいくつもの「本命住宅」が広がっている。「本命住宅」では人々の「陰陽間」におけるそれぞれのステージに応じて、「福報」の異なる9つの荘園の中に分類されて住むようになる。

9つの荘園とは、

巻三　「色界」剖析と註釈

1. 聖人荘
2. 貴人荘
3. 慧人荘
4. 富人荘
5. 上等人荘
6. 候補人荘
7. 中等人荘
8. 下等人荘
9. 賎人荘

「聖人荘」が最もよく、次に「貴人荘」、その次が「慧人荘」……。「賎人荘」が一番悪い。「聖人荘」が最もよいが、その中でも三六九等に分けられ、「福報」が異なる。その他の「荘」も同様である。

筆者の弟子の劉永忠は、筆者に従って修行を始めたばかりの頃、「上等人荘」に住んでいた。数年間の修行の後、その「本命住宅」は「上等人荘」から「貴人荘」に移った。更に何年か修行し、今では「貴人荘」から「聖人荘」に移っている。

陸強（仮名）は、元々「貴人荘」に住んでいた。「陰陽間」で親の遺産を継ぎ、数百万ドルの財産を手にした。惜福も、福田に種を植えることも、自分の「法財」を増やすことも知らず、無駄遣いをして悪業を重ねた。そのため「本命住宅」が「貴人荘」から「賎人荘」に移ってしまった。人世間で暮らす陸強は破産し、挙句には薬物に手を出して囚われの身と

なった。

　そのわけは、人の「本命住宅」にはそれぞれ「財庫」が一つあり、中には一定量の財産がしまってある。人が「陰陽間」において、「福報」によって財産を得ると、「本命住宅の金蔵」にある財産がそれに応じて減る。「本命住宅の金蔵」の残高がある程度まで減ると、「本命住宅」は管理機構の勅令で一つ下のステージの荘園に移される。「本命住宅の金蔵」は「陰間」の中央銀行と直接「つながり」があり、中央銀行も管理機構と「つながり」を持っている。そのため管理機構はいつでも財産について調べることができる。「陰陽間」の一部の財産で福田に種をまいたり、功徳に転化させたり、あるいはあぶく銭を福徳の積み重ねに用いると、（そうやって積み重ねた福徳でも、功徳には変わりない）「本命住宅の金蔵」の財産がそれに応じて増えていく。ある程度まで増えると、「本命住宅」が一つ上のステージの荘園に移ることになる。

　「本命住宅」は霊魂と「法身」が休息する場所である。「原魂」と「陽魂」が体を離脱できない状況では、「陰魂」か「法身」だけが訪れる。「本命住宅」の「相」は、人の一生の総合的な状況を表す。それは人の一生の総合的な状況の良し悪しを体現するものである。「本命住宅」の総合的状況がよければ、人の総合的状況もよくなる。「本命住宅」の総合的状況が悪ければ、人の総合的状況も悪くなる。

　「本命荘園」に至るには必ず「時空隧道」を通らなければ

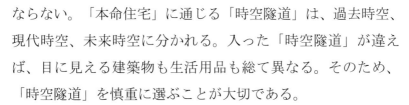

ならない。「本命住宅」に通じる「時空隧道」は、過去時空、現代時空、未来時空に分かれる。入った「時空隧道」が違えば、目に見える建築物も生活用品も総て異なる。そのため、「時空隧道」を慎重に選ぶことが大切である。

「聖人荘」に住まう者は、極めて快適な生活を送る。宅地も広く、宮殿のように豪華なものもあり、樹木や草花、小橋やせせらぎなど多彩である。物も豊かで、食物も満ち足りており、人で賑わっている。常に食物を施捨し、貧困を救済する。宗教を信仰していれば、自宅の庭にその宗教の祠堂を建てる。

「賎人荘」の「本命住宅」は小さく、大きくても3部屋しかない。小さいものは一部屋だけである。更に哀れな者は住宅すらなく、街角を彷徨っている。多くの上等品は「賎人荘」では見当たらない。

雑居の「陰陽間」では、表面的には「徳行」の高低がはっきりしない。「本命荘園」では、大徳の持ち主や「欠徳」の者が一目でわかる。ステージの高低によって「徳行」の高低が定まるからである。「徳行」が高ければ、「本命住宅」が上がり、よくなる。「徳行」が低ければ、「本命住宅」が下がり、悪くなる。それに伴い、「陰陽間」に住む人の総合的状況の良し悪しに直接影響が及ぶ。

「本命荘園」には大きな林がある。これが「本命樹園」である。「本命樹園」の木はそれぞれが男性を表すもので、そ

の男性の「本命樹」となっている。「本命樹」の品種は数多く、見たこともなく、名前も知らないものもある。樹園の木は、数え切れないほど多いが、同じ姿をしたものはない。品種は同じでも、高さ、太さ、良し悪しなどの総合的状況は決して同じではなく、千差万別である。「本命樹」が自分の「本命住宅」の庭に生えている人もある。

　樹木の生育状況から、その人の一生の総合的状況がわかる。肥料や水が足りず、枝葉が枯れているもの、肥料や水のやりすぎで、皮が破れ虫がついているもの、曲がったもの、倒れそうなもの、根が外に出ているものもある。また、上から下まで真っ二つに裂けているものもある……。そうした現象は、その木の持ち主の体に病が生じ、健康状態がよくないことを示している。

　生き生きと枝葉が茂り、天まで伸びる大木は、当代の偉人である。大木を囲むのは、社会の名士である。普通の樹木は、凡夫や俗人を表している。腐り果て、虫がついた使い物にならない枯れ木は、ならず者や与太者、社会の屑を表すものである。

　樹木が枯れると、「陰陽間」の男性の命も必ず尽きる。「本命樹」が折れるというのは、その男性に災いが起こったことを示す。

　「本命荘園」には大きな花園もあり、「本命花園」と称される。「本命花園」の花は女性を表す。つまり、女性の「本

命花」である。一輪の花しか持たない女性もあれば、多くの花を咲かせる女性もある。「本命花」の品種は数多く、見たこともなく、名前も知らないものもある。

　「本命花園」は土地が広く、品種も多く、花は色鮮やかである。咲きかけの花もあれば、満開の花もある。散りかけの花もあれば、枯れそうな花もある。

　花の健やかさは、その人の健康と運の強弱などの状況を表す。

　牡丹、玉蘭、鬱金香（うこんこう）、薔薇（しょうび）などの名花は、高貴な身分や大富豪の豊かな女性を表す。蓮、蘭、水仙、雛罌粟（ひなげし）、菊、菫などの名花は、清らかで気高く、学術や芸術方面で成就する博士、修士、教授などの女性を表す。朝顔、飛燕草（デルフィニウム）、咱夫藍（サフラン）、夾竹桃、庚申バラなどは、特殊な業界の従業員を表す。罌粟（けし）は美しさで人を魅了し、社交的で人当たりのよい女性を表す。月下美人は「非凡な才能を持ちながら、薄命」の才女を表す（佳人薄命）。百合、金盞花（きんせんか）、鳳仙花、海棠、匂菫（においすみれ）、釣鐘草、バラ、茉莉（まつり）（ジャスミン）、石竹など普通の花は、大多数の平凡な女性を表す。

　「本命花」が生き生きとしているのは、その女性が健康で、充実していることを示す。肥料や水の不足、栄養不良、病気や虫がついているのは、その女性が「陰陽間」で病に冒されていることを示す。蜜蜂や蝶々が「本命花」の周りを飛び回っているのは、恐らくその女性に「陰陽間」で感情の縺れが

生じていることを示す。

　女性が何人の子供を持つか、それも「本命花」からわかる。白い花は男の子、赤い花は女の子を表す。子供の数だけ花をつける。隠れた蕾は一生のうちに持てる子供の最大数、あるいは子供が持てないことを示す。開きかけの蕾は、まだ生まれていない子供を表す。流産や不幸にも子供を幼くして亡くした場合は、その花（または蕾）はその「本命花」の下に落ちる。

　「本命花」が枯れ落ちると、「陰陽間」のその女性も「陰陽間」で生きていくことはできなくなる。

　「本命花園」では、無数の「護花使者」が「本命花」のために苦労しながら働いている。

　以上の説明は、複雑な「本命花園」に咲く千変万化の花の持つ意味と比べると、簡単すぎるものではある。膨大な「本命花」は意味も幅広く、決して語りつくせるものではない。

1. 鬼道

　幽鬼とは、「陰間」に暮らす「人」である。幽鬼の姿は「陰陽間」の人間と同じで、大人と子供、男と女がある。若者も年寄りもいるし、美しい者も醜い者もいる。

　鬼は感情という点からも「陰陽間」の人間と同じで、恩、怨、愛、恨、親、仇などがある。

　幽鬼の情緒も同じく、喜、怒、憂、思、悲、恐、驚がある。

幽鬼の煩悩には病、痛、死、傷、窮などがある。

　人は「陰陽間」で死ぬと、「業力」の導きによって、幽鬼に「化生」する。幽鬼は人の姿形から直接「化生」することから、体軀容貌や言動挙措、生活習慣なども「陰陽間」にいた頃と変わらない。

　幽鬼の生活には秩序がある。街中では、それぞれ異なる服を着ている。古代の様々な王朝や、現代の様々な時代のものである。店で買い物をするのに値段を聞く必要はない。品物を見て、お金を置けば、そのまま持って出られる。「他心通」があるため、品物がいくらかわかるからである。

　「陰間」の司法は公明正大である。筆者はある調べ事があって、「陰間」の裁判を傍聴したことがある。「老鬼」が「若鬼」を怪我させたというものであった。その「老鬼」は「空気銃」で「若鬼」の足に傷を負わせた。最後の判決は、「老鬼」が故意ではなかったため、監獄（地獄）行きの処分は免れ、相手に3万個銀の「陰幣」を支払うという内容であった。

　「鬼道」の幽鬼と「陰陽間」の人間との違いは、主に次の4つの面に表れる。

　①体を構成する物質の違い
　②幽鬼は総て「他心通」を持つ
　③幽鬼は「迷魂湯」を飲む必要がない
　④幽鬼は「化生」したものであり、子孫の繁殖はできない

　「鬼身」には「迷魂湯」が効かない。霊魂がはっきりと目

覚めているため、皆が修行を心得ているのだ。しかし、目覚めた状態で修行することから、「覚醒」の必要がなく、修行の速度は「陰陽間」に比べてかなり緩やかなものとなる。

ある時、筆者は「地府」で官吏を務める幽鬼を訪ねたことがある。その幽鬼が言うには、「私がここにいるのも修行なのです。でも修行の速度からすれば、あなた方の『陰陽間』より遙かに遅いものですよ。『鬼道』は暗い上、修行の速度も遅いのです。福を授かる幽鬼もいますが、それでも人になりたがって、幽鬼になるのを嫌がります。しかし今、仏法は『陰陽間』で混乱期にあります。私たちは『乱世』と呼ぶものです。だから今は転生したくないのです。修行にふさわしい時期が「陰陽間」に到来するのを「陰間」で待っているのです。時が来れば、たくさんの幽鬼が転生を申請するでしょう。でも、その時には転生の人数は限られたものになるのです。」

多くの生霊が幽鬼になることを「過渡期」としている。①死後、「慧命」を究めていない上、なおかつ以前に「慧命」がなかったか、以前の「慧命」が尽きた者。②しばらくの間人になりたくない者、しばらくの間転生からあぶれた者、しばらくの間人となる条件が足りない者、機が熟しておらず、待たねばならない者……。そういった場合は、多くの生霊が幽鬼となる。

俗に「生きてまさに人傑となり、死して亦た鬼雄となるべ

し」という。人の「業報」は千変万化で、一律のものでは決してない。同様に、幽鬼のステージも完全に同じではない。世俗で修行をよくした者は、幽鬼となっても自然に福を授かる。衆生の「業力」はそれぞれ異なるため、幽鬼も人と同じく、ステージは千差万別である。富鬼・窮鬼、善鬼・悪鬼、飽鬼・飢鬼、貴鬼・賎鬼、苦鬼・楽鬼、長寿鬼・短命鬼、愛財鬼・風流鬼、活鬼・死鬼、山鬼・水鬼、聡明鬼・愚鈍鬼、機知鬼・蒙昧鬼、健康鬼・衰弱鬼、男鬼・女鬼、老鬼・小鬼、卓抜鬼・煩悶鬼、賊鬼・病鬼、懈怠鬼・勤勉鬼、好酒鬼・好色鬼、大徳鬼・欠徳鬼、幇助鬼・害人鬼……。

現代仏教では、「鬼道」ではなく「餓鬼道」のみを説く。これは不完全な法である。餓鬼とは、「鬼道」の衆生の中のほんの一握りにすぎない。

人間が暮らす区域であれば監獄から切り離すことはできない。どんなに司法が整った国家にも監獄はある。「鬼道」も同様である。司法が整備されれば、自ずと監獄も存在する。「陰陽間」で「法」を伝える際は、2つの空間の監獄を区別する。そのため「陰間」の監獄を「地獄」と称する。地獄とは、「鬼道」の司法機関の一部なのである。

現代仏教では地獄と「餓鬼道」が並列に語られる。それは悪業の「果報」をはっきりと作り上げて説得力を強め、衆生の教育という目的を達成するためである。しかし、「鬼道」を忘れてしまっては、「色界」の全体像が失われる。「法」

を修めることの完全性からすれば、それは誤謬である。そうした誤った導きにより、衆生の「知見」のステージに「迷見」が生じ、死後の境地が一体どういうものか見当がつかなくなる。更には多くの人が鬼を怖がり、幽鬼を「穢れ」だと思い込む。幽鬼とは他の空間に暮らす生命であり、別の空間の生命を邪魔することはない。俗に「人は人の道を、鬼は鬼の道を歩む」という。それぞれがそれぞれの環境で暮らし、互いに干渉することはないのである。

　幽鬼と地獄はいずれも「陰間」の政府の管轄に属する。「陰陽間」の政府と区別するため、「陰間」の政府を「地府」と称する。良い幽鬼、悪い幽鬼を問わず、総て「陰間」の法律の制約を受ける。刑に処せられた者は、地獄に閉じ込められて服役する。

　霊魂は「業力」の働きによって餓鬼に「化生」する。餓鬼の応報は、地獄で服役する幽鬼が受ける「苦報」に比べて遥かに軽いものである。「陰間」で受ける苦痛は地獄の刑罰に次ぐものとなる。

　餓鬼の貧窮と「求むれど得ず」の苦は、前世の貪婪と吝嗇とによるものである。豊かな家にありながら、一銭一物も施捨しようとせず、逆に意気揚々と富を見せびらかし、自分のためだけに浪費を重ねて、悪業を連ねる。あるいは聡明な才智を持ちながら、愚鈍な人を導き支えようとせず、逆に冷たい言葉を浴びせ、鼻を高くする。それは餓鬼に「化生」する

「因種」を播いているのである。

　ある者は慾に駆られて、不正な手段で他人の財産や配偶者を手に入れる。他人の成功を妬み、恨み、中傷し、乱して破壊する。あるいは自分の手に入らないものは、他人も得られないようにする。そういう人も餓鬼に「化生」する「因種」をまいているのである。

　「鬼道」の餓鬼に「化生」する際は、「業力」の軽重に従って、程度の異なる「果報」を受ける。求めても得られず、貧苦にして愚鈍、衣食は足りず、頼る当てもない……。

　餓鬼にもたくさんの種類があり、それぞれ異なる「苦報」を持っている。例えば、針口餓鬼は、腹が大きく、普通に食べても決して腹が満たされることはない。更にその喉は細く、必死に食べても腹は永遠に満たない。様々なごちそうを目の前にしても、慾望が満たされず、飢えと渇きに絶えず苦しむ。想像するだけでもひどい苦痛の応報である。

　「鬼道」も聖俗入り混じった境地である。俗であれ聖であれ、「色界」を輪廻していれば、霊魂が「鬼身」を得るというのは普通のことである。

2. 傍生道

　「陰間」も一つの世界であり、当然様々な生霊が存在する。

　「陰間」は「鬼身」を主として築かれた生態環境である。「鬼身」のそばで暮らすその他一切の動物は「傍生」と呼ば

れる。「傍生」の体も「鬼身」と同じく、総て「霊気」でできている。

　「陰間」に暮らす「傍生」も、「化生」によって体を得ている。そのため蕃殖はできない。

　多くの「傍生」は「陰間」で機が熟すのを待ちながら、再び「陰陽間」に転生することを願っている。「陰間」で暮らす時期を「過渡期」と捉え、「道行」を増やして人に転生することを願うのである。

3. 低法身道

　「陰間」に暮らす「低法身」は、一大勢力をなし、主に仕事をしている者が多い。中でも、「地仙」は仕事が最も多い「法身」である。

　「低法身」は「兜率天」にある「仙道管理機構」直属の管轄である。仕事が割り当てられると、作業部門に出向き、その部門が直接管轄するようになる。

　仕事を割り当てられた「低法身」は、異なる部門で働きながら、機が満ちると「分霊」して俗世に転生する――働きながら修行して、「法身」のステージを高めていく。

❖「陰間」の政府機関

　巷には「陰曹地府」という言葉がある。いわゆる「陰曹地府」（正確には、陰朝地府というが、昔の統治機関は「朝廷」と呼ばれたため、「朝」の字を避けた）というのは、実は「陰

府」であり、俗に「地府」と称される。「地府」とは「陰間」の政府機関であり、「陰間中央集権院」に属する総ての機関の総称である。「地府」を「陰司」と称する者もあるが、「陰司」は「地府」の中の司法機関である。例えば、「陰間」の法廷は「陰間」の司法機関の一つである。

「陰間」では司法が独立している。法律が完備されており、大小一切の罪悪は定められた法律条項に従って裁かれる。「陰間」全体の行政運営は、完全に「陰間中央集権院」に委ねられている。各部門の長官は、総て「陰間中央集権院」により選定される。

「地府」は合わせて10の大きな部門に分かれる。陰間中央集権院、青陽教化院、輪廻転生院、「業力」登記院、「陰律」司法院、地獄管理院、土地管轄院、霊魂管理院、安全執法院、外交聯絡院である。

①陰間中央集権院

「陰間中央集権院」は華人の「地府」の最高権威機関である。他の9つの院を統率し、「陰間」が正軌から脱することなく運営されるよう取り組んでいる。

「陰間中央集権院」の院長とは、「陰間」の総統であり、「陰国」の国王とも称される。巷では閻魔大王の俗称がある。

閻魔大王はその遠い前世において、「陰陽間」のある国王だった。人に正直で、信賞必罰、公明正大、正義を翳して、

部下を率いては悪に立ち向かった。生涯にわたって、悪との戦いの逸話を数多く残し、未来世において、悪と戦い抜くと誓願を発した。

人に正直であったため、果位の評定の際に、「神果」を封ぜられた。また、華人の「陰間」の総統にも推挙され、華人の「陰間」の正常な運営を担うこととなった。

閻魔大王は「神果」であり、「長寿有限の慧命」であるため、機が満ちると、絶えず「分霊」して「陰陽間」に生まれ変わって修行を続ける。いつか「正果」を究めて、「長寿無限の慧命」を手に入れるためである。

閻魔大王は「陰国」の王位を継いでから、これまでに何度も輪廻転生を申請してきた。そのうちの一世では姓を包と名乗った。人呼んで包公、包青天である。

閻魔大王には別名が多い。閻摩羅社、焔摩羅王、閻羅天子、閻摩老子、閻摩王、閻魔王、閻老子、閻王爺、閻羅王、閻摩、閻王、閻老、焔魔、閻……。

霊魂の転生と衆生の「済渡」を更に段取りよくするため、「陰間中央集権院」では所属する部門の多くに「世界全息儀」を配備した。

「世界全息儀」は「陰間」の衆生と霊魂が使う教具で、多くの機能を備えている。衆生が一番多く使うのは「追跡」、「望郷」、「帰郷」、「予測」の4つの機能である。

＊「追跡」機能

生霊が「世界全息儀」の前に立ち、自分または他人について「全息儀」に生霊の過去の出来事を「追跡」したいという思いを入力すると、「全息儀」の画面にその生霊の前世での「造業」の様子が表示される。例えば、誰それが前世でどう悪業を造ったかについて入力すると、画面にはその生霊が前世でどんな罪をどう犯したか、画像が表示される。

生霊の中には転生の「業報」の仕分けに不満を持つ者や、司法の判決に不服がある者もいる。つまり、やり方に不満や不服を唱えるのである。その場合、必ず「追跡」機能を使うことになる。その生霊の過去の記憶を呼び戻せば、心から服すようになり、最後にはその判決と仕分けを甘んじて受け入れるのである。

時には相手の「業報」が絡まり、転生して共同生活をしなければならないが、生霊が相手の生霊とともに暮らしたくない場合がある。そんな時も「追跡」機能を使って、前世で造った「業」により、この一世でともに暮らさなければ「了業」できない旨を説明する。

＊ 望郷機能

「心性」の修行のステージが高くない場合、多くの人が死んでからも「陰陽間」の家族や友人に未練を残し、思い慕って忘れられずにいる。

「陰間中央集権院」ではそうした生霊を哀れみ、「陰陽間」の家族や友人を諦めきれない生霊のために、「望郷」機能を

用意した。

　生霊が「世界全息儀」の大画面の前に立ち、「望郷」の念を入力する。すると大画面に故郷の総て、家族や友人の現在の様子が表示される。誰かを選んで調べることもできる。相手が「陰間」、「陽間」、「陰陽間」のいずれにいても、余すことなく映し出す。

　更にこの機能で本人とその家族や友人の「業報」のつながりを知ることもできる。どのように福田に種をまけば「福報」が得られるか、どのように悪業を造ると災いが応報となって返ってくるかといったことである。

　「望郷」機能は最も多く用いられる。そのため巷では「望郷」だけを取り上げて、「世界全息儀」を「望郷台」と称する。これは総てを言い表すものではない。

　＊帰郷機能

　「陰間」の衆生と「色身」を失ったばかりの霊魂は、関係部門に申請して、批准を得たら、家族のもとに「帰郷」できる。

　「帰郷」には２種類ある。一つは「陰陽間」の家族に処理してもらいたいことがある場合。もう一つは生霊が「色身」を失ってから目覚め、多くの道理を悟ったため、「陰陽間」に家族を救済しに行く場合である。

　「帰郷令牌」を受け取って、「帰郷」する生霊が「世界全息儀」の大画面の前に立ち、「帰郷令牌」を手に「帰郷」の

念を入力する。すると生霊の前に一筋の光の柱が現れる。その光の柱を進んでいくと、「帰郷」する者は一瞬にして家族のもとに帰る。家族は肉眼が凡胎であるため、「帰郷」した者はその目に映らない。「天眼通」の者がいる場合は、その有様がはっきり見える。「帰郷」した者と話をして、「帰郷」したわけをきちんと理解することができる。

　「帰郷」者が「天眼通」の者に会えない場合は、様々な手段で目的を果たす。「令牌❸」の許す範囲で、「身体憑依」したり、家族の「夢枕」に現れたりする。目的を果たすために、あらゆる手を尽くす「帰郷」者もある。

　「帰郷」者の中には、「陰陽間」に大きな貸しを残しており、「陰陽間」に戻ってその貸しを取り戻そうとする者もある。それは借りを作った相手にとっては一大事である。災いや病が生じるどころか、命の危険にさえ見舞われる。

　総ての下位組織には、そうした「令牌」を発行する権利はない。下位組織で申請を受けたら、必ず「陰間中央集権院」に報告し、「陰間中央集権院」での審査承認の後、「陰間」の総統に報告し、批准を得る。総統の批准により、「令牌」を発行できるようになる。こうした「令牌」は「黒牌」と呼ばれれ、「黒牌」を持つ者は「陰陽間」の出入りが自由である。司法人、護法人はこの者を総て通さなければならず、あらゆるステージの「法身」も均しくこれを邪魔してはならない。「特赦令牌」を持つ大菩薩といえども、「黒牌」を持つ者が「陰

陽間」で債権を回収するのを妨げてはならない。それは『天条』に反することになる。

　仏陀も「黒牌」を持つ者が債権を回収するのを妨げてはならない。そうした「令牌」の発行は、「陰陽聯合機関天」が制定した律法に則って設定される。「陰陽間」で弘法し「特赦令牌」を持つ大菩薩が、「陰陽間」でそのような状況になった場合、方法は２つしかない。一つは宇宙や人生の真諦を講じ、説教によって和解させる。もう一つは双方に「化業」を行う。債務者には福田に種をまかせ、福徳を功徳に転化する（あるいは転化不要）。更にその功徳（または福徳）を総て債権者に渡し、貸し借りを清算する。債権者が追加費用（利息など）を要求した場合、債務者は余分に支払い、債務をなくさなければならない。

＊ 予測機能

　「陰陽間」への転生を願う「陰間」の生霊や、「陰陽間」に転生しようとする霊魂は、総て「世界全息儀」の「予測」機能を通じて、転生後の詳細な状況を理解することができる。例えば、父親、母親、あらゆる家族や友人がどうであるか、互いの「業報」はどうか、自分がどう成長するか、両親の老病死はどうか、自分が苦と楽の「業報」をどう受け止めるか、そして自分の生老病死はどうか、などである。

　「必須輪廻」の者は、「陰陽間」に生まれ変わった後の一切の「業報」が非常に悪いと分かっても、輪廻を拒んではな

らない。不服や改善の意志がある場合、決められた時間内に上訴する必要がある。

　また、選択の余地のある者（「鬼身」など）は、既に悟りを開いた者もあり、人生は苦しく短いものであると分っている。輪廻の繰り返しを望まず、「陰陽間」への生まれ変わりを望まない場合は、「陰間」に残って修行できる。功徳が「十分」になれば、「陰陽間」の人々の行う超渡の儀式の助けを借りて、極楽世界などの浄土に直接「昇天」または「往生」できる。功徳の高低によって直接仙や神と成ることも可能である……。

　以上が「世界全息儀」の数ある機能のうちの４大機能である。「天界」へ行く機能、「納界」へ行く機能など、他にも多くの機能を備えているが、ここでは紹介を控える。

②青陽教化院

　「青陽教化院」は地蔵菩薩が「陰間」で事務を行い、「陰間」の衆生を教化する場所である。「青陽教化院」に住まう地蔵菩薩は「法身」の「分身」であり、主に思想教育の仕事を担っている。

　「陰間」には「大日如来」がいない。つまり仏（仏は太陽の象徴）がいないのである。地蔵菩薩は「陰間」に仏法を持ち込み、そこから太陽の輝きを反射させ、「陰間」の衆生の心を照らす。その光は「陰間」の衆生の心の陰を払い、皆に

未来の光明を見せる。衆生は地蔵菩薩の教えと導きにより、修行に打ち込み、精進を重ねる。そして一歩ずつ仏道を歩み続ける。青陽とは、太陽の光の反射を頼りに光を放つ大きな球体（團体）である――「青陽教化院」の意義と機能を象徴するものである。

「陰間」では閻魔大王が事務作業を主管する。地蔵菩薩は教育指導作業を主管する。それぞれ果位も仕事も異なるが、目的は同じである。目的はただ一つ。より多く、良く、早く、有効に衆生を「済渡」することである。

地蔵菩薩は「陰間」の教祖であり、「幽冥界の教主」とも称される。教祖であるからには、「法」を講じ、道を伝えなければならない。そのため、地蔵菩薩は「青陽教化院」において大きな講堂を設け、定期的にテーマを決めて「陰間」の衆生に講義を行う。

地蔵菩薩は「陰間」の衆生のために講義を行うほか、地獄に落ち、「陰陽間」に転生しようとする霊魂に「授記」を行う。それは地獄の苦しみを忘れず、「陰陽間」に転生した後には、善業を多く造り、悪業は造らず、再び地獄に落ちて大きな「苦報」を受けないようにするためである。それと同時に、転生しようとする者が転生後に道法に触れ、修めるよう機縁を用意する。

「青陽教化院」は教化に関する本院で、その下には多くの下位組織があり、人員も数多い。また、地蔵菩薩にも多くの

部下がいる。そうした機構や人員は総て衆生の教化に励んでいる。「青陽教化院」もその他の機構と同じく、仕事の忙しい機構である。

③輪廻転生院

「色界」が形成されると、まず「器世間」となり、その後「有情世間」が生じる。その際、次第に「住」の時期に入っていく。そこから「陰陽間」では人類の生存と蕃殖が始まる。この時期になると、「陰間」では「輪廻転生院」が設立される。

これ以降、いかなる霊魂も、「陰陽間」に転生しようすれば、この機構を通じなければならない。転生する霊魂は、どの世界から送られてきたものであっても、高低、貴賤を問わず、たとえ成仏した「等覚菩薩」の霊魂だとしても、「輪廻転生院」を経なければならない。それ以外は『天条』に背くものである。『天条』の制約に服さず、勝手に転生した霊魂は、必ず法による裁きを受けることになる。

転生しようとする霊魂は、「陰間」に来たら、まず「霊魂管理院」に届け出る。「霊魂管理院」で登記し、住所を定めたら、そこで霊魂の評価結果と「業報編集」を待つ。結果が出たら、「輪廻転生院」に送られ、そこで「業報編集」図解を閲覧することができる。不服があれば、「陰律司法院」の基層法廷に申し立てを行う。法廷ではそうした申し立てを受けると、直ちに開廷し、迅速に審理する。一刻を争うためで

ある。裁決ができないものや裁決に不服がある場合は、更に「陰律司法院」の上訴法廷に上訴できる。あるいは「陰間中央集権院」に直接上訴できる。

霊魂が肉体（住まい）を離れてから、次の肉体に入るまでの時間は、七七49日を超えてはならない。特別な事情があれば延長を申請できるが、100日を超えることはできない。霊魂は長くは独立して生きられず、必ず肉体に宿らなければならないためである。そこで、「業報編集」を不服として上訴された案件に対しては、迅速な処理と裁決が必要とされるのである。

「陰間」では、「陰間中央集権院」にも法廷があり、「陰間中央集権院」に案件が届くと、それが最後の機会となる。判決が下れば、決して変更することはできない。「安全執法院」の司法人がそのまま霊魂を「輪廻転生院」に送り、「迷魂湯」を飲ませて、すぐさま「陰陽間」に送り込んで輪廻させる。そのため、転生しようとして上訴した者は、「地蔵を恐れず、閻魔を恐れる」のである。

あらゆる霊魂は転生する前に「業報編集」図解を見なければならない。それに同意するか上訴が法院に棄却されると、「迷魂湯」を飲まなければ「生まれ変わりの地」に送られることはない。

「迷魂湯」を飲む際、司法人が人それぞれの決まった量に従って「迷魂湯」を容器に入れ、転生する者が自分でそれを

飲む。転生の回数を重ねた霊魂は、自分が怜悧であると思い込んで、「迷魂湯」をわざと少しこぼす。司法人が見て見ぬふりをして、そのままやり過ごすこともある。また司法人がもう一度「迷魂湯」を注いできて、力ずくで霊魂に飲ませることもある。

「大人物」（大菩薩など）の転生においては、衆生の手本となるため、関門を過ぎる際に、「迷魂湯」を一滴もこぼさず一気に飲み干す。

衆生が「迷魂湯」を飲むと、同じように朦朧となる。生まれ変わったら、「心力」だけを頼りに是非の区別をつけるようになる。

④「業力」登記院

一切衆生の生死の輪廻は、「造業」と「業報」に過ぎない。それが「因果」である。悪業と善業が衆生の輪廻の「業報」の良し悪しを決定づける。

『天条』は極めて公平である。衆生の一切の「業果」は、総て「業因」から来ている。「天理は不公平」だと常に思っている生霊もいるが、不公平などということはない。生霊と世界の輪廻作業の拠り所とするため、世界でのいかなる生霊の善悪の「業」も登記してまとめ、資料を作成して、集中管理する。それは非常に重要な作業である。

「業力登記院」では「有力」が生霊を善境や悪境に向かわ

せる「業」のみを登記する（「無力」の「業」は登記しない）。そのため「業力登記院」と呼ばれる。善悪の「果報」を生じない「業」は、「無記業」と呼ばれる。

人の霊魂にも一切の「業」を自動で保存する機能がある。ただし霊魂自身の保存した業を根拠とすることはできない。不正を働く霊魂もいるからである。また、それぞれのことについて、その霊魂を一々調べ上げるのも手間がかかるからである。

「業力登記院」は重責を担っている。定時には関連部門に報告書を提出する。関連部門は「業力登記院」の報告書に基づいてその後の作業を制定する。例えば、「連合教化天」では「業力登記院」の報告書をもとに「正法含有量総合指数図」として図式化する。

世界に新たな霊魂が誕生するたびに、「霊魂管理院」が直ちに登記し資料を作成する。そしてその資料の謄本を「業力登記院」に転送する。「業力登記院」では直ちに資料を作成すると同時に人員を派遣して管轄し、毎日の「業力」を登記する。

「業力登記院」には大勢からなる部隊があり、「地仙」が主な構成員となっている。その組織管理は厳格で、ステージごとに分業し、最終的に総ての生霊に落ち着く。いかなる「業力」も漏らしてはならないため、毎日真剣に仕事に取り組んでいる。

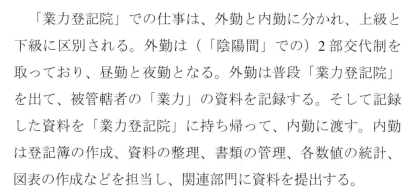

　「業力登記院」での仕事は、外勤と内勤に分かれ、上級と下級に区別される。外勤は（「陰陽間」での）2部交代制を取っており、昼勤と夜勤となる。外勤は普段「業力登記院」を出て、被管轄者の「業力」の資料を記録する。そして記録した資料を「業力登記院」に持ち帰って、内勤に渡す。内勤は登記簿の作成、資料の整理、書類の管理、各数値の統計、図表の作成などを担当し、関連部門に資料を提出する。

　「業力登記院」の内勤は資料に触れるだけで、衆生の霊魂や体に接触することはないが、外勤は様々な霊魂や体に接触しなければならない。

　筆者が「令牌」（「通行証」あるいは「閲覧許可証」とも称されるが、顔なじみになれば提示の必要はなくなる）を持って資料を閲覧する時は、内勤に頼めば資料を探し出してくれる。閲覧には等級制限がある。「閲覧許可証」を持っている者でも、一般資料しか見られず、重要な資料は見ることができない場合がある。それは「閲覧許可証」の等級によって決まってくる。

　「業力登記院」は重要な部門である。その仕事は衆生の運命を決定づけるため、決していい加減であってはならない。「陰間」の政府は登記作業が正しく実施されるよう、大勢の「地仙」に作業を割り当てている。総ての生霊に責任を負うことを目的としたものである。

　「陰間」の政府機関では、「青陽教化院」以外の9つの院

の院長は総て「神果」である。

⑤「陰律」司法院

「陰律司法院」も極めて重要な機構の一つで、「生殺」という大権を手にしている。巨大な機構で、多くの下位組織を構えており、大勢の人員を擁している。「陰間」の衆生に経済、民事、刑事など何らかの紛糾が生じた場合、「陰律司法院」の裁決を待たねばならない。

「陰陽間」の衆生は、「陰魂」が「陰間」とのやり取りを担当する。生霊に「色界」で生じた一切の出来事は、「色界」の法律を基準とするほか、一切の紛糾は「陰律司法院」に起訴され、最終的に「陰律司法院」が裁決を下す。

総ての生霊が必ず「証言台」に立たなければならないというわけではない。何の紛争もなければ、法院に赴く必要はないのである。では司法機関に、法律上の紛糾もないのに行って何をするのであろうか？

生きている間に「陰魂」がきちんと案件を処理して、死んでからの段取りがうまくいく人もある。また、「陰魂」が問題をきちんと処理できず、死後に「三魂合一」の霊魂が処理する人もある。そうなってはずいぶん手間がかかることになる。

案件ごとに、まず基層法廷が審理を行う。総ての案件は最初に「受付」に送られ、「受付」で案件を確認する。その後

それを分類して、種類ごとにそれぞれの法廷に送る。法廷では直ちに開廷の手はずを整える。基層法廷はそれぞれ案件の種類に応じて設置されており、案件の種類の数だけ法廷の数がある。現在は全部で10の法廷が設置されている。A類の法廷ではA類の案件だけが審理され、B類など他の種類の案件は総て審理の対象としない。つまり、基層のそれぞれの法廷は、専門審理機関というわけである。例えば、傷害事件を審理する所では、傷害事件についてのみ開廷し審理する。窃盗事件については審理できない。逆に窃盗事件を審理する所では、窃盗事件についてのみ開廷し審理する。傷害事件については審理できない。これは法廷と裁判長の職権の範囲である。総ての基層法廷と裁判長は、自身の職権の範囲以外には、その他一切干渉する権利はない。それは違法であり、越権行為と見なされ、公職を解かれる処分を受ける。

　基層法廷での審理が終わると、一切の生霊には上訴権が与えられる。

　「陰律司法院」の上訴法廷は、種類に分かれない総合法廷である。「陰律司法院」が上訴を受け付けると、直ちに開廷し、審理に入る。上訴者はその場で結果を知ることができる。なおも判決に不服の場合は、最後の上訴の機会が残っている。「陰間中央集権院」への上訴である。「陰間中央集権院」に上訴が棄却され、元の判決が支持されると、上訴者は元の判決に従わなければならない。転生する者は転生し、地獄に落

ちる者は必ず地獄に落ちていく……。

「陰律司法院」では、案件が溜らないようにしており、基層法廷は多忙を極める。休みなく開廷し案件を審理する場合もある。証拠不足により判決が中断される案件もあり、中断が長引いたまま終わらない場合もある。しかし中断できない案件もある。例えば、死後、霊魂がトラブルに見舞われたが、七七49日以内に転生しなければならない場合である。そのような案件は審理を早めなければ、転生の時間を確保できない。

俗に「民挙げざれば、官究めず」という。生霊や司法人が案件を「受付」に届け出ない限り、「陰律司法院」はいかなる案件についても主体的に関わることはない。そのため、「陰律司法院」という機構は、衆生の因縁から生じたものでもある。

「陰律司法院」の裁決は、各法廷の裁判長が好き勝手に判決を下せるというものではない。「陰律司法院」の各裁判長は、総て厳格な試練と訓練を乗り越えており、善良で正直な心を持ち、私利私欲や不正を排する。また、あらゆる「陰律」をすらすらと諳誦できる。そうしたレベルに達していなければ、重責を担うことはできないのである。

⑥地獄管理院

地獄とは「陰間」の監獄である。その監獄は「陰間」の衆生のために設置され、収監された衆生は総て「鬼身」である。

更に言えば、地獄とは「陰間」の「鬼身」を主な対象として設置された監獄である。

　霊魂はそれ自体で地獄に閉じ込められることはない。地獄に落ちるには必ず拠り所とする体がなければならない。そして地獄は「陰間」の衆生のために設置されているため、霊魂が地獄に落ちる際には、まず「鬼身」を持つ必要がある。

　衆生の悪業が多すぎると、転生後の「悪報」に総てを委ねて片づける。世俗は完全な「悪世」と化し、「陰陽間」も人間地獄に変わる。

　「陰間」の「鬼身」は地獄に落ちて「了業」しなければならない。それ以外にも多くの人の死後、悪業が独立しており、他の衆生と互いにつながりがない場合がある。そういう悪業は転生しても報いを受けることはない。生霊が世俗に転生した後、少しでも「悪報」が減り、よい暮らしができるように、生霊をまず鬼に「化生」させ、地獄に閉じ込めて、専門的な「苦報」を受けさせる。それにより「了業」という目的を達成するのである。

　悪業の中には他の衆生と絡み合い、複雑なものもある。単独で片づけることはできず、転生して応報を行う必要がある。また、他人とつながりがあっても、単純な悪業もある。その場合、相手と連絡を取って、相手の同意を得てから、地獄に落ちる。そして単独で、悪業に応じて「了業」を行う。相手が同意しない場合は、地獄で「了業」ができず、転生して相

手と「業報」を生じなければならない。転生の際には、時間の差がありすぎてはならない。以上も「了業」の主な処理方法の一つである。

　衆生の悪業は複雑に入り組み、項目も多いことから、衆生の「了業」を徹底させるため、「専門窓口」が必要である。衆生に悪業の種類ごとに、地獄ではそれに応じた牢屋を設置する。衆生の悪業の種類が増えれば、地獄でもその新しい悪業に対応して、新しく牢屋を設置する。

　衆生の悪業に合わせて、対応する「業報」を設置するため、地獄は巨大なものとなり、管理者も数多くなった。「業報」の形もそれにつれて複雑に変わっていった。小部屋から大部屋、小牢屋から大牢屋、小地獄から中地獄、中地獄から大地獄まで、それぞれに管理し、秩序を保つ。そうして「地獄管理院」が誕生することとなった。

　「地獄管理院」は「陰律司法院」と同じく、受動的な機構である。その他の機構が悪業の衆生を送り込んでくるのを待ち、引き渡されたら文書に従って仕事を進める。それ以外にすることはない。

　悪業の生霊が多すぎるため、地獄の作業者は多忙を極めている。作業に携わる前には、厳しい訓練を受けなければならない。悪業の衆生の悪業を過不足なくきれいに片づけるには、換算と計算を頭に入れておく必要がある。刑の重さ、時間の長さについて、加減を心得ておかなければならない。

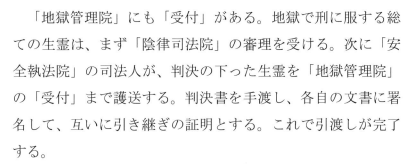

　「地獄管理院」にも「受付」がある。地獄で刑に服する総ての生霊は、まず「陰律司法院」の審理を受ける。次に「安全執法院」の司法人が、判決の下った生霊を「地獄管理院」の「受付」まで護送する。判決書を手渡し、各自の文書に署名して、互いに引き継ぎの証明とする。これで引渡しが完了する。

　「地獄管理院」の「受付」では、服役の案件を受理すると、直ちに書類審査に入る。判決書に記載の服役内容に従って、犯人をその悪業にふさわしい「悪報」の牢屋に送り込む。そして「業報」を一つずつ進めていく。一つの「業報」が終わったら、次の牢屋で「業報」を行う。「業報」が完了するまでこれを繰り返す。

　「業報」を行う際には、苦しみを与える刑具を一気に使い切ってはならない。判決書の服役期間に従ってじっくり刑を施し、「苦刑量」と服役期間の帳尻を合わせる。

　地獄で服役する悪業の衆生は、刑期を終えて釈放されると、引き続き「陰間」で幽鬼のまま転生の時を待ってもよいし、直ちに転生を申請してもよい。

　刑期を終えると、牢屋の長官が刑を終えた生霊を書類とともに「受付」に引き渡す。次に「受付」が書類を処理して、釈放された者が刑期満了釈放書に署名する。その後身分証明をして、犯人を釈放する。

　地獄では、牢屋の名前から刑具の名前まで数多く、総てを

詳しく述べることはできない。修行者としては、その仕組みがわかっていれば十分である。いずれにしろ我々が行きたいと思うような場所ではないのだから。

⑦土地管轄院

「土地管轄院」は「陰間」の土地を管轄する行政機関で、「地域区分」を単位とした一切の行政業務を担当する。例えば、市政建設（公共施設の建設、保護、管理、保守など）、土地の配分と使用、郵政、銀行、市場管理、食料供給など、市民の生活と福祉に関連した業務である。

「陰陽間」では国、都道府県、市区町村などに土地を分け、管理の便宜を図っている。職位はそれぞれ大臣・長官、知事、市長、区長、町長、村長などである。

「陰間」の土地管理は「土地管轄院」が中心となり、院長は「大土地神」とする。その下に「城隍神」❹、各「土地小神」があり、小さな一片の土地を管理する（管片と略称）「地基主」まで続く。

「土地管轄院」は「業力登記院」と共同で戸籍を管理する。様々な管理方法で、戸籍管理を総ての世帯の総ての生霊に行き届かせ、全力を尽くして漏れのないようにする。

「土地管轄院」は総ての「管区」の「土地神」に対し、管轄区域内の一切の状況を真剣に理解することを要求している。問いには答えねばならず、正確性が求められる。隅々に

まで深入りして、しっかり理解しておかねばならない。

「城隍」の職位は「陰陽間」の市長に相当する。毎日する事が多く、仕事は忙しい。管轄区域内の各部門を率いて、「陰間」の事務を取り扱う。

⑧霊魂管理院

「陰間」の華人国家には、「陰間中央集権院」の主導のもと、「霊魂管理院」という重要な管理機関がある。「陰間」の霊魂と「陽間」の霊魂を管理するだけでなく、「陰陽間」の霊魂も管理する。霊魂は合わせると数も多く、非常に複雑になる。そこで専門の管理機関を設置して管理を行うと同時に、管理作業者に対しても全面的で厳しい霊魂管理の訓練を施す。「霊魂管理院」もこうして誕生したのである。

「霊魂管理院」の任務は数多く、中でも非常に重要な仕事は、総ての霊魂のステージについて絶えず評定を行うことである。その後分類して関連部門に報告する。

その仕事を担うのは、「霊魂管理院」直属の「霊魂等級評定部」である。これは統計、審査、評価、総評を一括して扱う部門である。まず「業力登記院」から元となる資料を入手し、「原魂」の中に保存されている過去のデータを確認する。それをまとめると、各指標が得られる。その指標を「霊魂等級換算表」に直接記入すると、「霊魂等級換算表」が直ちにその霊魂のステージを弾き出す。

動物から始めて、500年の「道行」を積み重ねると、人として転生できる。

　様々な霊魂の様々な「業力」の指標で均衡をはかる。男になる者、女になる者、貧者になる者、貴人になる者、長寿になる者、短命になる者、善人になる者、悪人になる者……。

　転生の人数制限から、転生の種類の均衡まで、細心の段取りと構想が必要となる。種類が足りない場合、「原魂宮」から選んでくる。「原魂宮」に集められ、放たれた「原魂」はあらゆる種類のものが揃っている。それはあちらの世界が「滅び」を迎えると、こちらの世界が生じるからである。あちらの世界の「原魂宮」は、その時にこちらの世界に移ってくる。こちらの世界が「滅び」を迎えると、あちらの世界が生じる。こちらの世界の「原魂宮」は、その時にあちらの世界に移っていくのである。

　霊魂というものは、「色界」の出入りを問わず、「色界」での生死を問わず、「化生」と「胎生」とを問わず、「湿生」と「卵生」とを問わず、人と「傍生」とを問わず、「天仙」に生まれると幽鬼に「化生」するとを問わず、天堂に上ると地獄に落ちるとを問わず……総て「霊魂管理院」を経なければならない。

　巷に伝わる物語では、「陰間」には「生死簿」があるとよく言われる。「生死簿」というのは、「霊魂管理院」が霊魂を転生させるために編集した「霊魂業報文書」である。霊魂

が「霊魂管理院」を経るたびに、一つの文書が作成される。毎回の文書は、総て霊魂の戸籍に保存され、関連部門はいつでも閲覧できるようになっている。霊魂が「霊魂管理院」から「輪廻転生院」に送られる際、その霊魂の「業報文書」の謄本も同時に「輪廻転生院」に渡される。そのため、「輪廻転生院」でもその「業報文書」が閲覧できる。その他の関連部門でも一部でその文書の謄本が閲覧できる。例えば、「安全執法院」などである。「安全執法院」では霊魂の体の寿命を把握しておく必要がある。その時が来れば司法人が霊魂の離脱を待つようにするためである。霊魂の肉体が寿命を迎えたら、その霊魂を向かうべき所へ連れて行き、むやみに漂うことのないようにする。

　「霊魂管理院」は「陰間」での霊魂管理の最高機関であり、多くの下位組織がある。「原魂宮」の霊魂と「霊魂文書」を管理するほか、更に重要なのは「業報手順」を作成することである。「業報手順」というのは極めて複雑である。例えば、男として生まれるか、女として生まれるか、どのような家庭に生まれるか、どのような先祖や家族、友人、両親を持つか、どの方面のどの土地に生まれるか、どんな学校に進むか、どんな教育を受けるか、どんな苦を受けるか、どんな楽を得るか、一生のうちにどれだけ試煉を味わうか、どれだけ悩み事を抱えるか、いつ病気になるか、いつ歯が折れるか、いつどんな人に出会うか……。幅広く、非常に複雑である。その複

雑さや緻密さは、凡人には想像もつかず、理解もできないものである。それは「生命プログラム」なのである。

　霊魂ステージの評定も、複雑な作業の一つである。総ての霊魂は同様に「神通」を持たず、独立して長くは生きられないが、そのステージは千差万別である。霊魂を見ると色々分かる。どの霊魂が「初級数」か、どの霊魂が「中級数」か、どの霊魂が「上級数」か、どの霊魂が偏執的で偏屈か、どの霊魂が凶悪で獰獰か、どの霊魂が人当たりよく善良か、どの霊魂が厳しいか、どの霊魂が緩やかか、どの霊魂が賢いか、どの霊魂が愚鈍か……。霊魂の評定作業をしっかり行うには、観察と分類を心得ておく必要がある。

　「初級数」の霊魂は人に転生した「劫」数が短い。人になったばかりで、知識や経験が不足している者もいる。幼苗のように柔らかく青く、子供のように幼稚である。「中級数」霊魂は人に転生した「劫」の数が比較的長い。既にある程度の知識や経験があり、人生を重ねている。青年のように激情的かつ無謀で、向学心と向上心を持つが、成熟していない。「上級数」の霊魂は人に転生した「劫」数が既に長く、無量劫を経た者もいる。豊富な知識と経験を持ち、非常に成熟した老人のように落ち着き、賢く、経験豊富な非常に成熟した霊魂である。転生後は「心力」に満ちたものとなる。

　霊魂は数限りなく、ステージは複雑に入り組んでおり、「業力」も千変万化である。「初級数」、「中級数」、「上級数」

の3つのステージでまとめられるだろうか？ここでは概略を紹介し、大体理解したにすぎない。

霊魂管理に当たっては、表面的には、勧善懲悪のようであるが、実質は「因果応報」である。「善因」を植えれば「善果」が実り、「悪因」を植えれば「悪果」が実るのである。

「霊魂管理院」の作業者はその他の「陰間」の生霊と同じく、「青陽教化院」を訪れては経を講じ「法」を説く地蔵菩薩に耳を傾けている。そのため、自分たちの仕事が総ての生霊にとってこの上なく重要であることを深く知り抜いている。衆生の「業報手順編集」において、正常な「因果応報」を盛り込むほか、「陰間」の法律の原則に反しない限り、衆生が道法に触れ、悟りを開く機会を多く盛り込んでいる。

⑨安全執法院

「安全執法院」とは、「陰間」の警察、軍隊、特別警察、司法警察、司獄官などをまとめた集中管理機構である。その業務は、下位組織を統率して、末端の司法人を管理し、公共安全を確保することである。更に「陰間」が法治の軌道をきちんと進むようにすることである。

民話の中では、2匹の血に飢えた大鬼が、霊魂の護送を専門としており、「陰朝地府」に赴いて「業報」の審議を求めるとされる。昼間に働く方を「白無常」、夜に働く方を「黒無常」と呼ぶ。2匹合わせて「黒白無常」と呼ぶ。この2匹

は「安全執法院」の「色身寿結部」の司法人である。「色身寿結部」には多くの司法人が所属し、「黒白無常」は多くの作業者の代表にすぎない。「黒白無常」は容貌も奇抜であることから、その姿を見た人に深い印象を与え、忘れがたいため、話が広まって今に至るのである。

地獄には獄吏がいる。「陰間」に勤務する警手もいる。「霊魂管理院」には霊魂を護送する特別警察がいる。「陰律司法院」には法廷を守る司法警察がいる……。つまり、「安全執法院」の司法人は「陰間」中に行き渡っているのである。

「陰間」では、どんな案件であっても、総て「安全執法院」が出動する。「安全執法院」の司法人は知らせを受けると、直ちに現場に急行する。捕えるべきは直ちに捕える。案件の内容によって、起訴するものは、「陰律司法院」に案件を送る。有罪無罪や量刑に関しては、総て「陰律司法院」が定める。つまり、「安全執法院」には逮捕権があるだけで、量刑の裁決権はない。

⑩外交連絡院

「外交連絡院」はその他の部門と比べると、ずいぶん小さいものである。「霊魂管理院」のように巨大ではない。それは仕事の量によって決まるのである。

「陰間」の総ての部門では、「外国」とのやり取りに関する一切の事柄、例えば移住や文書交換などについては、総て

「外交連絡院」が取り仕切る。

「外交連絡院」はたびたび「天界」に赴いて、会議や文書のやり取りを行う。また「陰間」の他の「国家」を訪れては様々な交流を持つ。他の世界に行くこともたまにあるが、それは衆生と他の世界の関係の有無による。他の世界と関わりのある案件がある場合は、他の世界と連絡を取らなければならない。

「外交連絡院」の作業者もたびたび「高法身機構天」を訪れ、果位の評定に関わることを処理する。例えば、多くの霊魂が既に「長寿無限」の体を持ち、再び「陰陽間」に人として転生する。その肉体が死を迎えると、事務手続きに「高法身機関天」が関わってくる。その場合、文書の謄本を「外交連絡院」に渡す必要がある。「外交連絡院」は人員を派遣して処理を済ませ、結論を機関に送り返してもらう。

ある状況を仮定してみよう。「陰陽間」のある華人が、長い間西洋人の区域に居留して生活し、働いているとする。その「色身」が死ぬと、霊魂は「陰間」の西洋人「国家」の司法人によって西洋人の「地府」に連れて行かれる。しかし前世の文書はまだ華人区域の「地府」に保存されたままである。西洋人の「地府」で評定する場合、必ず両国の「外交連絡院」が合同で処理しなければならない。その際、その霊魂が華人の「地府」で評定を受けたいと要求した場合、司法人はその霊魂のこの世での「陰陽間」の「業力」登記簿と合わせて、

霊魂を「外交連絡院」に引き渡す。同様に、「陰陽間」の華人区域で生活し、働く西洋人が死んだ場合でも、同じように処理する。

　霊魂が「地府」で評定を受けた後、「業力」の働きから、「天堂人」として「化生」し、天堂で「福報」を授かる場合、他の世界に転生する場合、仏浄土に「化生」すべき場合、そうした「業報」の霊魂は総て「外交連絡院」が処理することになる。

（三）陽間

　「陽間」は永遠の光明であり、暗夜や曇天のない空間である。大きな範囲で捉えると、そういった空間は総て「陽間」と呼ぶことができる。

　「色界」中の「天界」がすなわち「陽間」である。

　「多維空間」の概念で言えば、「精維空間」と「納維空間」は「陽間」のみであり、「細維空間」には「陰間」と「陽間」の区別がある。

　「陽間」では、いかなる物体にも影がなく、至る所光明に満ちている。

　「色界」の「陽間」も「陰間」と同じように「華人天国」や「洋人天国」などの区域に分かれている。本教典では「華人天国」についてのみ講釈する。

　「天界」が一層ずつ重なっているものと考えている人もい

るが、実はそうではない。「天界」は異なる区域に区分けされ、それぞれの区域の境界は総て異なる。

「華人天国」では、「天国中央集権天」が国家の中核を成す機関であり、その下に司法や行政、そして「慧命」を管理する機関が設置されている。これらの機関は、「天国」が法治という軌道を正常に運行できるようにしている。

「華人天国」では、需要を満たすため、全部で28の区域に区分けされており、「二十八天域」と略称される。

「華人天国」では合わせて2つの空間を開発している。一つは「細維空間」の「陽間」の部分であり、もう一つは「精維空間」である。

「陽間」も多様なステージの者の雑居する世界である。そこには「高法身」、「中法身」及び「天堂人」が含まれる。「天堂人」は「天界」の主な住民で、そのステージは千差万別である。凡人、幽鬼、「天堂人」、この3つの境地の体には、総て様々な霊魂が混在している。転生前のステージの高低や果位の有無に関わらず、同じ境地に転生すると、得られる体は基本的に総て同じものである。

以下、「慾界」、「離界」、「滅界」の3つの境地の順序に従って、「慾界」から「滅界」まで、「天界」の様子について詳述していく。

1. 護法天（四天域）

「護法天」は「色界聯合集権天」（その「色界」における最高管理機構）麾下の軍隊と警察および安全保障機関の所在する「天域」である。「護法天」の法の執行者は、「色界」の安全を保障するという重責を担っている。「天界」内部の衆生の平和共存を確保するほか、「天敵」から守る（「他方」の世界からの侵犯と干渉を防ぐ）ことが何より重要である。

「護法天」の組織は巨大で、仕事も忙しく、「色界」の正常な運営のために、日夜警備に当たっている。

「護法天」には全部で8つの大司令部があり、「天龍八部」と略称される。

「護法天」の治める「天龍八部」では、中で働く官兵は総て「神果」である。「神」は敕封される職位で、衆生のために働く官職である。その身体のステージは総て「法身」であり、「長寿有限の慧命」である。

「天龍八部」は総て「神通変化」ができる。こうした「法身」の力は、「天堂人」、人、幽鬼にはいずれも及ぶことができぬものである。

「天龍八部」の8大護法司令部の具体的な様子は以下の通りである。

①天部

「天部」は「護法天」の管理、指揮の中枢となる総司令部

であり、「色界聯合集権天」の直属である。

「陰間」の「華人の国家」では、総ての機関は「華人の地府」が独立して有する。しかし、「天界」はそうではなく、「華人天国」が独立して有する機関もあれば、「国家」が共有する機関もある。例えば、「護法天」は「国家」が共有するものである。「色界」全体における最高管理機構が「色界聯合集権天」である。一方、「護法天」は「国連平和維持部隊」や「国際刑事警察機構」と同じく、「色界」の安全を絶えず守っている。

「護法天」は管理の便宜を図るべく、「色界」を4つの区域に分けている。東区、南区、西区、北区と分けて、それぞれで4名の「天神」が管轄を行っている。この4名の「天神」の総称が「四天王」である。

「華人天国」は南区に置かれている。そのため、華人の生霊が「天国」に至る際は、まず「南天門」を通る。

「四天王」は各自が独立して任務に当たり、それぞれ『天条』の規定に則して自分の管区を防衛する。平時も互いに行き来し、連絡を取り合う。同僚でもあり、親友でもあるのだ。

東区を担当する天神は、名を持国天という、顔が白く、琵琶を手にしている。

南区を担当する天神は、名を増長天という、顔が青く、宝剣を手にしている。

西区を担当する天神は、名を広目天という、顔が赤く、紫

金龍（蛇状）を手にしている。一条の絹索に持ち替える場合もある。

北区を担当する天神は、名は多聞天という、顔が金色で、宝塔を捧げ持っている。傘に持ち替える場合もある。

「四天王」は「護法神」であることから、「陰陽間」で寺院を建立する際には、主殿に祭られることが多い。

その他の７つの部は、それぞれ「四天王」の管轄に属する。

②龍部

「龍部」は海軍陸戦隊（海兵隊）で、海洋などのあらゆる水域を担当する。戦闘時には、水上戦を得意とし、川や海を越え、風や雨を呼ぶ。しかし、「天界」が「天敵」に立ち向かう際は、後方部隊に属して、輸送などの任務を担当する。

龍とは、大量の宝珠を持つ海の富豪である。

龍は「傍生」でありながら「護法神」に封ぜられ、「天龍八部」の第２位に位置する。なぞそのような応報があるのだろうか？それはかつての護法の功労によるものである。

当初仏は霊山で法を講じていた。海龍王はそれを知ると、多くの龍の子孫たちを率いて、帰依した。そして龍宮まで来て供養を受けるよう仏陀に請うた。

仏陀は龍王の願いを聞き入れた。

そこで、龍王は海底に極めて雄大な宮殿を建立し、総てを「七宝」で飾り、周りを「七宝」の柵で囲った。更に海辺か

ら「七宝」でできた3本の通りを龍宮まで敷いた。

仏陀は龍宮に至ると、龍宮の法座に坐し、妙法を語り、龍王とその眷属を教え導いた。

その後、仏法は世に在って魔難に遭った。天魔「波旬」やその他の外道は仏陀に怨みを抱き、僧を殺して寺を潰した。仏法が劫難の時を迎えると、一人の龍王が世の仏経を集め、海底の秘宝として隠した。

仏教受難に際し、世の中から仏典が絶えてしまった。

数百年を経て、一人の龍樹菩薩が世に現れ、龍宮から仏典を取り戻した。そこから仏法が再び世の中に流布していったのである。

③夜叉部

「夜叉」は容貌醜悪なれども、「神通」は広大である。

「夜叉部」は北区の「多聞天」の管轄である。北区の管轄ではあるものの、任務遂行の際は北区に限らず、広く4つの区に及ぶ。そのため、「夜叉部」の責任範囲は「色界」全体に及ぶ。

かつて、「夜叉」はこの世の悪であり、人を喰らってばかりいた。後に、仏陀に降服し、護法に封ぜられた。「夜叉」は活力旺盛で、行動範囲も広いことから、「天龍八部」の第3位に位置する。

「夜叉」は慓悍にして敏捷で、空を飛び、地に潜り、絶影

の俊足にして隠密行動に長ける。

「羅刹」も「夜叉」に似て、空を飛び、地に潜り、敏捷な動きで、人を喰らってばかりいた。後に同じく降服し、護法に封ぜられ、「夜叉部」に属すこととなった。「羅刹」には男女の区別がある。男は黒い体、赤い髪、緑の目をしており、容貌が醜いが、女は窈窕として、人を魅了する。

「夜叉部」の任務とは、警邏、外界の生霊の「色界」侵犯抑止、公共安全の維持である。

「夜叉部」はその他の部門と同じく、ステージごとに管理され、それぞれの職に当たる。その編成は以下の通りである。

普段巡邏する際には、5人一班となる。そのうち4人は兵士で、一人が伍長である。班ごとに定められた区域で行動し、警備を担当する。2時間ごとに持ち場を交代する。

5つの班で一つの分隊となる。分隊長、副分隊長などの長を置き、一分隊当り25名の護法官兵が属する。

4つの分隊で一つの小隊となる。小隊長、副小隊長などの長を置き、合わせて100名の護法官兵が属する。

5つの小隊で一つの中隊となる。中隊長、副中隊長などの長を置き、合わせて500名の護法官兵が属する。

2つの中隊で一つの大隊となる。大隊長、副大隊長などの長を置き、合わせて1000名の護法官兵が属する。

7つの大隊で一つの連隊となる。連隊長、副連隊長などの長を置き、合わせて7000名の護法官兵が属する。

4つの連隊で一つの師団となる。師団長、副師団長などの長を置き、合わせて28000名の護法官兵が属する。

4つの師団で一つの軍団となる。軍団長、副軍団長などの長を置き、合わせて112000名の護法官兵が属する。

④香神部

「香神部」は華人の「天国中央集権天」直属の「三部」の管轄である。「三部」は第18「天域」に設置される「内保部」である。「香神部」は「内保部」から分かれて、「華人天国」が「細維空間」に設立した「陽間天域機構」の治安維持を担当する。彼らが治安維持を担当する「天域」は、「魔界天」、「化楽天」、「兜率天」、「陰陽連合機構天」、「忉利天」である。

「護法天」では、彼らは東部「天域」の管轄に属する。東部「天域」の部長は「持国天王」である。

「持国天王」は東区の警備と治安に加え、「香神部」の管理も兼務している。

平和な時期には、「香神部」は治安維持を専門とする保安部門である。更に「天界」での楽師も兼任し、音楽で皆に快楽をもたらし、「天域」に享楽を届ける。

「香神」は平和な時期には内部防衛を担当しているが、戦争になると戦闘に加わる。そのため「平和維持」、「伶人」、「戦神」という3つの職を併せ持つ「多能神」である。従って、

常に部隊を編成して軍隊の管轄に置かれることが求められている。戦闘準備の通知を受けると、一切の事柄を差し置いて、直ちに集結して準備を整える。いかなる官兵も休暇を許されない。この時には、戦争が何よりも重要なことなのである。

　この「神」は酒肉を喰わず、「香」で体の滋養を補う。つまり「香」の精華を吸い、体から香気を放つ。

　「香神」は頭に八角帽を被り、体が赤い。左手に簫笛、右手に宝剣を携えており、威風堂々たる体つきをしている。

　「香神部」の首領はかつてその部下を率いて、「仏陀機構天」で琴を弾いて仏を称えた。その音は「大千世界」を揺るがしたという。

　「香神」は得がたい音楽家である。「忉利天」では、多くの「天堂人」が俗世を懐かしみ、過去を懐かしんでおり、歓楽の際には俗世で慣れ親しんだ楽曲をリクエストすることがよくある。「天堂人」がリクエストする俗世間の楽曲なら、西洋古典音楽でも現代流行歌でも、京劇でも地方劇でも、何でも素晴らしい演奏を聞かせてくれる。

　「香神」は得がたい音楽家であるだけでなく、得がたい戦神でもある。使用する武器は、音楽である。戦闘中に奏でる音楽で、敵の心を乱し、眩暈を生じさせ、肝を潰し、心身を痛めつけ、力を失わせる。そうして戦闘能力を奪うのである。

　そのような能力のおかげで、いくつもの職を兼任することができる。本人たちは忙しくしたいと思わなくても、皆が彼

らを必要としているのである。

⑤「阿修羅」部

「阿修羅部」は戦いを担当する軍隊である。

遠い昔、「阿修羅」は神でもなく、幽鬼でもなく、人でもない極めて醜い怪物だった。気が短く、驕慢で、執着心が強く、嫉妬深かった。争いごとを好み、海の深み、あるいは洞穴に住んでいた。その体は「鬼身」と同じであったが、幽鬼ではなかった。人と同じく七情六慾を持つが、人ではなかった。

「阿修羅部」には4つの軍団があり、強大な兵力を誇る。

第1軍団は「坡雅」が統帥する。「坡雅」将軍は戦において非常に勇ましく、その軍団はいつも先鋒を務めることになっている。

第2軍団は「寛肩」が統帥する。「寛肩」将軍は両肩幅が広く、荒波を起こす。咆哮は雷鳴の如く、先陣を切って敵に切り込む。

第3軍団は「宝飾」が統帥する。「宝飾」将軍は生まれつき頭が9つあり、それぞれの頭には千の目がある。990本の手と8本の足を持ち、口からは火を吹く。非凡な力を持つことから、争いを好み、戦をこよなく愛する。

第4軍団は「覆障」が統帥する。「覆障」将軍は巨大な手の平を持ち、戦ではその巨掌を駆使する。振り下ろすだけで

総てをねじ伏せる。「覆障」将軍は巨大な手の平で太陽や月の光を「覆い遮る」ことができる。

遠い昔、「阿修羅」は四方で争いを繰り広げ、天地が暗黒に包まれる程激しく戦った。仏陀は救いを求める声を受け、後に手を下して彼らを降服させた。そして弟子に加えたのである。

仏陀の教えと導きによって、解脱の大道理を理解するに至ったが、解脱を貫き通す志が生まれることはなかった。そのため、仏陀は大護法に封ずるほかなく、「色界」の守護神として、干戈を交ゆる聖闘士としたのである。

⑥大鵬鳥部

「大鵬鳥部」は「護法天」の警備部門で、身辺警護を専門としている。管理・訓練しているのは総て警備員である。

「大鵬鳥部」の警備は「夜叉部」の警備と異なり、「夜叉部」の警備は区域の巡邏を主な警備としているのに対し、「大鵬鳥部」の警備は誰かの身の安全を確保することが主な警備である。言い換えれば、「大鵬鳥部」で訓練された警備員が担当する仕事は総て身辺警護なのである。

部の最高統帥は「迦樓羅」である。「迦樓羅」は金の翼を持つ大鵬鳥で、黄金色の羽毛が生えており、翼を広げて天地を覆い尽くす。

大鵬鳥は大食である。

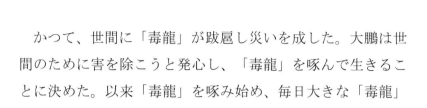

　かつて、世間に「毒龍」が跋扈し災いを成した。大鵬は世間のために害を除こうと発心し、「毒龍」を啄んで生きることに決めた。以来「毒龍」を啄み始め、毎日大きな「毒龍」は一匹、小さな「毒龍」は500匹食べた。

　後に、「毒龍」を食べ過ぎたことから、毒が回り、身をよじらせながら飛び、足は地につかなかった。最後は、金剛輪山へ飛び、そこで死した。その時、大鵬の体内の毒素が烈火と化し、燃え始め、昼夜絶えることがなかった。龍王は炎が燃え広がって、宝山を焼き尽くすことを恐れ、直ちに空中に飛び立ち、雨を降らせて火を消した。雨粒は車輪のように大きいものであった。

　火が消えると、大鵬の体は烈火に焼き尽くされていたが、心臓は烈火によって宝珠に煉成されていた。「天国」の国王はそれを持ち帰り、王冠の飾りとした。

　大鵬は「毒龍」を啄み、世間の害を除いたが、結局毒に身を亡ぼした。

　仏陀は大鵬の実直さに心を打たれ、弟子に迎えた。

　仏陀の慈悲心に大鵬は深く感動し、今後は自分の命をかけて仏陀を守ることを発願したのである。

　仏陀は「迦楼羅」の赤誠を見ると、「神位」に封じ、「天龍八部」の第6部の統帥に任じた。こうして「色界」の大護法となったのである。

⑦歌神部

　「歌神部」と「香神部」の業務内容は基本的に同じである。平和な時期には「三部」の管轄にあって、「香神部」とともに、「慾界天」の治安維持に当たっている。

　「歌神部」は戦闘軍団である。戦闘時は「香神部」と互いに協同して、絶大な効果を発揮している。

　「歌神」には男女の別がある。男性の「歌神」は馬頭人身で、女性の「歌神」は美しい容貌で、歌と踊りに優れている。

　「歌神部」の「歌神」たちは、平和な時期には「香神」と共演する。「香神」は様々な楽器の演奏を担当し、「歌神」は歌舞を披露する。その連携は阿吽の呼吸で、「八万四千」もの演目で、「天界」を隅々まで楽しませてくれる。

　「歌神」は「香神」と同じく、「諸天」で歌舞を披露する際にも、軍団の編成に従って、軍団の管轄を受ける。一旦戦闘準備の通知を受けると、一切の事柄を差し置いて、直ちに帰隊集結して準備を整える。いかなる官兵も休暇を許されない。時が来れば、一切の楽しみを置いて、命令に服従し、戦闘の準備をする。

　戦闘中、「歌神」の歌声は極めて美しく、鶯啼燕語にも似る。その歌声で、敵を恍惚陶酔させ、手足を萎えさせ、士気を挫き、踊りに駆り立て、心を乱し、戦闘力を奪う。

⑧大蟒蛇部

「大蟒蛇部」を統帥するのは「摩睺羅迦」である。「摩睺羅迦」とは大蟒蛇あるいは「大蟒神」を意味する。「摩睺羅迦」の姿は「蛇頭人身」であり、「神通」は広大である。

この「神」ははるか昔、一匹のうわばみであった。巨大な体は天地を覆い尽すほどで、「神通」を備え、性情は定まらず、世間に跳梁跋扈し、悪事を働いていた。

後に、仏陀がこれを制圧し、弟子に加えて、「天龍八部」の第8部の統帥に敕封した。これより「色界」の守護神となったのである。

以上に述べた「天龍八部」は、巨大な「色界」の防衛隊である。こうした強大な隊伍の設立は、一つには「色界」内部の正常な運営を守るためであり、更には他の世界の邪悪な勢力や不法分子による侵略、破壊、騒擾から我々の世界を守るためである。例えば、「他方」の世界の中には、科学技術が発達し、飛行機械を超光速で飛ばせる人類もおり、地球の人類を「下等生物」と見なしている。ある星には邪悪な組織があり、地球の人類を研究するために、飛行機械を飛ばして我々の地球にやって来ては、人を攫って行く。自分の世界に戻ると、攫って来た人を解剖し、脳や内臓等の器官を薬に漬けてじっくり研究する。更に残りの人肉は冷蔵しておき、調理して食べる。

我々地球人の間にこうしたことが起こった場合、それは「天

龍八部」の管轄外のこととなる。我々地球人の間でこのようなことが起こった場合は、「陰陽間」の司法機関が「色身」を管理するほか、霊魂については「陰間」の司法機関が管理を担当する。星と星との間にそうしたことが起こった場合、例えば星外の「高等生命」が我々の星を訪れた場合などは、善意と悪意とを問わず、総て「天龍八部」の管理するところとなる。宇宙人が我々の星を訪ねて見学や旅行をする際は、必ず「天部」の批准と許可が必要となる。そして「天部」は人員を派遣して全行程を監視下に置く。

浩瀚な宇宙には、人類の生きる星が無数無量にある。我々地球人は中等の智慧を持ち、命は短く、科学技術も遅れており、高等な智慧の人類とは比べ物にならない。飛行器械、命の長さ、人体の機能、様々な科学技術の発明と応用、いずれの面でも足元にも及ばないのである。その技術と能力は、我々の地球を完全に覆滅することさえできるものなのだ。

「天龍八部」はそうした状況下で、「色界」の衆生を守るという重責を担っている。「天龍八部」とは巷で言われる「天兵天将」でもある。

2. 忉利天（三十三天域）

「忉利天」とはよく言われる天堂のことである。「忉利天」には合わせて33の「天域」があり、「天主」を最高行政長官とする。「天域」ごとにそれぞれの「天主」がいる。いわゆ

る33「天域」とは、衆生の異なる「福報」に応じて建立された33の境地でもある。

「陰陽間」と「陰間」の衆生が、施捨を広く行い、福田に種を播き、悪を棄て善を取れば、天堂に至る「因種」を植えることになる。「陰陽間」の生霊が死ぬと（「陰間」の生霊は「陰陽間」の超渡儀式の助けを借りることができる）、「切利天」に「化生」することができる。生前の善業の大小や多少に応じて、様々な、相応の、得るべき「福報」を授かる。

天堂は快楽であり、一切の精神的、物質的享受と慾求は、思いのままに満たされる。天堂は優雅な環境であり、のどかにして清らかで、安楽にして幸福で、何事も意のままである。その極めて快適で楽しく愉悦に満ちた生活は、「陰陽間」の衆生には想像もつかない。

天堂の衆生は享楽を主としているが、善業の大小や多少に応じて、高低や貴賎の区別がある。衆生は善業のステージの導きを受け、異なる「天域」の境地に分かれて暮らし、異なる「福報」を授かる。

「天界」は「陽間」である。「慾界天」、「離界天」、「滅界天」に分けられる。

「慾界天」に生きる衆生は、人世間の男女の慾や飲食の慾など一切の慾望に対して、なおも強烈に追求していく。人であった時分の享楽などの慾望が忘れがたいものとなっている。その心が追い求める楽しみとは、様々な慾望を満たすこ

とである。そのため、そうした生霊は享楽などの慾望を満たすことを主とする「慾界天」に「化生」し、「福報」を授かる。

「慾界天」では、美酒佳肴、山海珍味、美男美女、金銀財宝、宮殿樓閣など、慾望や享楽を満たす一切のものが揃っている。望みのものは、「天人」の思いのままに目の前に現れる。

「離界天」に生きる衆生は、人であった時分の男女の慾や飲食の慾などあらゆる種類の慾望が満たされており、既に興味を失っている。その快楽は精神や霊性の満足に由来する。研究、学習、音楽、芸術、思索、禪定などが更に慾求を満たしてくれる。高レベルの精神生活を送り、心の喜悦と禪定に耽る。とはいうものの、様々な形の執着を捨て去ることができずにいる。特に「色界」と「色身」への未練である。人であった自分の悪習（劣根）が事あるごとに顕現する。

「滅界天」に生きる衆生は、輪廻の煩悩を断ち切り、「色界」と「色身」への未練をなくそうとしている。その精神や霊性は既に高ステージに達しており、もはや一定の形態を持った体を持つことへの執着がなく、「色相」のない精神世界に暮らすことができる。無形無相の心構えで一切の生命の極めて微妙な動きを感じ取ることができる。喜悦、恬淡、安静の禪定状態に長時間身を置き、清浄な心の自我を感じ取ることができる。つまり、既に真剣に刻苦して修行を始めており、自分を次第に「色身」と「色界」から解脱させ、「自在」と力気を得ようとしている。同時に、自分の「霊光」、「霊能」、

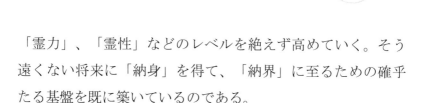

「霊力」、「霊性」などのレベルを絶えず高めていく。そう遠くない将来に「納身」を得て、「納界」に至るための確乎たる基盤を既に築いているのである。

衆生は「業力」に引かれて、異なる境地へと至る。天堂は「慾界天」に築かれたもので、男女や飲食などの慾望が自然と存在する。

「忉利天」は主に都市と花園で構成されており、中央都市を中心とする。中央都市を囲んで、それぞれ「東城天域」、「南城天域」、「西城天域」、「北城天域」がある。東城には8つの大都市があり、西城には8つの大都市があり、南城には8つの大都市があり、北城には8つの大都市がある。東西南北四方に8つづつ都市があり、それに中央の都市を加える。合わせて33の都市となり、33「天城」と略称される。

33「天城」の四方を囲んで、4つの異なる働きをする大きな花園がある。

中央都市には、「善法堂」が建てられており、大型の公会堂ともなっている。これまでの大規模な法会は、総てその主会場を「善法堂」に設けてきた。かつて釈迦牟尼仏が「忉利天」で母親に「法」を説いた際も、この「善法堂」を中心会場としたのであった。

33「天城」の周囲には、高い城壁が築かれている。城壁には総て金子が用いられている。城中の地面も、黄金が敷き詰められ、路面は平らで軟らかく、快適である。

「忉利天」では、33の都市が合わさって一つの巨大な城となっている。この巨大な城は総て「七宝」で築かれている。「天界」では、皆がこの城のことを「善見城」と呼んでいる。つまり、この複合城は大善の人だけに見え、住むことができるのである。

以上が「忉利天」の基本的な平面構造図である。

「善見城」の周囲には、豪華で高いやぐら（門楼）が千箇所に築かれており、それぞれの城門には武器を持ち、鎧に身を包んだ守衛が交代で守りに着いている。衛兵は体も大きく、それぞれが威厳に満ち、勇猛果敢である。

中央城には、華麗な宮殿がある。宮殿の内外には奇貨財宝が溢れている。宮殿は雄壮、かつ非常に壮観である。そこは「忉利天」の「中央集権機構」と「忉利天総天主」の居城である。残りの32「天城」の「天主」は、総て「総天主」の管轄となる。

この「忉利天」の「中央集権」宮殿は、広大な面積を誇り、中央城のほぼ総てを占める。宮殿の周囲には高い城壁があり、城壁には499もの大きな城門がある。更に一つの小さな城門を加えて、合わせて500の城門とする。それぞれの城門では「天兵天将」が交代で警護に当たっている。

城中の華殿、宝地、音楽、劇舞は十全である。無量の奇貨財宝は計り知れない。

「忉利天」の総城の外にある4つの大きな花園は、33「天

城」の「天堂人」がともに遊楽に興じる場所である。

東城外の花園は「衆車園」と呼ばれる。「天堂人」たちはここで、各自の善業の「福報」の力に応じて現れる様々な車騎を得ることができる。

南城外の花園は「粗悪園」と呼ばれる。「天堂人」たちはここで、「色界」の粗悪や不善について話し合う。「諸天」が戦いに臨む際には、様々な鎧や武器などの武具が必要に応じて何でも現れる。

西城外の花園は「雑乱園」と呼ばれる。33「天城」の「天堂人」は、いつも宮中の宮女たちをここへ来させ、「諸天」の「天堂人」と遊び、享楽に耽る。「天堂人」たちは、ここで遊びさえすれば、喜悦の心が生じてくる。

北城外の花園は「喜林園」と呼ばれる。「天堂人」たちはここで、心に異常な喜びを覚える。園では極めて美しい物が至る所にあり、「天堂人」の様々な欲望を満たしてくれるため、遊べども飽かず、見ても見飽くことはない。

花園はいずれも面積が大きく、それぞれの花園には「如意池」がある。「如意池」はどれも大きく、池には「八功徳水」が満ちている。園の至る所で様々な珍しい花、鳥、樹木などが見られる。

「忉利天」では街路がまっすぐに伸び、「天堂人」たちの住まいは総て「七宝」でできている。家の良し悪し、部屋の数については、総て福徳の多寡によって定まる。

「天城」ではそれぞれの大通りが互いにつながっており、四方に通じ、整然と並んでいる。街道や樹木も「七宝」でできており、華麗さを誇っている。

「忉利天」に暮らす「天堂人」は、いずれも10の特別な力を備えている。10の力とは次の通りである。

①往来自由にして、阻まれず。

②生活自在にして、碍げず。

③歩みに遅速の別無し。

④歩むに迹無く、飛行し得る。

⑤倦まず、患わず、禍を生ぜず。

⑥身体に影無けれども形有り。

⑦大小便無用。

⑧唾液、水洟、涕泗無し。

⑨身体は清浄にして芳香が漂い、皮、肉、筋、脈、脂、血、髄、骨などがない。

⑩長、短、青、黄、赤、白、大、小、太、細など、いずれにも身体を意のままの姿とすることができ、美麗で、端正かつ謹厳で、人心に歓喜を生む。

一切の「天堂人」には以上の10の不思議な力が備わっている。そのほか、「天堂人」たちは体が逞しく、大きく、豊満である。歯は皓く、髪は整い、柔らかく艶やかである。体は光明に満ち、「神力」を宿している。空を飛び、「陰陽間」に遊ぶことができる。衣服は華麗で整っており、塵垢に染ま

らず。

　「陰陽間」に生きるいかなる生霊も、習禪して入定できれば、霊魂を「色身」から離し、「自力」か「他力」によって、いずれも「天界」（天堂に限らず）に至って、思うさまその景色を眺め、遊興に耽ることができる。「他力」の授記の下で見える一切の景色や事物は、常に記憶に新しく、永遠に忘れることはない。

　「天堂人」たちの飲食は、「福報」の等級の違いによって、数や品質の水準が決まる。

　「慾界」の六天には、いずれも君臣、尊卑、上下、等級の区別がある（妻妾を持つことも許される）。卑は尊に、下は上に従わねばならない。これは総て「福報」の大小や多少によって分かれるものである。

　「慾界」天には「化生」してきた「傍生」も存在し、「天堂人」が遊びたければ、いつでも使うことができる。象に乗るのが好きな「天堂人」もいるし、馬に乗るのが好きな「天堂人」もいる。孔雀に乗るのを好む者もあるし、龍や鶴を操るなど、いずれも思いのままにこれらを使うことができる。

　「天界」には、なぜ「傍生」がいるのだろうか？巷にそれをよく表す言葉がある。「ある人得道すれば、鶏犬昇天す」というのは至当なことである。「陰陽間」の肉眼凡胎の人が「得道」（「法身」の果位を成就）できるのは、その人が多くの功徳、更には無量の功徳を積み重ねたということである。

こうした功徳があれば、自然と人世間の「大孝」を「行う」ことができ、一切の有縁の生霊を超渡できる。およそこの「得道」者に様々な助力と奉仕を捧げた生霊も、総て光を纏い、天界へと「化生」して、「福報」を授かることができる。

そのことから、衆生の「済渡」のやり方、衆生の「済渡」のステージ、済渡される者が得るステージの3つは、修行者の功徳の深さと非常に重要な関連があることがわかる。

「天堂人」たちは総て「化生」の縁であるゆえ、死後には何も残さない。死後に見送る必要もなく、遺体を焼くことも棄てることも、葬ることも必要ない。その遺体は光や焔が消えるのと同じように、何の痕跡も残さないのである。

「天堂人」は「福報」を終えると、「業力」に引かれて他の境地に生まれ変わる。残りの悪業が重ければ、「傍生」や他の悪道に転生し、「苦報」を味わう。

「天堂人」の臨終前には、不吉な症状が現れ、その「福報」の終わりが告げられる。これも「寿者相」を持つ衆生に必然の表相の一つである。

「天堂人」の多くは命数が尽きる前に、「善法堂」に赴き「法」に耳を傾け、善悪応報の様子を理解する。そして命数が尽きるのを待たずして、前もって「陰陽間」への転生を申請する。善を行い徳を積み続け、「慧命」を伸ばし、自分が悪道に堕ちないようにする。

「天堂人」の命数が尽きる時には、以下の症状が現れる。

①体が痩せ、次第に枯れていく。
②衣服の塵垢は愈々厚く、次第に汚れていく。
③腋の下に絶えず汗が出る。
④顔色が変わり、体に艶がなくなる。
⑤病み、肌に腫瘍や疥癬ができ、そして癒えず。
⑥頭髪が次第に抜け落ち、変色し、艶を失う。
⑦自分の生活に逐次興趣を失う。

　天堂では福を授かり、寿命は特別に長いが、やはり終わりを迎える。一たび「福報」が終わると、なおも輪廻して苦しみを味わう。そのため、天堂は「不究竟」の「福報」（天堂に限らず、「天界」全体が「不究竟」の「福報」）である。「涅槃」を修得せねば、永劫真実の「福報」は得られぬのである。

　また、「天界」にはもう一つ不如意のことがある。それは「陰陽間」の生霊のように子孫を殖やせないことである。「仏経曰く、天上の人も子孫を殖やせる。」とおっしゃる仏教徒もいるが、筆者はここで鄭重に読者に申し伝えておきたい。「色界」は「陰陽間」の「色身」を主な対象として築かれた世界である。「陰陽間」の人と「傍生」を除いては、他の空間のいかなる生霊も子孫を殖やすことはできない。これは「霊魂管理院」の規定であり、『自然の法則』の条項の一つでもある。

　「天国」では、「忉利天」だけがいわゆる天堂であり、その他の「天域」は総て「忉利天」とは異なる。例えば、「天

堂人」の「福報」は必要に応じて割り当てられるが、自分が銀行に預けた「預金」を引き出すことに等しい。一たび「預金」を使い果たすと、「福報」もなくなる。その場合、天堂を離れ、「銭貨」をもう一度集めて「天堂銀行」に預けなければならない。一方、その他の「天域」に暮らす「天人」はこれに異なり、寿命は同じく有限であるが、「忉利天」の「天人」（すなわち「天堂人」）と比べると、寿命がずいぶん長い。その「福報」は、「預金」の必要がなく、総て自分の「神通変化」を頼りに生み出される。なぜなら、「忉利天」の「天人」が前世で修めた「善」は、「天堂」あるいや「陰間」の銀行に「預金」されるからである。一方、他の「天域」に住むのは「法身」であり、前世で修めた「善」は、「法身」を成就するのである。

3. 陰陽聯合機構天

「陰陽聯合機機構」は「色界」にある華人区域の「聯合国❺」である。この「天域」は事務処理機構を主として、住、食、飲、遊、楽などを兼ね備える大型施設である。大型の公会堂は、「陰陽聯合機構天」の主要な建築物の一つである。一切の建築が豪奢で偉容を誇り、「七宝」でできている。ここで会議を開く者は、飲食の欲望の総てが必要に応じて満たされる。

「陰国」の国王——閻魔大王は、この「天域」に大型の豪華な宮殿を築いた。閻魔大王はこの「聯合王国」の首席長官

であり、「陰間」の暮らしに飽きると、「天界」の宮殿で「天人」の「福報」を授かる。そのため、閻魔大王は別名「閻羅天子」とも呼ばれている。

　生霊は「色界」を輪廻し、「業力」に引かれて、「陰間」から「陽間」、「陽間」から「陰間」へと……。生死を繰り返す。ある大きな「事案」が陰陽の両界に跨ることがある。しかし「陰間」と「陽間」は2つの完全に異なる境地であるため、案件処理の便宜を図るべく、「陰陽聯合機構天」が義命に応じて生まれたのである。

　「陰陽聯合機構天」には大規模な「霊魂文書館」が築かれており、多数の作業者が文書管理に従事している。「陰陽間」で誰かが死ぬと、「陰間」の機構の評定を経て、その霊魂が「天界」に転生して「福報」を授かることが確定する。その際、その「事案」は「陰陽聯合機構天」に転送され、「陰陽聯合機構天」が事後処理をする。「天界」で「天堂人」が死んだ際、「業力」に引かれて、「陰陽間」に生まれ変わる場合、その「事案」もまず「陰陽聯合機構天」に送られ、その後「陰陽聯合機構天」がその案件を「陰間」に送って、転生を手配する。

　案件が多く、業務が多忙のため、「陰陽聯合機構天」では中央行政管理機構の下に数多くの部門を設置している。それぞれの部門では分業によって様々な案件の処理に取り組んでいる。

4.「仙道」管理機関天

　「色界」では、衆生は総て最低のステージから修行を始め、一つづつ高ステージへ向って修証していく。修行の過程では、「仙」を成す者が一番多い。そのため、「仙道管理機構天」も自ずと生まれたのである。

　「仙道管理機構天」は「兜率天」に築かれている。「兜率天」の宮殿は広大で、総てが「七宝」でできており、気品と富貴を誇っている。都市の構造としては、事務宮殿群、住宅宮殿群、集会宮殿群、遊楽宮殿群、修煉宮殿群などから成っている。都市は「忉利天」と比べて、人通りも少なく、清らかで静かである。

　「兜率天」には特徴的で人目を引く4大宮殿群がある。それぞれ、弥勒菩薩宮殿群、元始天尊宮殿群、霊宝天尊宮殿群、道徳天尊宮殿群である。

①弥勒菩薩

　弥勒菩薩はとうに「十地」の「修証」を終え、現在は「等覚」ステージに至っている。目下、「陰陽間」に降臨して成仏し、弥勒仏を号する時機が熟すのを待っている。「無餘涅槃」に至るため、「了業」の修行を進めているところである。菩薩の身分を隠して「了業」を進める一方、「兜率天」で「法」を講じ、衆生を「済渡」している。

②元始天尊

「元始天尊」は「玉清」とも「天宝君」とも称され、道教の最高権力を掌握する。「元始天尊」は「神仙」果位であり、「神仙」果位は道教での最高の果位である。

「元始天尊」は2つの職を兼ねており、二重の果位を持つ。「仙道管理機構」では首席長官であり、「神仙」の果位である。「兜率天」では「天主」であり、「神君」の果位である。

③霊宝天尊

「霊宝天尊」は「上清」とも「太上道君」とも称され、「仙道管理機構」第2位の権威に位置する「神仙」である。「玉清」の指導の下、「太清」とともに各部門の一糸乱れぬ業務を指導する。

④道徳天尊

「道徳天尊」は「太清」とも「太上老君」とも称され、「仙道管理機構」第3位の権威に位置する「神仙」である。

「太上老君」は老子とも老聃とも呼ばれ、俗姓を李、名を耳、字を伯陽とする。春秋時代の楚国、苦県曲仁里の人である。紀元前580年（周の簡王6年）に生まれ、紀元前500年（周の敬王20年）に殁した。

老子は一生の多くを隠居して過ごし、主な著作である『道徳経』は、後に道家の経典として崇め奉られ、老子も自ずと道教の始祖とされるようになった。

「玉清」、「上清」、「太清」の3名の「天尊」は、「仙道管理機構」の大権を掌握している。その管理する「法身」は我々のこの「色界」のあらゆる「神仙」、「天仙」、「地仙」である。「神」の果位の「法身」は管轄外である。「神」の果位は「神仙」の一つ上に位置し、「色界神本部」が直接管理する「法身」に属する。

この3名の「天尊」は、合わせて「三清」と称される。民間では「三清」殿に祀られる。「三清」とは天、地、道を意味する。

3名の「天尊」はともに「兜率天」に住む「仙道管理機構」の王である。ただし「太上老君」の担当する仕事は「天宝君」や「太上道君」とは異なる。事の大小を問わず、主管が直接出て行く用事があれば、総て「太上老君」が出向く。そのため民間では「太上老君」の名がよく知られている。

5. 化楽天（天魔）

「化楽天」は「天魔」の一つで、専ら「陰陽間」の人類に「色相」や「色情」に関する「魔考」を与える。ただし、彼らにはどんな計画でも自分から進んで実施する権利はない。自分勝手に計画を実施した場合は、『天条』に反するものであり、「天国」の法律によって厳しい制裁を受けることになる。

人が極楽、永劫の楽を得ようとするなら、「涅槃」を證す必要がある。しかし「涅槃」は羅漢果から数えなければなら

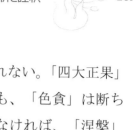

ず、羅漢果以上でなければ「納身」は得られない。「四大正果」のうち、最低ステージの羅漢果であっても、「色貪」は断ち切らねばならない。「色貪」を断ち切らなければ、「涅槃」の条件は満たされない。「色貪」とは「色界」、「色身」、「色情」への貪慾や未練である。生霊が輪廻を解いて、「色界」の束縛から飛び出そうとするなら、「色貪」を断ち切らねばならない。そうすることで永久で真実の安楽が得られるのだ。

いわゆる「化楽」とは、修行者が「色貪」という大きな難関を越えられぬことである。修行者が得ようとしている極楽を解き変えてしまうのである。大楽を小楽に変える（恒久の大楽を終わりのある小楽に変える）。修行者が「色貪」の関門をくぐったら、その修道者は小楽を変えて大楽を得る。しばしの楽を解き変えて恒久の楽を得る。それが「化楽」の真実義である。

「化楽天」の組織機構は、その他の「天域」と同じく、厳重に管理されている。「化楽天主」の指導の下、無数の困難な任務をこなし、しばしば功績を立てている。

衆生が「等覚菩薩」以下の果位（「等覚菩薩」を含む）を極めるには、「枝末無明」を断ち切り、「化楽天」の生霊が世俗に転生して、自ら世間で試験を課す必要がある。「妙覚菩薩」が「根本無明」を断って成仏するにも、「化楽天」の生霊が夢や禪定にたびたび現れなければならない。

かつて釈迦牟尼仏は「菩提」樹の下で坐禪を組み、深い禪

定に入った。禪定において諸魔に勝ち、「根本無明」を断って仏果を得た。打ち負かした「諸魔」の一部は、「化楽天」から来た「仙女」であった。「仙女」たちは祖裼裸裎して、歌舞で人を惑わし、無比の美しさであった。技や手段を巧みに用いて、仏陀と性的関係を結ぼうとしたが、悉く仏陀に撃退された。

　仏陀が当時率いていた修行の弟子たちも、多くが似たような状況に陥った。しかしながら、羅漢果を究めるには、仏陀のように「根本無明」を断つ必要はなく、「枝末無明」を断ちさえすれば、証果を得ることができた。

　仏陀の当時の弟子の中に阿那律という「天眼第一」と称された者がいた。「天眼」を用いて「化楽天」の「天女」を見たことがあった。これらの「天女」たちは、容貌が美しいだけでなく、人々の要求に応じて「神通変化」をすることができた。阿那律は修行ステージが高く、心を奪われることがなかった。そのため、これら「天女」たちは少しばかり演出を見せると、自ずと退いていった。

　「化楽天」で働く「天使」たちは、基本的に総て「天仙」果位であるが、一部は「陰陽間」の「傍生道」で修行を終えて來る。「天仙」たちは「天国」に至ると、「離界」の「天仙天」に住まう。寿命が長いため、「天仙」は暇を持て余しており、男女の恋愛や性欲にこだわりを持つ（それはあたかも、「陰陽間」に生きる者が特定の嗜好を持つのと同じであ

る。例えば、酒好き、煙草好き、将棋好き、読書好き……）。そこで、申請を出して、「化楽天」で働くのである。「化楽天」での仕事は、うまくこなせば「慧命」が伸びる。楽しい上に、自分を磨いて、ステージも高められる。世の中をたくさん目にするせいか、そういった事に感覚が麻痺して、次第に興味もなくなる。そこから自分の「心性」を高めて、もう一つ上のステージの修証を目指す。

　申請を出した「天仙」たちは、審査批准後、「辞令」を持って「化楽天」に赴き登記する。登記の際は、男になりたいか、女になりたいか、希望を記入する。「化楽天」の登記部門はその「天仙」の記入した希望に応じて、住宅などの一切を手配する。

　「天仙」は総て「法身」であり、「法眼」のステージにある。「天仙天」に住んでいる間は、「離界」であることから、男女や飲食の慾望を持ってはならない。「化楽天」に来て働くようになると、これは「慾界」であるから、飲食や男女の慾望を持つことができる。

　「化楽天」の「天魔」になると、任務を遂行するに当たって、姿形が相手の慾求に応じて変化する。例えば、男と女が遊ぶ時、自分で自分を操るのではなく、相手の思念によって自分を操るのである。相手の理想形へと、自分の容姿が変わるのは、完全に相手の思念に操られているのである。ただし、条件が一つある。相手の慾求は、その深層心理にある真の好

みであること。そうでなければ、この力は自ずと効力を失ってしまう。

　「色界」では、一切の善悪は総て「業力」に引かれる。一切は「因果」関係である。しかし「色界」にある「魔界」中ではこれに異なる。「魔界」で働く生霊は、特別な法律の下で仕事をしている。いかなる事柄も、指令に従ってこなしていく。「業力」に引かれなかったり、「因果応報」がなかったり、うまくこなせば報奨があるわけではない。それは「道高きこと一尺なれば、魔高きこと一丈」という一つの側面を体現している。「心志」に力があれば、自ずと「諸魔」に勝ち、「無餘涅槃」が得られる。悪魔が2度と心身に取り付くことはなく、「道一尺高くなれば、魔一丈高くなる」ということもなくなる。その境地にあっては、道があるだけで、魔はない。従って、世界にどれだけの魔があろうとも、最大の魔とは、自分の「心魔」なのである。そのため、修行は心を究めることを主としなければならない。

6. 魔界天（天魔）

　「魔界天」と「化楽天」はいずれも「魔界」に属する。「化楽天」が与える「魔難」が部分的のものであるのに対して、「魔界天」が与える「魔難」は全面的のものである。男女の情愛以外のいかなる「魔難」をも与える。

　皆「魔界天」であるのに、なぜ合わせて設置しないのだろ

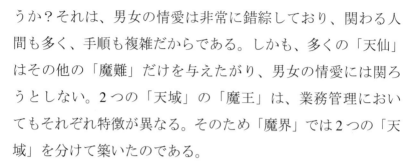

うか？それは、男女の情愛は非常に錯綜しており、関わる人間も多く、手順も複雑だからである。しかも、多くの「天仙」はその他の「魔難」だけを与えたがり、男女の情愛には関ろうとしない。2つの「天域」の「魔王」は、業務管理においてもそれぞれ特徴が異なる。そのため「魔界」では2つの「天域」を分けて築いたのである。

「魔界天」は「大魔王」が「天主」を務め、多くの下位組織を設ける。それぞれの機構で分業し、その「頭領」は総て「小魔王」が務める。「小魔王」たちはおのおの長所と豊富な経験を持つ。

これらの「魔界天」の「天魔」は「化楽天」の「天魔」と同じく、自分の意向で勝手に「魔難」を設置することはできない。必ず任務を受けてから仕事をする必要があり、さもなければ『天条』に違反することになる。

「魔王」の宮殿は豪華で広く、総て「七宝」でできている。「小魔王」とそれぞれの「天魔」には総て自分の豪華な宮殿があるが、その地位には高低がある。「天魔」は任務を完了するに当り、「天界の福報」を思う存分授かる。

多くの生霊は「天仙」を究めて「天仙天」に住まうと、寿命が長くなる。「天仙」の中には、自分の好きなことをしたいがために、「天魔」という職業を選ぶ者もある。あるいは男女関係を好まないことから、「魔界天」で「天魔」となることを選ぶ者もある。

「魔界天」の業務は、衆生の「業力」の範囲にはない。単に点数評価する、あるいは級分けするための試験である。任務を受けると、「身体憑依」し、転生し、相手の禪や夢の中で任務を遂行することもできる。つまり、任務の要求に応じて異なる選択ができるのである。

これらの「魔難」は各種の試験に過ぎず、その生霊を必ず合格させるであろう。合格すると、点数がつけられる。その中でも「磨心題」も主たるものになる。

以上が「陽間」の「慾界」六天である。「細維空間」の「陽間」に築かれた、様々な霊魂が雑居する空間である。

7. 果位評定機構天

7番目の「天域」からは「離界」に入る。「離界」に住まう「法身」は、飲食や男女の慾望から完全に離れている。

7番目の「天域」から28番目の「天域」までの22の「天域」は、総て「精維空間」に築かれている。

「精維空間」に住まう身体は、総て「霊光」でできており、「法身」のステージにある。他の空間で修行し、その果位を成就すると、「天界」に入居し「福報」を授かる霊魂である。

7、8、9番目の「天域」の3つは、「納界」の「高法身」(仏、菩薩)がこの「色界」に設立した作業機関である。

「果位評定機構天」とは仏陀の指導の下、菩薩が「法身」

たちを率いて果位の評定を行う機関である。

「色界」では、霊魂が究めたステージについては総て「霊魂管理院」の「霊魂等級評定部」が評定する。一方「法身」のステージの評定は、総て「果位評定機構天」が取り仕切る。

「色界」では毎度の「相法時期」に「代理仏」が現れる。いわゆる「代理仏」は仏ではない。それは「甲仏」が既に成就し、「乙仏」を迎えるまでの「空白」の時期に、一時的に仏陀の仕事を代理で行うのである。この時期は「過渡期」である。この「過渡期」には、「色界」の「済渡」と果位評定の仕事が滞ってはならない。一具の「高法身」が「色界」の「精維空間」の道場に坐し、「済渡」と果位評定の仕事を主管せねばならず、これを「伝法定位」と略称する。

我々の「色界」で、目下「精維空間」の道場に坐しているのは地蔵菩薩である。そのため、「果位評定機構天」の「天主」は地蔵菩薩である。これも仏陀が菩薩を「済渡」する一つのやり方で、この方法は菩薩に理論と実践を結びつける機会を与えている。

地蔵菩薩は仏陀の指導の下、大勢の「法身」を率いて、「色界」で「法身」を極めるあまたの霊魂のために、忙しく働いている。2千年以上にわたって、「色界」で究めた「法身」について、一つずつ真剣に果位を評定してきた。

果位の評定が下ると、その資料は指定の管理機構に送られ、その管理機構で更に手配を進める。例えば、ある「法身」が

自分は仏であると言うが、評定により「天仙」と定められる。そこでこの「法身」は「兜率天」の「仙道管理機構」に送られ、一括管理される。その「法身」に不服があれば、上訴の機会が3回与えられる。

①「青陽機構天」に上訴を提出する（案件は「果位評定機構天」の「上訴部」より転送）。
②棄却された場合は、「仏陀機構天」に上訴する。
③更に棄却された場合は、自分で自分を仏であると思っているが、仏であるとの評定がないため、「星雲内外聯合王国」の「仏陀資格認証機構」に最後の上訴を提出する。

3度の上訴が棄却された場合は、無条件で従わなければならず、上訴の機会はない。なおも不服で騒ぎ立てる者は、勾留やその他の処罰を受け、心服するまで教育を受ける。

「果位評定機構天」の仕事は非常に多忙である。基本的に、作業は総て支部組織が行い、細かく分業化されている。地蔵菩薩が直接審理することはめったにない。例えば、地域範囲に区分があり、また水、陸、山、林の区分、人、畜、幽鬼の区分である。とにかく、それぞれの境地に細かい区分があり、点から面、面から局、局から全躰へと至るのである。

最も多忙を究めるのは「上訴部」である。「法身」はいずれも自分がよくやった、自分は成功したと考え、自分の功徳は無量で、自分のステージは高いと思い込んでいる。そのため多くの「法身」が自分の果位評定に満足していない。不満

があれば、上訴できる。それぞれの上訴案件は処理に時間がかかり、多くの解説を要する。上訴者を心服させるのは決して容易ではない。よくある「法身」の文句に、自分はなにがしと比べて、かなり優れているというのに、なぜなにがしの果位が自分より高いものなのか、というのがある。そのような場合、事実に基づいて道理を講じ、比較と鑑別を行い、更に『法身管理条例』について解説する。それでも通じなければ、相手に上訴させるほかない。

「法界」では、上訴は奨励されている。果位の高低を論じることから生じる上訴は、貪婪とは見なされず、逆に精進と見なされる。多くの「法身」は、自分に与えられた果位に不満なことから、速やかに転生を申請して再び修行に入る。

8.「青陽」機関天

ここでの「青陽」とは、青年の太陽、青春の太陽、払暁の太陽、朝晨の太陽を指す。

「納身」には区別がある。「納身」（すなわち「四大正果」）は羅漢、辟支仏、菩薩、仏陀である。仏陀は総て白髯の老人である。「十地」以上の證を得た菩薩は総て青年であり、成人でもある。一方、小菩薩（「十地」に至らない菩薩）、辟支仏、羅漢は総て未成年である。これは象徴ではなく、本当の「納身相」である。寺院にあるような荘厳な「法相」に変化する場合、一定のエネルギー等級を備えていなければ、変

化を遂げることはできない。

　青年の「納身」は、この「色界」の有縁の衆生を救済するため、我々の世界に働きにやって来た。その仮住まいと仕事場は、8番目の「天域」に設けられている。

　8番目の「天域」（すなわち「青陽機構天」）には大菩薩の行宮が至る所に設置されている。

　数多くの大菩薩がここに住まい、氏名を伏せて黙々と地蔵菩薩の「伝法定位」を手伝っている。なじみがあるのは観音菩薩、文殊菩薩、普賢菩薩などいくたりかの大菩薩に過ぎない。実のところその他にも多くの大菩薩が我々の「色界」で働いているが、人々は知らないだけである。しかしながら、真の修行者にとっては、知り過ぎても無用なことで、用いるに足れば十分である。

　「青陽機構天」の行宮は数多く、大きくて荘厳であり、また、とても美しく、総てが「七宝」でできている。それぞれの行宮は、総て居住者の願いに応じて築かれたものである。それぞれの菩薩の知識や経験、生活習慣は総て異なるため、宮殿は千様百態を呈しており、極楽世界の「上品上生」の蓮華池の美に匹敵する。異なるのは、8番目の「天域」の行宮は菩薩が自分で建てたものであるのに対し、極楽世界の宮殿は総て阿弥陀仏の願力による成就だという点である。

　観音菩薩、文殊菩薩、普賢菩薩の行宮は、総て8番目の「天域」の中にある。彼らの行宮はいずれも特色豊かで、それぞ

れのよさを発揮していると言える。

　これらの大菩薩は、いずれも地蔵菩薩の助けとして道場に座す。取り扱いが最も多いのは上訴の案件である。

　それぞれの菩薩の行宮には、大勢の作業者がいて、菩薩の意向に従って様々な仕事に励んでいる。

　「青陽機構天」の菩薩の行宮には、講法堂、理事堂、待客堂、果位上訴廷、花園、八徳水池、亭台、樓閣など、ありとあらゆるものが築かれている。その空間の大きさは、推して知るべし、である。

　「青陽機構天」の菩薩たちは、「陰間」、「陽間」、「陰陽間」の行政事務については一律に関知しない。関わるのは果位評定の上訴案件と衆生の「済渡」だけである。

　処理を終えた案件は「青陽機構天」本部に移管される。裁決に不服の「法身」は更に「仏陀機構天」に上訴することができる。

9. 仏陀機構天

　9番目の「天域」は「仏陀機構天」である。仏陀は本来それぞれ自分が作った仏浄土に住まうが、衆生の「済渡」のため、菩薩の成仏のため、菩薩の仕事を完成させるため、「娑婆世界」の「精維空間」に住み込んで、菩薩の導師を務める。

　言ってみれば、仏はいずれも自分の浄土を持ち、自分の永劫の極楽世界を持っている。そのため、浩瀚な宇宙には、仏

の数だけ仏浄土が存在する。言い換えると、浩瀚な宇宙では、仏は無量であり、仏浄土は無量である。世界において、一つの霊魂が成仏すると、「納維空間」では直ちに仏浄土が一つ増える。成仏すれば、極楽世界を築く能力が得られるのだ。それも『自然の法則』の定めである。

「仏陀機構天」には、総管理機構があり、9番目の「天域」の一切の仕事を管理している。現在、我々の「天国」において、9番目の「天域」の「天主」を務めるのは、釈迦牟尼仏である。

多くの仏陀が9番目の「天域」に行宮を築き、「娑婆世界」に常駐する出先機関としている。釈迦牟尼仏の大宮殿のほか、人々になじみの仏陀もそこに大型の豪華な宮殿を立てている。例えば、阿弥陀仏、薬師仏……。

それぞれの仏陀はいずれも自分の仏国内から、大勢の作業者を連れてきている。作業者たちは、いずれもその仏陀の築いた行宮に住まい、仕事や学習に励んでいる。

9番目の「天域」では、広大、豪華、雄大、荘厳な宮殿が至る所に見られる。それぞれの宮殿は外観が総て異なり、慣れれば外観を見るだけで、それが誰の行宮であるかがわかるようになる。

仏陀は自分の世界と有縁の生霊に関する事務処理のほか、「色界」での評定結果を不服として上訴した者も取り扱う。それぞれの上訴案件を処理し終えると、9番目の「天域」の

総機構に転送して結審を行う。

　実際は、上訴案件は「青陽機構天」では多いものの、「仏陀機構天」に上訴されるまでには大幅に減ってくる。本当に「星雲内外聯合王国」に上訴されるものは更に一握りである。

　「仏陀機構天」に駐在する仏陀たちは、いずれも「星雲内外聯合王国」の認証を受けている。累世しつつ衆生を「済渡」し、大智慧を持ち、果位の評定に関して知悉している。解決できない案件は少ないと言ってよい。生霊はここに至ると、まず心から悦び、誠に服して離れていく。

　「仏陀機構天」に駐在する仏陀機構は、「往生」者の接引という重責も担っている。例えば、阿弥陀仏の機構は多忙を極めている。浄土を修錬した者の発する念仏信号は光の速さしかなく、極楽世界に届くことはない。「色界」で念仏を唱える衆生の発する信号は、9番目の「天域」に駐在する阿弥陀仏の行宮によって受信される。その後「業力登記院」、「霊魂管理院」、「陰陽連合機構天」などの機関と連絡を取り合い、協同作業を行う。念仏を唱える者の「色身」の命が尽きると、その霊魂に対して裁決を下す。

　「天界」は高層ビルのように階ごとに分かれるのではなく、区域ごとに分けられている。区分された「天域」は、太陽系に分布する。しかし、9番目の「天域」は我々の地球からそう遠くない。すばやく信号を受信するためである。というのも、衆生の発する念仏信号は光速で伝わる。光速は毎秒30万

kmである。太陽と地球の距離は、光の速さで8分30秒かかる。一方、星と星との間の距離は、光年で計算すれば——一光年の距離は、30万kmに一年間を秒換算して乗算したものである。我々の知る銀河系においては、牽牛星から織女星までの距離がおよそ12光年である。つまり、光の速度でも12年かかるということである。銀河系の直径は10万光年を超える。そして阿弥陀仏の極楽世界は、我々の地球から445億8000万光年の彼方にあるのだ。これも「色界」に「仏陀機構天」が築かれた理由の一つである。そうしなければ、念仏信号を受信した後で、その霊魂を扱っていたのでは、どれほどの遅れが生じるかわからない。

　「浄土宗」を懸命に修め、要件を満たせば、必ず「往生」が成功すると考える人がいる。それは正しく、確かに成功するものである。その人が生前に唱えたのは阿弥陀仏でありながら、死後は薬師仏やその他の仏の浄土に接引される。それは「仏陀機構天」の協同作業の結果なのである。

　「陰陽間」で仏法を伝授するに当たって、総ての仏浄土について衆生に告げることはできず、代表的な例を一つか2つ述べるだけである。しかし、衆生の来歴は非常に複雑で、霊魂も一人や2人の仏陀とだけ縁があるわけではない。まして総てが阿弥陀仏と縁を持てるはずなどないのだ。霊魂は累世輪廻し、無量「劫」より後、どれだけの世界に転生し、どれだけの仏陀と縁を結んだかわからない。そうした霊魂は、

それぞれ異なる仏浄土から来ている。

　生霊が「浄土宗」を修錬しようとするのは、修行の学校に入学したのと同じである。命の果てる時が修了の時であるのだ。修了すると、生徒たちは四方八方に振り分けられる。唱えるのは阿弥陀仏でも、至るのは異なる仏浄土である。なぜなら仏浄土はいずれも極楽世界だからである。このやり方は「分流」とも呼ばれる。

　「分流」とは、浄土を修める衆生を総て一つの仏の浄土に送らず、異なる仏浄土に分散させることである。これも衆生を管理する上で用いられる一種の分散管理法である。

　「色界」が「滅び」を迎える時、「仏陀機構天」本部は、他の新たに生じた「色界」を探し、つながり持つ。そして、「色界」でなおも「納身」を究めていない霊魂を、新たな「色界」に移転させる。移転の際は、「霊魂管理院」隷下の「原魂宮」の霊魂や天堂、地獄なども合わせて移転させる。「粗維空間」に暮らす「色身」に限っては、肉体が死を迎えてから、霊魂を移転できる。移転が終わった後の新たな「色界」での霊魂の管理制度については、旧「色界」と大同小異である。

　天堂や地獄などの遷徙を衆生が感じ取ることはできない。例えば、我々の銀河系や太陽系が丸ごと100万光年移動したとして、一体全体我々はそれを知り得るだろうか？そのため、天堂と地獄とを問わず、全体の遷徙を、衆生が感じ取ることはできないのである。

10.「下仙」天

　階位から言えば、「仙」は「天仙」と「地仙」に分けられる。「地仙」は地上に暮らし、「天仙」は当然「天界」に暮らす。その区別は、総て修行のステージの高低によって定まる。

　この「天域」、つまり10番目の「天域」から12番目の「天域」までは、「離界」の「天仙天」に帰属する。これらの「天域」は「精維空間」にある「法身浄居天域」に築かれている。

　この「天域」に住まう「天仙」は、基本的に皆同じ階位にあり、思想の境地や「神通変化」などに幾らも差はない。彼らは「天仙」の中でも初級の果位である。

　「切利天」に住んで「福報」を授かる「天堂人」は、総て世界の大善人である。こうした大善人には、思想の境地を大幅に向上することが要求されない。また、淫慾、「酒性」、「心性」においても修行の成就があることも要求されない。ただ善心を持って施捨ができれば、それで十分なのである。一方、「天仙天」に暮らす衆生はそうではない。善心を持って施捨ができるだけではまだまだ足りない。淫慾、「酒性」、「心性」のいずれにおいても飛躍的な向上がなければならない。

　「天仙」の果位を得る前には、学習を通じて少しずつ人体、人生、色界について理解しなければならない。人には霊魂があること、霊魂は不滅で、輪廻を繰り返していることを信じ、天朝地府を信ずる。「因果応報」を信じ、「多維空間」を信じる。「炁」（霊気）を信じ、それがある種のエネルギーで

あることを信ずる。その宇宙のエネルギーは永劫のものであり、霊魂と結びついて「陽神」となることを信じる。「陽神」は火に入りて燃えず、水に入りて溺れず、土に入りて死なず、牢に入りて出づるべくして、陰より入り陽より出づるが思いのままであることを信じる。修行を重ねれば、「陽神」が得られ、成仙得道することを信じる。こうした思想の基盤に立ち、ひいては清心寡慾にして参禅悟道、「陽神」を修錬する。更には都市を遠く離れ、淫慾を遠く離れ、深山老林に分け入って「出世」の修錬に就く。最終的には「陽神」を究めて、「天仙」の果位を成就する。

　成就するのは同じ「天仙」果でも、深山老林に籠って修行を進め、喧々囂々たる都市にあって修行に成功したわけではないので、「心」に対する研鑽はまだ足りない。人込みに紛れ、煩悩に囲まれた場合、修行は成功しないかもしれない。そのため果位の評定に当たっては、「天仙」の中でも「下仙」果となるのである。

　「下仙」果を修めるのは、保守的な修行法である。修行が成功するまでの間、肉体は多くの苦しみを受けるが、それで成功が容易なものとなる。「高果位」に慾を出し、俗世で修行する場合、「心性」が平穏を欠き、凡人の大勢に呑まれて流される。恐らくこれでは「天仙」でも最低階位の「下仙」ですら得ることはかなわない。

　つまり、凡人の潮流に流されるのは凡人である。凡人の潮

流に逆らうのは「仙人」である。簡単に言えば、「順えば則ち凡人、逆えば則ち成仙」である。

「仙」という字は人偏に山が加わる。人が山に籠って修行し、最後に「仙」となるのである。

> 酒淫と財気と牆(かき)を四囲し、
> 衆生は皆牆(かき)の中央に困ず。
> 倘若(もし)人の壁を突破する有らば、
> 天仙と成らずして亦健康なり。

「下仙天」の「天主」は、「下仙天」で最も大きく、豪華な宮殿に住んでいる。「下仙天」の管理機構は簡素で、仕事も複雑ではない。仕事の量も他の管理機構ほど多くはない。そのためここの「天主」は逍遙自在であると言える。

「下仙天」に住む「天仙」は、いずれも豪華な宮殿を自分で持っている。多くの宮殿は自分の意向によって築いたものであり、またいつでも自分の意向で移徙することができる。ただし、使用する面積と宮殿の高さには一定の制限がある。

現代仏教では、いずれの「天域」の寿命も固定されているとされるが、それは大謬論である。「下仙」に関しては、いずれも「下仙」果ではあるが、それぞれの「仙」の寿命は長さが総て異なる。平均寿命を計算するとしても、「陰陽間」の時間と正確に換算するのは難しい。独自の計算方法があり、

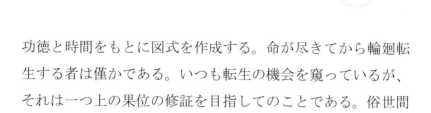

功徳と時間をもとに図式を作成する。命が尽きてから輪廻転生する者は僅かである。いつも転生の機会を窺っているが、それは一つ上の果位の修証を目指してのことである。俗世間で更に功徳を積み重ねたため、寿命も絶えず変化している。

「天界」では、時々刻々と生霊が出入りしている。寿命がたくさん残っているものもあれば、残り少ないものもある。同時に絶えず変化、増減を続けるため、平均を取ることはできない。果位は同じでも、寿命は異なる。境地と「福報」が同じでも、寿命は同じとは限らないのである。

11.「中仙」天

11番目の「天域」は「中仙天」である。「中仙天」に住まう衆生は、思想レベルや「心性」が「下仙」を遙かに上回る。俗世間で修行する時は、徳を積み、善を行い、人生や「色界」、霊魂の輪廻などの道理を悟れるだけでなく、世間の荒波の洗礼を受けようとする。「霊気」と「陽神」、「出世」の修行法に加え、「入世」の修行法をも理解している。「出世」の修行と同時に、時間を割いては「入世」の修行を行う。およそ50％の時間を「出世」の修行に費やし、およそ50％の時間を「入世」の修行に費やす。修行の道理が分かっているだけでなく、「出世」と「入世」の修行を折衷する修行法を駆使して、成功に至る。

実は、「天仙」の多くは「傍生道」から直接修め上ってき

たものである。本教典は人を主な読者として書かれているため、人が人世間で行う修行の基準を主な内容として論じている。

「中仙」が人世間で修行する時には、人との付き合いや物事への接し方から酒・淫・財・気の捌き方まで、「入世」の修行から「出世」の修行まで、問題の分析と理解から「心性」の平穏さまでなど、様々な面で「下仙」を遙かに上回るものとなる。そのため「中仙」に評定され、11番目の「天域」に住むよう振り分けられる。

11番目の「天域」に住まう衆生は、「神通変化」や力気等級において、いずれも「下仙」を大きく上回る。居住環境や居住条件も「下仙」と比べて遙かによい。人世間で積み重ねた功徳が「下仙」よりも大きいため、授かる「福報」も自ずと「下仙」より多くなるのである。

12.「上仙」天

「上仙」は「天仙」果位の最高ステージである。更に修行を続けると、道家の「陽神」修行の最高ステージ——「神仙」果位に至る。

中国には数多くの説話があるが、中でも巷間に流布しているのが、「天仙」の物語である。その中に「八仙過海」、「天仙配」がある。「天仙配」は「七仙女」が俗世に降りる話であり、「八仙過海」は典型的な修道の道程である。

「八仙」の究めた果位はいずれも「上仙」果であることから、「上八仙」と称される。その住まいは12番目の「天域」——「上仙天」である。

「上仙天」には極めて豪華で快適な数々の宮殿が鱗次櫛比し、「天域」の中央城には、最高級の城塞風の宮殿が築かれており、それが12番目の「天域」の「天主」の宮殿である。その「天域」の一切の事務管理と運営は、総て「天主」とその指導下にある部隊が取り仕切る。

「上仙」が人世間で修行する時には、まず善心が備わっており、善を楽しみ、施しを好み、心根は善良で、人助けを楽となす。同時に、師伝を通じて苦行に励み、道法や道術を深く諳んじて、人体や人生を理解する。また、霊魂の転生、「霊気」、「陽神」などの真理を徹悟し、「色界」の「多維空間」について全面的に理解する。その上で、更に「忠・義・仁・正」といった個性を加えていく。彼らは完全に「入世」して修行して、汚濁の奔流の中で、流れに逆らいながら遡上し、汚泥より出づれども染まらず。貧窮に在って偸盗せず、富貴に在って乱淫せず。正直であることから、勧善懲悪を好む。

彼らは一心に修行し、世間に入り込み、無為なれども不為なるなし。世間の荒波の洗礼を受ける。成仙得道のため、困難を恐れず、笑顔で臨み、困難を「増上縁」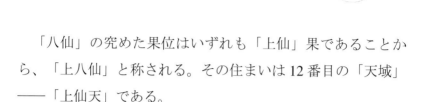と見なす。孝をもって先となし、親や師、年長者、古えの聖賢に孝を尽くす。勇んで精進し、常に前向きに進み、七難八苦に打ち勝ち、

凡人の間での修行がもたらす数々の煩悩を断ち切る。そしてついに成仙得道して、「上仙」の果位を得る。そこから12番目の「天域」に至って、久遠の「福報」を安らかに授かるのである。

13.「小神仙」天

13番目の「天域」からは、「神仙天」に入る。「神仙」は「天界」で13、14、15番目の「天域」を占める。それぞれ「小神仙」、「中神仙」、「大神仙」が住まう。

「神仙」の下の果位は「天仙」である。「神仙」の上の果位は「神」である。「神仙」は道教では「陽神」を修める最高の階位であり、その上はもはや「仙道管理機構」の管轄外である。

「小神仙天」の総管とは、この「天域」の「天主」である。

「小神仙」が人世間で修行する時には、「天仙」のあらゆるステージを既に備えているが、「出世」の修行はできず、「入世」して修行をしなければならない。そればかりでなく、更に救済を学び、他人を「済渡」する準備を常にしておき、他人が成仙得道し、「仙班」に加わり得るようにする。

救済のやり方を学ぶ時は、まず観察と判断を学び、人性を理解し、「人に因りて教えを施す」ことを学び、有用な救済の方法を総て学ぶ。それと同時により多くの知識と技芸を学ぶ。自分の「色身」を養うだけでなく、「被渡者」を助け、

更に進んで「被渡者」と知己とならねばならない。そして最終的に「被渡者」を得渡せしめるのである。

彼らは、選んだ人間を様々な方法で「済渡」できる。流派を興したり、弟子を持ったりするなどの方法も含まれる。

「小神仙」はまだ幾許の「済渡」に成功したわけではないが、既に救済を発心しており、様々な準備作業を整え、真剣に他人を「済渡」しようとする。しかし、様々な面で経験が不足していることから、成功の確率は低くなっている。

こうして、果位の評定の際には、「天仙」より高い「小神仙」果と評定されるのである。

14.「中神仙」天

華人にとって「神仙」という言葉は見慣れぬものではない。古今、「神仙」にまつわる数多くの伝説が残されている。映像化されたもの、本に書かれたものなど、巷に広く伝わっている。具体的には『神仙世界』、『歴代神仙通鑑』、『神仙伝』、『中国神仙大全』などの著作がある。

「中神仙」になれるのは、世俗にいた頃、「小神仙」のあらゆるレベルを備えていただけでなく、個人の思想のステージ、人としてのステージ、人や物との接し方、人助けなどの面で飛躍的な向上があったからである。特に救済の方法や技巧においては基本的に成熟の域に向っている。彼らは相手の「根器」とステージを結びつけ、様々な救済の方法で、成功

率を高めている。それにより、一部の者が「済渡」を得るようにし、やがてその「被渡者」が「仙班」に加わるようにするのである。

「中神仙」たちは、学術面でも世を重ねて学問を求め、多くが一芸に秀でている。前世での学習の積み重ねにより、多方面で卓越した能力を発揮している。そのため他人との付き合いでよい条件を与える。「被渡者」に深い印象を与え、「被渡者」はその思想を進んで受け入れるのだ。

しかし救済に当たっては、自分の能力になお疑問を抱いて、信心不足となることから、大勢を救済しようとしない。ただ試しに、自分のよく知っている範囲で、自分の救済の本領を発揮するのみである。そのため、彼らに「済渡」され、成功した「得渡者」というのは、多くが親族や友人、彼らと極親しい人ということになる。

「救済」に成功する人数が限られ、「仙班」に加わる多くが親しく近い人々であることから、果位の評定の際には、「中神仙」果と評定される。

15.「大神仙」天

「大神仙」天は、「神仙」果位の最高階位である。その「神通」は広大にして、「福報」の序列も高く、寿命も長い。

「大神仙」は道教の「陽神」修行における最高の境地である。そこから引き続き思想のステージを高めていき、「色身」

と「色界」への未練を断ち、思想や意識の奥底の「認識」を変えると、「色界」を飛び出して、生死を脱して、永生を得ることができる。

　このステージに至った「神仙」たちは、もはや職業思想家である。国家、社会、人生、世界のいずれに対しても実情に適った理論が構築されている。彼らは、衆「仙」にとっての導師である。

　人世間にいる時には、既に「天仙」と「神仙」が持つべきステージを総て備えている。例えば、「仙」を修める様々な方法について徹底的に把握している。如何に練功坐禪するか、如何に「炁」を採取するか、呼吸法や導引術、如何に動と静を互いに適宜とするか、修身養性の法、「陽神」の養育法、「色身」と「陽身」の合一法、そして「虹化色身」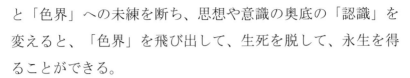の法などである。その他、他人を理解する様々な方法も把握している。人相、手相、身相、耳相、脚相、骨相などの見方である。同時に、健康と自然治療の方法についても把握している。薬草の理解と応用、陰陽の理解と応用、経絡の理解と応用、「内霊気」と「外霊気」の理解と応用、そして酒・淫・財・気の理解と抑制についてである。のみならず、言語や文字の応用技巧も把握し、様々な文学表現をよく駆使して著述や講演を行う。文章や講演は難しいことを簡単に表し、簡潔な言葉で深い意味を伝える。すると自分の思想が完全に伝わり、相手も受け取りやすくなるのである。

彼らはもはや職業渡人者である。ある者は職業思想家、哲学者、宗教家、教育者となり、ある者は講師や教授となる。様々な救済の方法を把握しており、様々に異なる救済の方法で様々に異なる人々を「済渡」する。そして非常によい効果を得ることができる。妙法を口で述べるだけでなく、本を書き、演説に立つこともできる。そのため、「衆仙」を広く救うステージにあり、「群仙」の導師というわけである。

そのステージは既に高いものであるが、仏教との違いはどこにあるのだろうか？全体的に挙げてみるととても多いが、主に思想境地の「認識」が異なる。紙幅の都合により、次巻の教典で詳細な比較を行うこととする。ここでは最も重要な区別だけを述べる。それは「色界」と「色身」への執着である。

簡単に言うと、「仙道」が追求するのは「即身成就」であり、「真人」、「虹化色身」となることである。つまり相変わらず「色身」と「色界」に恋々としているのである。修行が成っても「色身」のままで、「色身」の不老長寿を追い求める。800歳、8千歳、万歳、万々歳まで生きようとする。一方、仏教が追求するのは、「色身」、「色界」に恋々とすることなく、成就の後は「色身」を捨て、「色界」を飛び出すことである。そして2度とこの世界で輪廻をせず、やがて生死を脱して、永久に真実の安楽を得ることである。

16. 一部天

16番目の「天域」から、24番目の「天域」まで、9つの「天域」はいずれも「離界」の「天神天」である。

「神」は大きな果位であり、「神通」広く、「法力」高く、「福報」大いにして、寿命は長い。「神」は羅漢より下で、「神仙」の上に位置する果位である。一つ上の果位は、不生不滅の羅漢果に至る。ただし、「神」という果位は、意識して修錬できるものではない。人世間にあっては、「神」になれるかどうかはわからない。死後、自分が「神」となったことを知るのである。なぜなら、生きている間に人助けをして忠・義・仁・正を行い、死んでから「色界」にちょうど「神職」の作業者を要する部門があった場合、その「業力」に応じて、「天神」か「地神」として評定し、「色界」の仕事に従事させるからである。彼らが自ら志願する場合に、資格を持った「色界」の公僕となる。

「色界」の公僕は、終身制ではない。うまくこなせば、昇進するが、下手を打つと、更迭される。更迭後も、果位は「神位」のままだが、職位の等級が変わり、更には失職する者もある。

「一部天」は「神」の管理機構である。この管理機構では、登記簿の作成、「陰間」、「陽間」のあらゆる「地神」と「天神」の管理を担当している。

「神」はそれぞれの部門に配置されている。「天域」で働

くのは「天神」、28「天域」の外で働くのは「地神」と呼ばれる。また、世間で人に祀られ、具体的な仕事がなく、「相法」で救済する「神」は、「散神」と呼ばれる。

「神」は「色界」の各所に分散しており、「色界神本部」は「一部天」に設立されている。すなわち、「一部」とは「色界神本部」のことである。

「色界神本部」は非常に厖大で、仕事も多忙を極め、多くの下位組織を構える。「果位評定機関天」で、「神」の果位が評定されると、担当の外勤作業者が、直ちにその文書の謄本を「色界神本部」に送る。そこからは「色界神本部」が取り仕切る。

「陽間」のあらゆる「天域」の「天主」の数に、「陰間」の総ての「院」の院長の数を加え（そのうち「忉利天」には33の「天域」、「護法天」には4つの「天域」がある）、そこから「仏陀機構天」、「青陽機構天」、「果位評定機構天」、「陰間中央集権院」、「青陽教化院」の5名の「天主」と院長を引くと、「天主」と院長の合計は68名となる。この68名は、皆「神」の果位である。

「陰間中央集権院」の院長と「陰陽連合機構天」の「天主」は同じ「神」であるため、その2箇所は一名として数える。

「神」という果位は、果位の評定に際して、具体的に大神、小神には分けられず、職位の高低があるだけである。その階級の高低は、偏に職位の大小によって決定される。

17. 二部天

17番目の「天域」とは、「神職二部」であり、「神職」を主管する「行政本部」である。「神部」は実に厖大で、多くの「神」が「傍生道」から直接成就してくる。そのため、「神」の群れの中には多くの「傍生」がいる。例えば、「天龍八部」や「十二支」などである。「天国」から「陰国」、高山から海洋に至るまで、皆「神」の足跡がある。

「陰間」から「陽間」までの大部分の仕事は、いずれも「神」と「地仙」が完了させる。仕事の際は、烏合の衆であってはならず、組織がなく、規律がないのはいけない。いわんや政府がないのは更によからぬことである。さもなければ、「色界」は混乱に陥ることになる。すなわち、いかなる空間においても、総ての「有情」の生命にとっては、管理者と管理機構がなければならず、依るべき「法」がなければならない。我々の「色界」において、一切の「有情」の生命の輪転は、総て秩序があるものである。

巷で言われる雷公、電母、山神、土地、水神、河神など一切の「神職」は、総て17番目の「天域」にある「神職行政本部」を通じて派遣される。職位に欠員の出た部門があり、補充する必要がある場合は、その部門が状況を「神職行政本部」に報告する。「神職行政本部」では報告を受けると、直ちに「色界神本部」に申請を出す。「色界神本部」では「神」たちの書類を審査した上、ふさわしい者があれば、直接任用する。

ふさわしい者がいない場合は、その旨を「果位評定機構天」に報告する。その際、どの階位の「神職」が必要かを明記し、文職や武職などについて詳述する。「果位評定機構天」は「色界神本部」の要請に基づき、直ちに総ての世界から条件に合った者を検索する。探し出したら、相手の同意を得て、直ちに「神」に封ずる。そしてこの「神」及びその書類を添えて「色界神本部」に引き渡し、「色界神本部」がその後の段取りを整える。

　巷で言われる雷公や電母❻は、実のところ人々が「認識」しているような、神鳴や稲妻を起こすことを担当しているのではない。その職務は神鳴や稲妻を起こすことではなく、神鳴や稲妻を見張ることである。神鳴や稲妻が「色界」に「生ずまじき」災殃を齎すのを防ぐのである。

　「神職行政本部」の機構は厖大で、細かく分業化され、作業者も数多い。「天国」の「神職」を管理するだけでなく、「陰国」の「神職」も管理する。つまり「散神」❼もその管轄内にあるのだ。

　より正確に言うと、「一部天」の主な任務は文書管理であり、「二部天」の主な任務は「神職」の去就のあんばいと管理である。

18. 三部天

18番目の「天域」に設立された「三部」は、「神職」の主

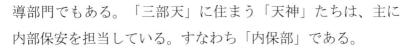

導部門でもある。「三部天」に住まう「天神」たちは、主に内部保安を担当している。すなわち「内保部」である。

「三部天」の「神職」は、それぞれが厳しい訓練を経た武芸の達人たちである。いずれも超光速で挌闘し、武芸を究めている。捕縛術や挌闘術など白兵戦に秀で、「武藝十八般」の総てに精通している。

「三部」は「一部」や「二部」とは異なる。「一部」と「二部」が「色界」全体の管理を担う「神職」であるのに対し、「三部」は主に「精維空間天域」の内部保安を担当する。直接保安に当たる「天域」には、「滅界」の「四天域」、「離界」の「十八天域」がある。

「慾界」には更に6つの「天域」があるが、その6つの「天域」も内部保安が必要である。「慾界」と「離界」は、いずれも「天界」に属するが、2つの異なる生活の境地である。従って、「離界」の思想を持つ「神」は「慾界」に送って働かせることができない。「慾界」の思想を持ち、「離界」の思想に至っていない「神」を組織して、「慾界」の「天域」で内部保安に当たらせる必要がある。そこで、別に「歌神部」と「香神部」を設け、「護法天」の他の六部と合わせて「天龍八部」と総称した。

「歌神部」と「香神部」は華人の「天国」の「慾界天域」の「内保部」である。非常に独特な機構で、二重に主導を受ける。平時には「三部」の管轄にあるが、戦時は、「香神部」

と「歌神部」はいずれも「護法天」から派遣される。戦時には、一切「護法天」の指揮に従う必要があり、戦争が最優先となる。その時、「色界」の各「天国」が連合し、共同で天外の敵に立ち向かう。

「三部」が投入する力の最も多いのは「天国中央集権天」である。次に「天国司法天」、「慧命管委天」、「天庭管委天」、「聯合教化天」（華人部）が続く。

この5つの「天域」は、華人の「天国」の中央集権であり、「天国」全体の最高権力機構である。これらの機構が「天国」の正常な運営を掌握している。

「娑婆世界」では、それぞれの「天国」の「外部保安」は総て「天龍八部」が担当している。一方、それぞれの「天国」の「内部保安」は、「天国」ごとに「内保部」が担当している。華人の「天国」も例外ではなく、自前の「内保部」を設けている。「三部天」とはこのような機構である。

19. 四部天

19番目の「天域」は「神職四部」である。「天国機関天」において様々な事務を担当する「神職」であり、「雑務天」と略称される。

「四部」は「三部」、「二部」、「一部」とは異なる。「一部」と「二部」は「陰間」と「陽間」の全部の「神職」の管理を担当する。「三部」は「精維空間」の「内部防衛」を主に担

当する。一方、「四部」の業務範囲は他の3つの部と比べると、かなり小さいものである。「天国機構天」において様々な雑務を行うだけの「神職」である。

「四部」の「神職」は、5つの「天域」の中だけで働く。主に「天国中央集権天」での仕事に注力し、次いで「天国司法天」、「慧命管委天」、「天庭管委天」、「聯合教化天」（華人部）が続く。

「天神」は偉大ではないのか？なぜ雑務をさせられるのか？と問う人もいる。

「天国機構天」では、「天神」が雑務をこなすのは普通のことである。雑務をするとはいえ、「天神」の多くが官人である。仕事の際には、部下を指揮して事に当たる。その部下は大多数が「仙女」などの「天仙」である。

伝奇小説『西遊記』を題材としたアニメーション映画『大鬧天宮』では、孫悟空が「神」に封ぜられることを願いながら、「弼馬温」という官職を与えられるが、その位の低さを不満に思う。後に、うぬぼれて自らを「斉天大聖」の位に封じた。

実は、誰であろうと、自分で自分に封ずるというのは、愚かなことである。人世間において、自らを「活仏」に封ずる人は多い。肉体を持っている間は「機構」の統制がない。肉体が死すると、霊魂は「機構」の統制を受ける。それなのにどうして自分が「活仏」であると言えるのだろうか。孫悟空

の力は「活仏」を遙かに上回るものであるが、結局は「如来仏」のたなごころから逃れることはできなかった。故人曰く「驕れる者久しからず、ただ春の夜の夢の如し」❽と。

　人生は短い。自重することが肝心である。

　「天神」が雑務を行うのは、珍しいことではない。仏陀のそばで、「掃除」をしている者が「辟支仏」である場合もよくある。

　「四部天」の「天主」は、管理する「神職」はさほど多くなく、仕事の他の機構ほど忙しいものではない。しかし「神職」は総て「天帝」のそばで働き、責任は重大である。総ての事柄について微に入り細を穿って考慮し、秩序立てて段取りをする。しからずんば、「天帝」には関連機構に更迭を要請する権利がある。そのため、「四部」に至って働く「神」は、総て「神職行政総部」により厳選されている。

　「四部」に選ばれた「天神」の多くは、あらゆる知識を持ち、かなりの文化水準にある。「心性」をよく修養し、激情に駆られることがなく、真摯に仕事に取り組み、物事を周到に考える。統率能力に優れ、思想作業の遂行能力を持つ。

　当然、第一に「神格」を備えておかねばならない。忠・義・仁・正である。これら幾つかの徳を離れてしまっては、他は語るまでもない。

20. 聯合教化天

「聯合教化天」は「天界」の国際組織であり、「色界聯合集権天」の直属である。20番目の「天域」は「聯合教化天」の「華人支部」である。

「聯合教化天」の任務は非常に明確である。異なる凡人区域において、異なる種族、異なる「知見」に基づいて、異なる「知見」を伝える。そしてその「知見」の理論に対する支持を集め、そこから更に伝え広めていく。最後には、殊途同帰にして万法帰宗し、異なる「済渡」の方法から、同じ「済渡」の効果を得る。

「普渡衆生」を好んで口にする者がいるが、実はそれはただの標語に過ぎない。全世界には、60～70億もの人類がいる（2009年現在）。一人の俗人の身で「普渡」の効果に達することは不可能である。人の一生は、幼少期から学生時代を経て、卒業したら、社会、そして人生と人性を理解し、熟知していかねばならない。自分の思想がある程度の「成熟度」に到達できるのは、50歳前後のことであろう。この時に、「法理」に対する「認識」、及び理論と実践の結合についてある程度基礎が固まってこよう。そこから本を書き、演説に立ち、衆生を「済渡」するとしたら、人世間での数十年の間に、どれだけ「済渡」できるだろうか？「済渡」できるのは有縁だけであろう。我々の偉大なる導師釈迦牟尼仏が、世間に「法」を広めた際の人生の歩みも、およそそういったものだったの

である。

哲学界には、青年哲学者というのは多くない。（50歳以下は、総て青年に数える。）

従って、哲学者、思想家、宗教家の人生の「成熟期」とは、およそ50歳前後から始まる。50歳までは、学習と実践をするほかない。

「聯合敎化天」では、「普渡衆生」を標語に掲げている。そしてそれを確実にやり遂げる。釈迦牟尼仏であれ、老子であれ、イェス＝キリストであれ、誰であろうと「法」を講じて伝道する際は、総て「聯合敎化天」が一括して手配する。次に誰が継承し、広めていくかも含めて、「聯合敎化天」が決定し、万全の段取りを整える。

世界にある宗教を伝えることが必要となっても、「色界」にその宗教を伝道する専門家がいない場合、「星雲」の「集権センター」に報告を提出する。その「星雲集権センター」では要請に基づき、その「色界」に特使を派遣する。その後「聯合敎化天」は他の機構と連携して、転生「法」を広める手はずを整える。

「聯合敎化天」は民間信仰、呪術、「巫覡 (shaman)」から、仏教、道教、神道、イスラム教、カトリック (旧教)、東方正教会、プロテスタント (新教) などに至るまで、管轄せぬものはない。生命のある場所であれば、必ず「済渡」を手配する。初等教育から高等教育まで、遺漏皆無である。本物の「普

渡衆生」を果たすのである。

　「聯合教化天」は「魔界天」と密接な協力関係を結んでいる。人間の内心の奥底に潜む弱点を標的として「天魔」を仕立てる。その人が夢で絶えず自分の恐れることを見るようにし、恐れなくなるまで訓練していく。この一つの「関門」を越えたら、新たな「関門」が再び立ちはだかる。そのため、人生は永遠に「魔難」が続く。それは「道が一尺高くなれば、魔も一丈高くなる」ということである。成仏に至るまでは、修行のステージの高さを問わず、「魔難」が常に心を抑圧している。それが己の「心魔」である。己の内心の奥底の弱点は、いつでも「天魔」の攻撃を受ける。これも「聯合教化天」のいかなる生霊も見捨てず、いかなる機会も逃さないという方策である。総ての生霊が元のステージに更に「少し」積み上げられるようにすることを目的として、労苦を厭わぬのである。

21. 天庭管委天

　21番目の「天域」には「天庭管理委員会」が設置されている。これは、それぞれの「天域」が代表を送って組織された「常務委員会」である。

　それぞれの「天域」の市政計画、市政建設、銀行などの施設の建設と管理、及び公共の環境と公衆衛生の維持と管理については、総て「天庭管理委員会」においてその責を負う。

それぞれの「天域」では、早くから計画が完成しており、いかほど空間を占有するかについては、既に帳簿に登記してある。仮に、必要があって、現在の空間では足りず、「天域」を拡大する場合、「天主」が勝手に拡張を決定することは許されず、必ず「天庭管委天」に報告しなければならない。「天庭管委天」は報告を受けると、人員を視察に送る。視察が終わると、その結果を「常務委員会」に報告する。「常務委員会」では検討の上、決定を下して、回答文書一式を申請者に送ることで、申請者は「天域」の拡充を進めることができる。それ以外は『天条』の違反と見なされ、当該の「天域」の「天主」は罰せられる。軽くても「天主」を免職となり、重い場合は「天庭」を追放され、俗世を輪廻して「苦報」を受けることとなる。

　一つの「天域」の建設が完了するたびに、都市の公共施設の管理監督が「天庭管委天」の主な任務となる。管理監督のみならず、各方面から寄せられる情報に基づき、現行の計画や施設を絶えず改善していく。

　「天庭管委天」の「天主」も「神君」の一人である。天主は「天庭」の管理と建設を得意とする。その部下たちは、心を込めた育成により、いずれも「天国」の市政管理の専門家となっている。

22.「慧命」管委天

　生霊が一たび「長寿無限の慧命」を手に入れると、永久の解脱が得られる。一個の生命が「長寿有限の慧命」を得た場合、この「慧命」は自分の寿命の長さに強くこだわる。

　俗世では、誰しも自分の幸せを望むため、自ずと長寿への願いにつながる。自殺する人はやはり少なく、多くが100歳まで長生きしたいと望む。ひいては、「好死は悪活に如かず」という人もいる。

　霊魂は「色界」を輪廻する。その空間、境地は異なれども、長寿への渇望は、しかし同じである。

　「色界」では、「慧命」の果位の高低は、評定によるものである。一方、「慧命」の寿命の長短は、計算と換算によって割り出される。

　「慧命」の果位の高低は、「果位評定機構天」が決定する。一方、「慧命」の寿命の長短は、「慧命管委天」が決定する。

　「果位評定機構天」は「色界」で暮らし続ける「慧命」の果位を評定した後、「慧命管委天」に引き渡す。「慧命管委天」では資料を受け取ると、計算及び換算部門が寿命を算出し、文書を作成する。そして総ての資料を「暗号部」に渡し、「暗号部」では生成した暗号を「慧命」の「原魂」に入力する。「原魂」は生命の歩みの中で、自動的にゆっくりと暗号を開放していき、生命が定まった軌跡を進むようにする。

　生霊が自分の運命を変えようと思ったら、奮闘しなければ

ならない。運命に抗うことで、未来を変えることができるのだ。

運命の実行プログラムを暗号として組成するのは、生霊に自分の未来の様子を知らせないためである。誰もが完全には明日のことが知れぬ状況であれば、素晴らしい明日を目指して奮闘する。希望——それは生命を伸ばすもの。自信——それは成功の鍵となる。人々は自分の暗号を解読できないため、常に希望の中に生きるのである。

多くの「慧命」が「色界」と「有形」の体に未練を残し、「有形」の体の寿命の長さに強いこだわりを見せる。そのためしばしば寿命の長さについて上訴する。しかし、『天条』の規定により、そうした上訴には機会が2回しか与えられていない。一回は「慧命管委天」の法廷への上訴、もう一回は「天国司法天」の「慧命寿限上訴廷」への上訴である。

「長寿有限の慧命」は、「慧命管委天」の下位機構が「寿命」を評定すると、結果を告知される。その「慧命」に異議がある場合、すなわち評定された寿命が短すぎると感じる場合、「慧命管委天」の「上訴廷」に上訴を提出する。「上訴廷」が元の結果を支持し、その「慧命」がなおも不服である場合は、「天国司法天」の「慧命寿限上訴廷」にも上訴を提出できる。

「天国司法天」の「慧命寿限上訴廷」は、そうした案件の最高上訴機構である。「慧命寿限上訴廷」が元の評定結果を

支持した場合、その「慧命」はいかなる機関にも上訴を提出することを得ず。

「慧命管委天」は「慧命」の寿命を評定し、寿命の文書を管理する部門である。「慧命」は数多いため、「慧命管委天」に保管されている文書も多い。そこで「慧命管委天」では大勢の作業者を雇って文書を管理させている。

そうして「慧命管委天」はいくつかの主な宮殿区域を形成している。それぞれ、「天主宮殿」区域、「事務処理人員」生活区域、「上訴法廷」区域、「寿命評定」区域、「文書管理」区域、「受付応接及び公文受領発送」区域である。

23. 天国司法天

23番目の「天域」に設立された「天国司法天」は、華人の「天国」全体の司法の中心である。この「天域」に設立された司法機関は、「天国」を法律という軌道に沿って秩序立てて運用する。

「天国司法天」の「天主」は、「天城」中央の城に住まい、「天神」たちを率いて、それぞれが異なる部門を統括する。

「立法部」は「天国司法天」の主な司法機関の一つである。我々の「色界」に衆生と期を同じくして、「立法部」は運営を始める。その主な仕事は『天条』の制定である。「色界」には異なる時期を対象とするため、制定された『天条』も時期に応じて変更しなければならない。新しい条項の増補改訂

や、新しい時期にそぐわない古い条項の削除更新などである。

「天国司法天」で働く「神君」は、いずれも特殊な訓練を経た後、始めてその「天域」での仕事に取り掛かる。更に「神君」の中には、その部隊に選ばれる前の累世において、法律の研究と学習を積み重ねてきた者もある。それと同時に「神」となる特質を備えていることから、選ばれるのである。訓練を経て、専門家となる。

法院の法廷は、「天国司法天」で最も多忙を極める。種類に応じて、様々な案件を裁決する法廷を割り振る。それぞれの法廷では、対応する種類の事件についてのみ裁決することができ、その他の事件に関与してはならない。分業は微細で、管理は厳格である。

「天理は容れず」とよく言われる。この「天理」とは『天条』、すなわち「天国」の法律のことである。いかなる国家でも国と民との安泰には、法の整備が欠かせない。健全な法律に、「道徳」の教育を組み合わせれば、その国は地平天成し、国民も鼓腹撃壌する。「道徳」の教育は、主に宗教に由来する。「因果応報」の教育、「霊魂輪転」の教育、「天堂地獄」の教育は不可欠であり、子供のうちから着手せねばならない。法律は罪を犯した者を裁くだけであるが、「因果応報」や「霊魂輪転」などの宗教学説は、犯罪を制止し、予防することができる。それは文明国家に不可欠で鞏固な基盤なのだ。もしある国の国民が、そうした精神文明を身につけず、

ひたすら金銭や物質的満足や様々な慾望を貪ることばかり追い求めるならば、そうした国は必ず謬見に奔り、治安の点でも、重大な結果が齎される。

「因果」を信じず、霊魂を信じない人は、人の一世一代のうちで、法の裁きを逃れさえすれば、どんな悪事を働いてもよいものと考える。

一方、「因果応報」や「霊魂輪転」を信じる人はそうではない。天を損ない、理を害することを行ってはならず、いつでも「お天道様」が見ていると考える。今生だけでなく、来世のためを思って、悪事を働こうと思っても、実際にはやらないのである。皆がそのような考えを持てば、その国は一個の素晴らしい人間(じんかん)となる。

物質文明のみで、精神文明のない国は、文明国家ではない。物質文明と精神文明の共存する国こそが、本当の文明国家のことである。

「天国」とはそうした「国家」である。「天国」では、宗教の教育が非常に普及しており、誰もが「因果応報」や「霊魂輪転」がよく分かっている。そのため、できる限り自己を抑制し、『天条』に牴触することなく、勝手に俗人の正常な生活を干犯せぬようにしている。

意図的に『天条』に触れないようにしていながら、法廷は何に忙しいのだろうか? 『天条』は条項が多く、専門家でなければ、総ての条項を理解することはできない。うっかり『天

条』に触れてしまうというのも、よくある話である。諺に「天網恢恢、疎にして漏らさず」という。いかなる案件であっても、総て法廷の裁決を経る。ましてや、一時の気の迷いから、感情を抑制できず、自分を抑えきれずに、『天条』に触れてしまうというのは、よく起こることである。

また、「天国」の衆生は様々な事柄の結論（例えば、住まいの振り分け、寿命、転生、「天人」同士の争いの裁決など）に対してよく不服を唱える。不服の場合は上訴できるというのは、「天人」の権利である。「天国」に暮らす衆生は、いかに権利を行使して自分の利益を勝ち取るかを皆知っている。『天条』はあらゆる衆生にとって、平等なものである。

24. 天国中央集権天

24番目の「天域」に設立された「天国中央集権天」は、華人の「天国」の最高権力機構である。

華人の「天国」の「総天主」——玉皇大帝は、華人の「天国」の最高統帥である。

玉皇大帝の宮殿は、24番目の「天域」の「天城」の中心に築かれている。宮殿は雄大にして壮観、総てが「七宝」で造られている。その占有空間は、「天国」の総ての建築物の中でも屈指の大きさを誇る。「天城」全体の大半は玉皇大帝の宮殿が占めている。

玉皇大帝は「神君」である。すなわち、「法身」の果位が「神

位」であり、「大神」である。

　「天国中央集権天」は「離界」に築かれている。「離界」とは男女、飲食の慾を遠く離れた境地である。そのため、玉皇大帝には妻子がいない。

　言い伝えでは、玉皇大帝の妻は王母娘娘だという。7人の娘を儲け、「七仙女」と呼んだ。これらは総て謬説である。

　王母娘娘は瑤池金母とも称される「大神」である。玉皇大帝のおかげで「神」になったのではなく、自分の修行により「神」果を成就させた。そのため、一人の独立した「神」なのである。

　「天国」全体では、どの「天域」で生きようとも、いかなる生霊も子供を儲け、後裔を遺すことはできない。「離界」に至ると、更に男女の性慾は完全になくなる。玉皇大帝は「天国」の君王ではあるが、決して三宮六院、七十二偏妃、三千佳麗❾などは持たない……。そうであるなら、俗人の帝王でしかなく、「天国」の帝王となるステージではない。古人は古代の帝王の享楽に基づき、玉皇大帝を人間の帝王に照らし合わせ、あらゆる享楽を余すことなく手に入れていると思い込んでいるが、これはただの牽強付会である。古代の帝王のような享楽がなかったからこそ、「天国」の帝王の宝座に即けたのである。

　玉皇大帝は各「天域」の「天主」の任免権を持っている。「天主」に封じると、その権力を「天主」に授ける。そこから、

その「天域」の一切の事柄は、総てその「天主」の管理となる。「天主」は定期的に玉皇大帝に報告を行う。法律の問題は「天国司法天」が担当する。果位の問題は「高法身機構天」が担当する。「神」は「神」の機構が扱う。「仙」は「仙」の機構が扱う。そのため、玉皇大帝という「天国」の帝王は、悠々自適なものであると言える。

玉皇大帝は「神位」であり、「中法身」の最高果位でもあるが、寿命には限度がある。仏、菩薩の「済渡」のもと、既に修行を重ね、「四大正果」を手に入れる準備をしている。やがて「天国」の帝王の位を譲り、次の帝王がその座に即くのである。そして自分は「無上正果」を得ることを志し、「無餘涅槃」に至る。

そうした思想の導きのもと、玉皇大帝は機が熟すと、いつも俗世間に生まれ変わっては、より高い果位を究めている。

玉皇大帝❿と王母娘娘⓫の物語は、巷に広く流布している。中には真実でないものもあり、異伝も多く、乱雑である。しかし世間で深遠な意義を生み出してもおり、幅広い影響を与えている。

25. 預流天

「色界」において、「滅界」には4つの「天域」がある。25番目の「天域」に築かれた「預流天」は、「滅界」に入って最初の「天域」である。

衆生は生々死々して生死を繰り返し、輪廻転生する。それはもはや浩々滔々とした奔流である。生霊はその荒れ狂う奔流の中で踠き、そのうちに疲れ果て、飽き、つまらなくなり、苦しみを悟る。そうした生霊はふと止まって思いを巡らし、頭を挙げて望み、悟る。そしてよく検討し、学習する。流れを遡っていくと、どんな結果になるのだろうか？

　学習を経て、理解する。流れを遡ると、「四大正果」が成就できる。「四大正果」を成就すると、生死輪廻の「苦流」を脱して、不生不滅の「楽流」に至ることができる。「三界」を飛び出して、「五行」の肉体を脱し、「霊光」からなる「納身」が得られる。そこから永遠に真実の快楽を得ることができる。

　そこで、その生霊は悟りを開き、流れを遡る用意をする。数多くの生霊が俗人の荒波という奔流を溯っている。そうした生霊が溯ることで、また一つの奔流ができる。この「逆奔流」は俗人の「正奔流」と比べると、遙かに小さなものであるが、やはり一つの奔流である。

　そうした生霊は理論を研究し、心から篤信し、思想の心構えもできてはいるが、行動が伴うものではない。

　すでに発心し、「逆奔流」に入る準備をしながら、まだ「逆奔流」に入っていない生霊は、その肉体が死ぬと、「預流天」に振り分けられて進み「福報」を授かる。

　「預流天」では、「預流天」の「天主」が課す訓練課程を

受けることになる。成熟しない思想をより深く涵養して、次に俗世間に生まれ変わった時に、自分の理想を実践できるようにする。

「預流天」での課程は、総て「青陽機構天」の大菩薩に講演を依頼する。課程には理論と実践が含まれる。課程を修めると、世俗に生まれ変わる際の大きな助けとなる。これらの課程は霊魂の奥底に深く刻み込まれ、俗世間で修行に打ち込み、実践に努めるようにする。そしてついに「逆奔流」、すなわち「涅槃」を修める奔流に至るのである。

25番目の「天域」の中心には、「天主」の大宮殿が建てられており、宮殿には「講法堂」が設けてある。「講法堂」とは、大菩薩が「預流天」の生霊のために「法」を講ずる場所である。「預流天」に住まう衆生は、それぞれが自分の宮殿を持つ。それらの宮殿は総て「天主」の宮殿を囲むように築かれており、いずれの宮殿も華麗さを誇っている。

26. 入流天

26番目の「天域」に設立された「入流天」は、専ら既に輪廻を離れる奔流に入り、「涅槃楽」を修めようとしている生霊だけを対象に築かれた「福報」の住まいである。

生死の輪廻を離れようとする生霊は、思想の予備期間を経て、その修行の歩みを始めることができる。その際、その生霊は「逆奔流」の中に入ってもおり、生死の輪廻を離れたあ

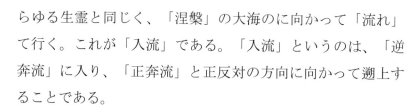

らゆる生霊と同じく、「涅槃」の大海のに向かって「流れ」て行く。これが「入流」である。「入流」というのは、「逆奔流」に入り、「正奔流」と正反対の方向に向かって遡上することである。

「正奔流」の力は「逆奔流」を遙かに上回るため、流れに逆らって舟を行かしめるように、一向に進まず退くばかりである。「入流」したばかりの生霊は、「心あれども力及ばず」、肉体が死んでも、「涅槃」の岸に上がることはないと言える。そういう「色身」を失った修行者は、死後「入流天」に振り分けられる。「福報」を授かりながら、一方で訓練を受ける。再び「正奔流」に身を投じて、「流れを溯る」という艱難の運動に備えるためである。

修行者は、「入流」に始まり、「涅槃」の彼岸に至るまで、幾度の生死を経なければならない。その時の修行者は、伝説の「不死鳥」——鳳凰のように、一回また一回と炎を浴びて復活を繰り返して、「涅槃」に至る。死んで復活するたびに、この不死身の「太陽神鳥」は美しさを増し、ステージが高まり、能力が倍増する。そして力気等級も高くなる。

鳳凰は火を引き炎に包まれ自らを焼いて灰燼に帰せしめるが、それには勇気、胆力、極度の苦痛に耐える忍耐力が必要である。修行者が「涅槃」を成就する場合、勝って驕らず、負けて腐らず、安にあって危を思い、逆境にあって奮起し、百折不撓で不懼の勇者たる気概を備えていなければならな

い。

　この一世で修行が成功しなければ、訓練を積んで更に挑む。失敗を恐れず、生死を恐れない。他人にできることならば、自分にもきっとできるはずである。他人が成功するならば、自分もきっと成功するはずである。流れに逆らい舟を行かしめ、激流を勇ましく進む。失敗したらまたやり直す。世を重ねて不撓不屈の精神で奮闘すれば、やがて成功が訪れる。

27. 再来天

　「涅槃」の誓いを発した生霊は、俗世で「入流」を修めると、肉体が死んだ後に、「入流身」が得られる。そこから「入流天」に至って訓練を受ける。「入流天」での訓練を経た後、機を見計らって、俗世間に生まれ変わる。そして俗世間で引き続き「涅槃道」の修行を重ねる。

　俗世間に来たら、元々ある基礎の上に、更に高いステージを目指して修行する。自分なりの「出世」の修行を選ぶことも、自分なりの「入世」の修行を選ぶこともできる。どんな修行の方法であったとしても、思想の境地において人生と世界に対する「認識」のレベルを高めなければならない。それを元に、更に「枝末無明」を断たねばならない。その修行者は、もはや「入流」したばかりのステージに留まらず、轟々熾烈な修行の行列に加わり、「逆奔流」の指導者となり、「涅槃道」の礎石となるのである。

そうした修行者は高度な自律と身をもって手本となることから、幅広い生霊によい印象を与えている。それと同時に社会の道徳や文明の進歩にも、極めて大きな影響を与えている。

本を書き、演説に立つこともなく、道を講じ、「法」を説くこともなく、衆生をあまねく救うこともないが、自身の輝かしい印象によって、身近な生霊に影響を与え、衆生の「済渡」を受けた菩薩のために、仕事の基礎をきちんと固めるのである。

このステージの修行者は、多くの試練に見舞われ、数多くの終えるべき「業報」を終わらせなければならない。それは総て遠くない将来に、「有餘涅槃」に至るための十分な用意をしておくためである。

その「色身」が死ぬと、再び「入流天」に戻ることはなく、「再来天」に至って訓練を行い、「福報」を授かる。それは引き続き資糧を準備し、再び俗世間で「逆奔流」の修行を行うためである。

この段階の修行者は、「再来天」をn度往復する。何度往復するかは、修行のステージと「了業」の状態によって定まる。

修行者に俗世間での「業」が多くあり、誰かがその「業」を片づけようとしている場合は、その修行者に「涅槃」に至る能力があっても、できないことになっている。その「業」を「完了」してからでなければ、進むことはできない。それ

は借金を抱えて逃げるようなものである。逃がしてくれない人もいる。借金を返さないうちは先に進むなと債権者に言われると、債務者は「涅槃」に至ることはできない。「涅槃」に至ったら2度と戻ってこなくても良いのだから、彼らには何処で借金を取り立てろというのであろうか？

「再来天」の「再来」には意味がある。このステージに至った生霊は、既に大誓願を発している。「涅槃」の成就を誓い、目的を達するまでは休むことがない。そのため俗世間に生まれ変わって「逆奔流」の修行（同時に「了業」する）を行う。一生で成功できなければ、次の一生に再び来る。また成功できなければ、更に次の一生に再び来る。それを成功するまで繰り返す。そのため「再来天」と称される。

現代仏教では、「入流」から羅漢を究めるまでに、「七生七死」を経なければならないと考えられている。これは謬論である。実はそれほど正確な規定はない。何度再来するかは、総て人それぞれの状況によって決定する。「七生七死」より多い場合も、「七生七死」より少ない場合もある。「杓子定規」というわけではない。

28. 不還天

28番目の「天域」に築かれた「不還天」は、「滅界」の最後の「天域」であり、「天国」の最後の「天域」でもある。

この「天域」で訓練を受け、「福報」を授かる生霊たちは、

俗世間であと一回生き、一回死ぬと、「有餘涅槃」に至ることができる。そこから「色界」、「色身」を離れ、「輪廻」の煩悩を滅し、生死の輪廻が齎す苦痛をも滅す。これも「滅界」が持つ含蓄である。「不還天」の「不還」とは、「天界」を離れて、俗世間に至り、不測の事態が何もなければ、2度と永遠に「天庭」に還ることはないということである。そこから不生不滅の「納界」に至り、永久で真実の安楽を得る。これが「不還天」の「不還」の持つ意義である。

　「不還天」に至るまで、「涅槃」を修める生霊は、絶えず生死の輪廻を繰り返す――「再来天」と俗世間を往来するのだ。累世して負った債務は、返すべきは返す。返済すると同時に、新たな債務を負ってはならない。そうしなければ、再び返済を繰り返すことになる。そのため、「不還天」に至るまでは、「持戒」を要する。この生命の段階では、「持戒」が非常に重要となってくる。

　「持戒」とは「枝末無明」を滅することである。そうすれば返済の時に新たな債務を負うことを防止できる。

　「了業」とともに、思想の境地を高めなければならない。例えば、俗世間での様々な事柄のレベルを高める。宇宙や人生の真諦について深く悟る。戒律を厳守する。高いステージの忍辱を修持する。「色界」、「色身」への未練を徹底して断ち切る。「納界」、「納身」の永遠の大楽を追求するために、人世間の儚い小楽は捨て去る。「涅槃」を得るためには、

俗世間の一切の無常の事物は捨て去ってよいのである。

「再来天」から来た生霊が、人世間で清算すべき総ての清算を済ませると、心の奥底から「色界」への未練がなくなり、「色界」のあらゆる人、事、物について一切が無常であると深く知ることになる。そして悟道、持戒、人となりなどにおいても一定のステージに達する。そうした修行者が人世間で死ぬと、「不還天」に居住を手配され、「福報」を授かりながら、新たな訓練を受ける。

新たな訓練とは、主に「涅槃」への至り方、「涅槃」後の境地、「涅槃」後の生活、生活の場所などについてである。理論的な訓練に加え、彼らを引率してその他の世界の見学や視察も行われる。最も大切なのは仏浄土の参観である。その後にそれぞれ好きな生活の境地を自分で選ばせる。「涅槃」後はその生霊が自分で選んだ境地での生活が手配されるのである。

訓練が終わると、その生霊のためにふさわしい縁を選ぶ。そして俗世間に生まれ変わり、全力疾走――「有餘涅槃」に至るのだ。

その生霊の最後の追い込みが成功しなければ、死後は必ず「再来天」に戻り、最初からやり直しとなる。

新たなる視界 すべからく知るべき新概念

㊷ 天眼

「天眼」とは簡単な肉体の機能であり、初級「神通」の一種でもある。「色身」が生まれ持つ「器官」である。

現代仏教では、出家した者の多くが高い位置に「混入」している。自分の修行も生半可で、そもそも「大法」の修行を解せず、念仏を唱えるだけの皮相な「法」しか心得ていないため、「神通」を究めることができない。手近な信徒を取り込むため、自分自身が「師」であるという尊厳にしがみつき、「仏教では『神通』を説いていない。つまり仏教には『神通』はない。」などと言う。

仏教は「神通」を説かないのではない。自慢げに他人に「神通」を見せびらかさないのである。仏教には「神通」がないのではない。「神通」を取るに足らないものと見なしているのである。「涅槃」を究める者にとって、俗人から「涅槃」に至るまで、「神通」とは単なる中間の産物でしかない。「神通」を生じることなど朝飯前で、「神通」があることで大喜びしない。「万般の『神通』は皆小術にして、唯『涅槃』ありて大道とす。」という。「神通」を得たからといって、必ずしも「涅槃」を得るとは限らないが、逆に「涅槃」を得た

者であれば、必ず「神通」を得ているのである。

　たとい「神通」があっても、「業力」を変えることはできない。そのため、「業」の力は強大なものである。それもまた仏教が修行を講ずるのみで、「神通」を吹聴しない理由の一つである。

　仏教が「神通」を吹聴しないとはいえ、「神通」がないことを意味しない。かつて釈迦牟尼仏に従って修行した弟子たちは、いずれも高次の「神通」を備えていた。例えば、「天眼第一」と号された阿那律と「神通第一」と号された目犍連は、いずれも他人の追随を許さぬ「神通」を備えていた。

　「神通」は人体の潜在能力であり、誰もが持つ機能でもある。また人類に元々備わっている生存能力でもある。ただ我々には生まれてから今まで、それを覚醒させる方法がなく、退化してしまったのだ。定められた方法に従って修行を行うと、それを覚醒させ、あるいは修復することが可能である。「涅槃」を主な「製品」とすると、「涅槃」を究める上で出現する「神通」の現象は、「涅槃道」における「副産物」である。米の生産では、籾や藁が必ず生じる。籾や藁は米の副産物である。従って、修行の方法が正しければ、必ず「神通」が生み出される。言い換えると、我々が「神通」の「次第」を少しでも理解できれば、「涅槃道」の修行の際に、「知見」のステージを高めるのに、大きな助けとなるのである。

　ここでは周知の「神通」をいくつか紹介するに留める。す

なわちよく言われる「五眼六通」である。

　五眼とは、肉眼、天眼、慧眼、法眼、仏眼である。

　六通とは、天眼通、天耳通、宿命通、他心通、神足通、漏尽通である。

　「五眼」は誰にも備わっている機能である。究めるまで、あるいは「顕化」するまでは、人体の潜在能力に属する。機能が「顕化」するに至らしめる必要があり、すなわち「潜在能力」を「顕在能力」に転化させると、「通ず」る（「神通」を得る）ことができ、「何々通」と称することができる。実は「五眼」とは「六通」を含むことができる。仔細を述べるため、節を分けて紹介することにする。

1. 肉眼

　誰しも「肉眼」を持っている。その「肉眼」がなぜ「神通」なのか？いかにも、「肉眼」は「神通」ではないが、「肉眼」の後ろに「通」の字を加えると、「神通」となる。ただ、それは肉体の上での「神通」であり、しかも最下層の「神通」なのである。

　人類の「知見」のレベルで「神通」を持つ体を述べてみると、地球の人類以外にも、数多くの種類の体にも「神通」が備わっている。例えば、「天堂人」にも「神通」があり、鬼神にも「神通」があり、「法身」にも「神通」があり……。しかしここでは2種類についてのみ述べる。一に地球人類、2

に「法身」類である。

　ここで言う「肉眼」とは、実は「肉眼通」のことである。それは人類の肉体の機能の一つである。「肉眼通」を得た人は、「肉眼」で「霊気」と「霊光」を見ることができる。高次の「肉眼通」では、「多維空間」の体も見ることができる。「肉眼通」が低次の機能であるというのは、「多維空間」の体を見ることはできるものの、互いのやり取りはできず、見えるだけだからである。互いにやり取りをしようと思ったら、更に他の「神通」を持つ必要がある。

　「肉眼通」を備えた人は、学習したことがない場合や、専門の書籍を読んだことがない場合に、更に次の機能を得ることができる。これらの機能は「相学」あるいは「相術」とも呼ばれ、漢方では「診断学」と称される。

　①手感
　＊自分の手で相手の体の状態、更には過去、現在、未来の人生の歩みを「感知」できる。例えば、「摸骨」とは手感の一種である。「摸骨」によって相手の一切を理解する。「骨相学」、「相骨」とも称される。
　＊相手の手を見て相手の体の状態、気性、性格、運気、更には過去、現在、未来の人生の歩みを「感知」できる。この方法で「命理」を見ることを、「手相を見る」、「相手」と呼ぶ。

②体感

自分の体で相手の体の状態やその他の状況を「感知」できる。

③耳診

相手の耳を観察することで、相手の体の状態やその他の人生の状況を「感知」できる。「耳相を見る」、「相耳」とも称される。

④脚診

相手の脚を観察することで、相手の体の状態やその他の人生の状況を「感知」できる。「脚相を見る」、「相脚」とも称される。

⑤面診

相手の顔や顔にある器官を観察することで、相手の体の状態、気性、性格、運命などの様子を「感知」でき、相手の過去、現在、未来の生命の歩みも見ることができる。「面診」では病状を診断することもでき、「漢方医学」で広く用いられている。「面診」では更に人生の歩みも見ることができ、「命理学」で広く用いられている。「命理学」では、「面診」は「面相」、「相面」、「看相」とも称される。

俗に、「相は心より生ず」という。人間の内面世界、身体、人生の一切はいずれも「相」に刻まれている。これらの「術」

がわかれば、人を見る「相術」がわかったということである。

遙か昔には、人々は修行して「相術」を会得し、次第に法則をまとめていった。文字が発明されると、弟子や後代に伝えるため、文字化されて、伝えられた。「相術」に関する書籍は数多い。こういったことが好きな人は学習することで（まず丸暗記して、使いながら学ぶ）、「相術」を身につけることができる。

漢方医としても、「相術」の中の「面診」をぜひとも身につけなければならない。そのため、学習も一種の修行となる。

2. 天眼

「天眼」を開けば、「天眼通」である。そのため、「天眼通」はこの「天眼」で述べ、別途紹介することはしない。「天眼通」とは、「肉眼」が自然に通じたものである。

「天眼」は現代では「天目」、「開天目」、「天目穴」と呼ばれる。「天目穴」は前から後ろまで脳を貫く一筋の経絡と脳の3つの部位を組み合わせたものである。後脳には「霊光」でできた「鏡」が一枚あり、後脳の上部に斜めに置かれ、その鏡面は下向きに僅かに傾いている。その「鏡」を「天」と称する。高レベルの「天眼通」は、「天」に像を結び、画面の役目を果たす。「天」からは「神光」が反射される（「神光」は「多次元空間」の物質を見通す特殊な「霊光」である）。「神光」の輝きは「松果体」（道家の言うところの「泥丸宮」

部位の「目」に存在する。あるいは直接画面から画像を顕現して「目」に見せる。更に額の両眉の間の少し上のツボが「神光」を受けたり、放ったり、乃至は神光を究めたりする。この部位が「穴」である。その経絡は曲がったり、まっすぐになったりしながら、「天」、「目」、「穴」の3つの部位を貫き通す。これらが三位一体となったものが、「天眼」である。

「天眼」は「多維空間」の信号を受信して処理する一式の受像システムである。人それぞれ使用する通信路が独立している。「発信源」も「多維空間」の体から来ている。縁に基づいて「発信源」のステージの高さが定まる。それには前世での修行のステージ、転生前の果位、その人の現世での「徳行」、そして修行と悟道のステージが総て関わってくる。

よく言われる「霊魂が竅穴を出る」のも、「天眼通」のステージに属する。

「天眼通」は「多維空間」からの様々な信号を受信して処理する以外にも、更に3つの機能を備えている。

①内視

学識の高い古代の漢方医学者李時珍は、「内景の隧道は唯返りて観る者のみ能く之を照察す」と400年以上も前に既に指摘している。経絡は「内視」によって観察できるだけでなく、五臓六腑も「自観」できるのである。宋の『聖済総録』

には、「目を閉じて内視すれば、五腑が歴々と明らかに……」と書かれている。

いわゆる「内視」とは、「天眼通」を得て、自分を内観すると、自分が正常な生理状態では察知することの難しい生理現象を観察することができるのである。例えば、自分の骨骼、筋肉、臓腑、経絡、ツボ、「内霊気」、「内霊光」、血液循環系統などの生理機能を「内視」できる。

②透視

「透視」も「天眼通」の持つ一種の機能である。「透視」は以下のいくつかに分けられる。

＊壁越しの透視

これは比較的高い「天眼通」の機能である。「天眼」を開いて、「天眼」で画面を見ると、別の部屋の人や物が見えるようになる。

＊地下の透視

これも比較的高い「天眼通」の機能である。「天眼」を開いて、「天眼」で画面を見ると、地下に埋もれた物体や鉱脈、水脈などの地下の様子が見えるようになる。

＊人体の透視

これは「天眼通」に必須の機能である。「天眼」を開いて、「天眼」で画面を見ると、相手の五臓六腑、経絡、血液、筋肉、腫瘍、結石、「内霊気」、「内霊光」、更に「神の子」の有無、

「神の子」の年齢などの様子が見えるようになる。

＊顕微の透視

「顕微の透視」も「天眼通」の高機能の一つである。「天眼」を開いて、「人体の透視」の際に、「顕微の透視」を使えば、相手の体内での細菌の活動が見えるようになる。例えば、肺結核を患った人が治ったとする。その患部は俗に「石灰化」と呼ばれる瘢痕を残す。「顕微の透視」を用いると、「石灰化」と細菌がまだ活動しているかどうかが見える。

③遙視

「遙視」は「天眼通」の高機能の一つである。修行者は家で居ながらにして、千里万里も離れた人、事、物を見ることができる。古人の言う「人家に居り、遍く天下事を知る」とは、この功夫ことである。

「遙視」では、同時にその他の機能も用いることもできる。例えば、「透視」のいくつかの機能である。

「遙視」の機能は４つに分けられる。

＊信号受信

「多維空間」の特定の「発信源」の発する信号は、脳の中の画面でその信号（文字あるいは画像）を読み取って、「遙視」の目的を達成する。これは「他力」を頼って信号を受け取るものである。

＊霊魂が竅穴を出る

自分の霊魂を頼りとする。「霊魂が竅穴を出る」と、自分の指令に従い、光速で指定の地点に到達する。霊魂が見るものは、「色身」がその場にいるのと同じであるため、現場の様子を語ってもまるで誤りがない。これは「自力」に頼って信号を受け取るものである。

＊身外身

「身外身」は現世で究めた「真我」であり、「力気体」である。「身外身」によって自分の「色身」を助けることは、『天条』に反するものではない。（「色身」になお「陰陽寿」があり、「陰陽間」に存在している時、その「色身」によって修めた「法身」は、「身外身」と称される。）制限を受けるのは前世の「法身」——すなわち過去世の「色身」が修めた「法身」である。『天条』はその前世の「法身」が現世の「色身」を助けることを制限する。

「身外身」によって「色身」の「遙視」の任務完了を手伝うことは、当然よい方法である。

＊身体憑依

「身体憑依」は多くの能力ステージに達することができる。それには「遙視」も含まれる。ただし、「身体憑依」は我々が要する修行の方法ではない。ここで述べる一切の機能は、自分の「色身」を究めることで獲得されるもので、未来に累世しても我々についてくる。一方「身体憑依」はそうではなく、機能は「身体憑依」のもので、我々の「色身」とは何の

関係もない。「身体憑依」が去ると、我々はまた平凡に戻り、「神通」もなくなる。「神通」は「身体憑依」のもので、「身体憑依」が去れば、「神通」も自ずと去るのである。

「身体憑依」は外来の機能であり、自分の機能ではないため、ここで述べる「五眼六通」（総て自分の機能）は、総て「身体憑依」とは関係がない。ここで述べるあらゆる機能は、いずれも「身体憑依」を含まないものとする。

3. 慧眼

「慧眼通」は「天眼通」の基礎の上にあり、これよりも、更に一つ上のステージになる。修行者の中には、「天眼通」のレベルを経ずに、直接「慧眼通」に至る者もある。「慧眼」が通じることで、「天眼」も「肉眼」も自ずと通じるからである。

「慧眼通」は「発信源」のステージの向上を体現することを第一とする。信号を発する体は、必ず仏や菩薩のステージにある。そうした高ステージの「法身」は、「色身」の外から遠隔操作して、その「色身」が「神通」を通じて衆生を「済渡」できるようにする。衆生に神秘の文化を理解させ、信じさせる。そこから神秘の文化を研究し、悟りを開くに至り、次いで「入流」に至る。最後に「涅槃道」を修めて、遂に「正果」を成し遂げる。

「慧眼通」は「天眼通」と比べて、受信する信号がより幅

広いものとなる。それと同時に、「慧眼通」の修行者の修行等級の向上も求められる——心の修行を主とする。そうして幅広い信号を前に明鏡止水の心境となり、衆生のためによりよい奉仕ができるようになる。そのため、「慧眼通」の者も仏陀の「済渡」の対象の一つである。

「多維空間」のステージは、いずれも「慧眼通」の者の目の前に現れる。「天に上り地に入り、陰陽に出入りする」ことは「天眼通」に勝るところである。その手に極めて重要な「令牌」を握り、その「令牌」のおかげで、「色界」のいかなる部門にも至ることができるからである。「業報」、「生死簿」、果位、生霊の過去、現在、未来について調べ、そこから衆生の「化業」の手はずを整える。

また、「精神感応」で相手の心理状態が分る。それは衆生を「済渡」する際に、「対処療法」を施すためである。

上記の機能以外にも、2つの機能がある。

①「追跡」機能

「追跡」機能とは、ある事柄が過ぎ去り、結末だけがわかって、過程が分らない場合、「慧眼通」の者はその事柄がどのように起きたか、なぜ起きたか、そしてその全過程を追跡調査できることを指す。

②「予測」機能

「予測」機能は推理や推量ではない。「高法身」がある事

柄の「因果」関係を頼りに「慧眼通」の者に告知することである。「慧眼通」の者は受け取った情報を更に相手に伝える。

ある事柄の「因」は、その事柄の「果」を決定づける。この「果」とは、基本的に必然のものであるが、一定の変化が現れる場合もある。それは、事柄が発展していく過程で、「化業」が現れ、結末に変化を加えるからである。例えば、10年後の事柄を「予測」するのに、今年の「予測」は「かくかくしかじか」であったとする。5年後、やはり同じ者が「予測」すると、変化がある場合も、ない場合もある。変化が現れるのも、正常な現象であり、そこには必ず変化の原因がある。

「予測」の精度については、結末の時期が遠いほど、変化の可能性は高まり、精度は下がる。結末の時期が近ければ、変化の可能性が減り、精度が上がる。例えば、地球の滅亡を「予測」しても、それはずいぶん後の話である。時期については、およそいつ頃としか言えず、正確な時間まではわからない。逆に、明日の天気を今日「予測」する場合、気象台は既に正確に摑んでいる。ただし、100日後のある日の天気については、気象台の「予測」の精度はさほど高くはなく、故に「慧眼通」の者が「予測」した方が精度は高くなる。

4. 法眼

「法眼通」は高次の技能であり、現在では多くの人がこの「神通」を「超能力」と呼んでいる。「法眼」は2つに分け

られる。一つは「法身」の「法眼」であり、もう一つは「色身」の「法眼通」である。

①「法身」の「法眼」機能

「法眼」はステージと「力気等級」に違いがある。いかなる法身も、生まれつき「法眼」を持っている。その「法眼」は、ステージの高さに違いがあるだけで、通じているかどうかという違いはない。

「色身」の「法身」（身外身）が「色身」と融合あるいは協力しようとすると、その「色身」は次のような「神通」が得られる。分身、空間障壁の突破（壁の透過）、隠身、定身、大運搬、変化、起死回生、回春、複製、縮地法、空中浮遊、三昧真火、百獣召喚、病原除去、風雨召喚、撥雲見日、空中取者、隠遁術などである。（ここに挙げた能力は説明の便ならしめるため挙げたのであり、「神通」には同じ技能に由来するものもある。）

②「色身」の「法眼通」技能

「色身」の「法眼通」技能にも、ステージに違いがある。それは「発信源」と関係がある。すなわち、「発信源」が「色身法眼通」のステージの高さを決定づけるのである。

高ステージの「法眼通」では、仏陀の発した信号を直接受信できる。あるいは何か問題があれば仏陀に直接問い合わせて、正しい答え、「正法」を得ることができる。このステー

ジの「法眼通」を得た者は、救済の任務を負った大菩薩が転生したものに違いない。そのため、仏陀の説く「法」を直接得ることができるのである（幅広く衆生を「済渡」するため）。これは「正法」を伝え、衆生を広く救うステージである。

　低いステージの「色身法眼通」では、受け取る信号は他のステージの「法身」が発するものとなる。そうした信号は有縁の者を「済渡」するため機に応じて変化する。それは「神通」を利用して救済する（個別の人を救う）ものである。有縁の者を「済渡」するステージである。これは前述の衆生を広く救うステージとはやや異なる。

5. 仏眼

　「仏眼通」は高レベルの機能である。「仏眼通」は「法眼通」と同じく2つに分けられる。一つは「法身」の「仏眼」であり、もう一つは「色身」の「仏眼通」である。

①「法身」の「仏眼」機能

　「法身」の「仏眼」は、「法身法眼」の総ての「神通」のほか、更に多くの秀でた「神通」がある。具体的には「武」と「文」の2つに分かれる。

＊武

　「法力」（技能と功力の通称）における「神通変化」である。例えば、自然界の創造、天、地、霊の運行、仏浄土の建設などの秀でた「神通」である。よく知られた西方極楽世界は、

阿弥陀仏が「仏眼」の「法力」を駆使して作り上げたものである。その世界の効用と殊勝は筆舌に尽くしがたい。

「無上正等正覚」を究めた「法身」だけが、「仏眼」を身につけることができる。すなわち、仏だけが「仏眼」を持つことができるのである。「仏眼」の「法力神通」は、一切の「法眼」ステージの「法身」を降服させ、心服せしめて、世界で「法身」が世間を騒がせないようにする。仏陀の武力と武術は既に極みに達している。例えば、同じように光速を超えた拳法であっても、拳を繰り出す速度と力では、「法眼」ステージの者を遙かに上回る。

＊文

これは思想の境地における「神通」である。（いわゆる「神通」とは、「色身」の「認識」に過ぎず、「法身」があるステージまで修まるたびに、この「神通」がこのステージの産物となる。下等生物と高等生物との相対的比較のようなもので、高等生物の普通の能力が、下等生物にとっては「神通」なのである。）例えば、仏陀は様々な「法」についての学習と実践が既に円満となっている。一切の「法」を知悉し、一切の「法」をよく解し、一切の「法」をよく用い、一切の「法」をよく講じる。仏陀の文化的修養は既に極みに達しており、様々な言語や文字の学習と実践についても一切の「法」を駆使するのと同じように、自由自在にできるのである。

「武」と「文」の違いのほか、「法身」の「仏眼」には更

に10種類の機能がある。

＊「是処」と「非処」に通暁する技能

「仏眼」では衆生が現在造っている一切の「業因」に通暁するとともに、その「業因」が衆生に齎す境地（業果）の有様についても通暁している。すなわち、その「業」が衆生に齎すのは快楽と解脱の「是処」なのか、苦痛と煩悩の「非処」なのかについて通暁している。

現在の「業因」から未来の「果報」の良し悪しを正確に予知する能力が、「是処と非処に通暁する技能」である。

「是処と非処の通暁機能」とは、善と不善に通暁する智慧の力でもある。

＊「業報生熟」に通暁する技能

「仏眼」の機能はあらゆる生霊の様々な「業報」の物語に通暁している。同時にあらゆる「業因」と「業果応報」の「熟成度」の時間と状態に通暁している。「業」と「業」が相互に絡み合った関係について完全に理解しているのである。

「仏眼」はいかなる生霊に対してもかつてどんな「業」を造ったか、どんな因縁によってその生霊を現在の境地に至らしめたかについて完全に通暁している。その生霊の造った「業」の軽重、遠近を問わず、またどの一生、どの一世で業を造ったかを問わず、その「業報」がいつ成熟し、あるいはいまだ成熟しないかを問わず、「仏眼」は明々白々、仔々細々に見通すことができる。「法身」のこの機能が、「業報の生

熟に通暁する機能」である。

＊禅定境地に通暁する技能

「涅槃」の修行は、禅定と不離の関係にある。禅定もまた功夫の一種であることから、禅功とも称される。

衆生の「心力」と身体は、様々な原因から、それぞれ異なっている。「心力」については、屈強で集中したもの、軟弱で散開したものがある。そのため、一律にある種の禅功を修行しても、おのおのの生霊にふさわしいとは限らない。

生霊の「心力」がどうか、どんな長所を発揮できるか、禅定を修める上でどのステージまで到達できるかについて、「仏眼」ははっきり見通すことができる。そうであればこそ、人に応じて、適宜才能を斟酌して教えを施し、「根器」の異なる衆生に、形式の異なる法門を得させることができる。そして「八万四千」の法門を形成する。最後まで修めると、万法帰宗——涅槃に至る。

自ら既に様々な禅定の境地を体得し、他人の禅定の境地に通暁する。更に通暁した禅定の法門を把握し、運用して、衆生の境地に合わせ、衆生が禅功を修めるよう導く。そこから衆生が最終的な成功を収められるようにする。そうした能力が「禅定境地の通暁機能」である。

＊「根器」に通暁する技能

衆生は古えより、それぞれ異なる出来事、異なる環境、異なる人々を経てきた。そしてそうした経歴も時の流れととも

に絶えず変化を続けている。それにより様々な品格や習気が形作られ、各個人の生活を支配していく。そうした異なる生活様式により、衆生の人格や性格が一つの基本的で固定的な形となり、一人の「根器」が生み出される。これが「根器」の生じる過程である。

　良風は、善根を生む。悪習は、悪根を生む。善根は衆生を快楽と解脱の善境へと導いてくれる。一方、悪根は衆生を煩悩と苦痛の悪境へと導く。

　衆生はこれまでの生死の輪廻において様々な「業因」を造り、無数の善悪の根を生んできた。この根は複雑に錯綜しており、あるいは互いの生長を促し合い、あるいは互いの発展を抑制し合い、最終的に一つの独自の特徴を持った「根器」が形作られる。外縁に触れると、「根器」の違いから、様々に異なる反応が生み出される。

　「仏眼」はあらゆる生霊の「根器」を一つずつはっきりと見ることができる。何ができるのか、何ができないのか、何がしたいのか、何がしたくないのかについて理解している。それとともにどう「済渡」するのか、どうそれを用いるのかについても知っている。

　衆生の上下、優劣、善悪諸々の「根器」と行為、品格に対する洞察と応用の能力が、「根器に通暁する機能」である。

　＊慾念に通暁する技能
　これは衆生の様々な願望や意向に通暁する能力である。

「仏眼」はあらゆる生霊が渇望し、追求するものは何か見通すことができる。善の慾望、悪の慾望を問わず、「世間」の慾望、「出世間の慾望」、多慾、寡慾、いずれも心念を発起して「仏眼」で観察することができる。衆生の一切の慾念を洞察する能力が、「慾念に通暁する機能」である。

＊「星雲」内外境地に通暁する技能

「仏眼」では「星雲」内外の一切の世界の性質と縁起を観察することができる。過去、現在、未来を問わず、「仏眼」ではっきりと観測できる。そのため、「星雲」内外のどの世界の成・住・壊・空及び生・滅・変・異あるいは不生不滅などの一切についても、総て「仏眼」の内にある。一切世界の真相に通暁する能力が、「星雲内外境地に通暁する機能」である。

＊「苦楽法」に通暁する技能

「苦楽法」とは衆生の離苦得楽の方法である。

「仏眼」は一切の離苦得楽の方法を観察することができる。異なるステージの「苦楽法」を異なるステージの生霊に適用する。どの方法がどの生霊にふさわしいか、その生霊がこの方法で修行すると、どのステージまで到達できるか、効果の良し悪し、成功確率の高低などについて、「仏眼」は明々白々に見ることができる。

この機能を使って衆生を「済渡」すると、衆生は回り道をすることなく、成功確率が大幅に高まる。解脱の道に対する

深い観察、理解、応用能力が、「苦楽法に通暁する技能」である。

＊「宿命」に通暁する技能

「仏眼」では自分が過去世でどう輪廻し、「無餘涅槃」をどう証得するかを観察するだけでなく、いかなる生霊の累世の過程をも見通すことができる。あたかも自分の事を理解するように、はっきりとわかっている。例えば、如何に生まれ、如何に「業」を造り、如何に死に、如何に輪廻するか、そして衆生同士の「業力」が互いにつながる複雑な関係（互いの「業報」、生死の関係の如何につながり、互いにまとまり、互いが親愛なるかなど）である。

生霊のそういった詳細な様子が明らかになることは、その生霊の運命が分かることと同義である。運命に従って、周到に段取りを進めれば、その生霊は短時間で効果的な「済渡」を得ることができる。衆生の「宿世」の一切の運命に通暁する能力が、「宿命に通暁する技能」である。

＊「多維空間」に通暁する技能

肉眼凡胎の衆生は、肉眼に限りがあることから、「粗維空間」の世界しか見ることができない。そのため「粗維空間」の世界だけが、真実の世界だと考える。そこから方向を見失い、倒錯や夢幻の中に陥ったまま、「色界」から抜け出せずに苦痛裡に輪廻する。

「仏眼」では「多維空間」を見通し、「多維空間」を理解

することができる。どの空間が実界で、どの空間が幻界か、総てはっきり見える。「仏眼」では一切の空間を見通せる。いかなる空間障壁、いかなる空間の物体といえどもその視線を遮ることはできない。いかなる事物もその監視から逃れることはできない。いかなる「法眼」の「神通変化」も、総て「仏眼」に見破られてしまう。例えば、ある「法身」が一本の木に変身したとする。「色身」の肉眼では、一本の本物の木に見える。しかし「仏眼」の監視では、それは木ではなく、ある「法身」なのである。

「仏眼」で「多維空間」を眺めると、「粗維空間」は幻界であり、「細維空間」と「精維空間」は過渡空間である。そして「納維空間」が不生不滅の実界なのである。「多維空間」の一切の虚相と実相を観察し、識別する能力が、「多維空間に通暁する機能」である。

＊「漏尽」に通暁する技能

「漏」が象徴するものとは、汚染、欠陥、欠失、錯誤、欠点、不足、損壊、破綻、流出、遺漏、間隙、逃避、不完全、不用意……。

「漏」を例えると、此岸は苦であり、彼岸は楽である。此岸から彼岸に行くには苦海を越えねばならない。海を渡るには船に乗る。航行は修行と同じで、船に水漏があれば修行者は苦海に飲み込まれる。「無漏」とは「漏尽」であり、「漏尽」であれば必然的に快楽の向こう岸に辿り着ける。

「仏眼」では衆生の「船」のどこに「漏」があるか見通すことができる。そして「漏」をどう除くか、未来に生じる「漏」をどう取り除くかについて知っている。そこから衆生が「漏」を除くよう教え導き、やがて彼岸に達して極楽を永く享けるようにする。この衆生の「漏」に通暁し、また彼らに「漏」を除くよう指導する能力が、「漏尽に通暁する技能」である。

②「色身」の「仏眼通」機能

「法身」の「仏眼」は複雑で、機能も多く、詳細を述べることはできないので、簡単な紹介に留めておく。

「色身」の「仏眼通」は「法身」の「仏眼」と比べると遙かに簡単である。「色身」の「仏眼通」には「法身の仏眼」のような機能はなく、その機能はただ一つ、仏陀とのやり取りだけである。

「色身」が「仏眼」を開くと、直ちに仏の世界が見え、ただちに仏陀が見えるようになる。すなわち、いつでもどこでも仏陀に教えを請い、仏陀と語り合い、仏陀の手引きが得られるのである。これは、未来世に至り、自分の「法身」も「仏眼」を得るまで続く。いつでもどこでも仏陀に会い、仏陀の手引きが得られる能力が、「色身仏眼通」である。

6. 天眼通

「六通」の「天眼通」と「五眼」の「天眼」については、既に「天眼」の項で紹介した。その違いは、「天眼」は誰も

が持ちながら、起動していない「設備」であり、「天眼通」は既に起動している「設備」であるが、誰もが持つものではないという所にある。例えるなら、携帯電話は誰でも持てる。電話会社と契約すれば通話できるが、そうでないと通話はできない。「天眼」はまだ契約していない携帯電話であり、「天眼通」は既に契約した携帯電話である。

7. 天耳通

「天耳」も同じく誰もが持っている「設備」であり、「天耳通」は既に開通した「設備」である。

「天耳通」を有する者は肉体の耳で信号を受け取っているのではなく、脳の聴覚神経を通じて信号を受信している。そのため「天耳通」を有する者は、両耳を塞いでも、「多維空間」から発せられた「声」がはっきり聞こえ、情報を得ることができる。

「天耳通」の中には独立した「天耳通」であるだけで、その他の「神通」とは共存しないものもある。それとは異なる「天耳通」もあり、「天耳通」を得ると同時に、「天眼通」などその他の「神通」が得られるものもある。

「天耳通」には更に「能動」と「受動」の区別もある。「能動」の「天耳通」は質問をすることができ、「発信源」から回答が得られる。一方、「受動」の「天耳通」はそうではなく、「発信源」の発する信号を待つだけである。自分から「能動」

的に信号を発しても、「発信源」からの回答はあまり返ってこない。

「天耳通」が現れたばかりの頃は、自分の幻想なのか、外からの信号を受け取ったのか区別がつきがたい。体外から発せられた信号を受け取ったことがはっきり分かっても、疑いが生じる場合がある。ある段階までの訓練を経ると、自ずと区別がつくようになる。

8. 宿命通

「宿命通」は「法身仏眼」の「『宿命』に通暁する技能」と似ているところがあるが、別に節を立てて述べるのは、ステージが異なるからである。「仏眼」の項で述べたのは「法身」の技能であったが、この「宿命通」とは「色身」の機能である。

「色身」の得る「宿命通」は有限の機能であり、「法身仏眼」の「『宿命』に通暁する技能」ほど幅広いものではない。

「色身」の「宿命通」は、人の「三世因果」を知り、人の累世の様子を見て取る。高ステージの「宿命通」では、前世で修めた「法身」の最高果位、輪廻転生のゆえん、この一世で修めるべき「法」、臨終または未来に際して得ることのできる果位などについて理解できる。

「色身」の「宿命通」は、「神通」を用いて渡化するのに有効な道具である。それぞれの生霊の修行の道については、

そのおのおのを慮って作り出すことができる。そうして個別に作られた修行の計画方針により、衆生に自分がどんな「法」を究めればよいか、どう修行すれば回り道をせずに、早く大きな効果が得られるかについて理解させることができる。例えば、ある小菩薩が転生するのは、大菩薩に救済の技法を学んだためである。しかし人世間にやって来ると、自分が何をすべきかわからなくなる。すなわち大菩薩に救済の技法を学ぶどころか、羅漢道の「修証」に向かう。これは修行の「次第」に背くものである。

この際に修行者が、「宿命通」を具えた者が悟りの暗示を与えると、自分で悟りが開ける状態で、自分の使命を果たす機会を持つことができる。

9. 他心通

「他心通」は「思念伝達」、「精神感応」などとも称される。「他心通」を得る道筋は2通りある。

①訓練によるもの

人の情緒と活動には一定の規律がある。その規律をまとめると、「外相」から「心相」が見通せる。これは「心理学」の一つである。

こうした「心理学」に対する研究、学習、訓練を積み重ねると、「他心通」が得られる。ある人の表面的な様相から、その人の内面世界が理解できるようになる。

②禅功修行によるもの

一生のうちに「心理学」に関する研究、学習、訓練を何もしたことがない人でも、禅功の修行において、突然能力が身につくことがある。相手を思うだけで、その相手の考えていること、ある事柄についての相手の見方、あるいは相手がしたがっていることなどがわかるようになる。そうした能力は禅功を究めることで得た「他心通」である。

禅功の修行によって得た「他心通」は、更に上のステージに高めると、「法身仏眼」の「慾念に通暁する機能」となる。この際の「神通」は、衆生の「済渡」において、より思いのままとなる（この際の機能は、信号の受信によって得られる）。

衆生を「済渡」する際、「他心通」を用いて、「法」を施す情況を理解できる。そこから絶えず「済渡」の方法を変えていき、それぞれの生霊に適したものにする。それでも「他心通」は猶低ステージの「神通」である。

10. 神足通

「神足通」は「法身」の機能であり、「法身」だけが「神足通」を身につけることができる。よしんば「色身」が「神足通」を身につけたとしても、それは「法身」の仕業であり、「色身」自身の技能ではない。「色身」と「法身」が融合すると、彼我の区別はなくなる。

「神足通」はその重量において、軽重の区別があり、距離においては、遠近の区別があり、速度においては、遅速の区別がある。「多維空間」の障壁の突破においては、多少の区別がある。これら一切の区別は、いずれも「法身」のステージと「エネルギー等級」によって決定される。例えば、A地点からB地点まで5千kmとする。「法身」甲は自分の「色身」をA地点からB地点まで運ぶのに60分かかる。一方、「法身」乙は同じように「色身」甲をA地点からB地点まで運ぶのに20分しかかからない。60（分）引く20（分）は40（分）である。この40分が「法身」甲と「法身」乙との「神足通の功力差」であり、「法力差」と呼ばれるものである。

11. 漏尽通

「漏尽通」は100％「法身」の機能である。「色身」にはこの機能はない。

現代の仏教徒の多くは、仏陀だけが「漏尽通」を備えていると考えているが、それは誤謬である。この技能はあらゆる「法身」の基本「神通」であり、仏陀だけが持つ「神通」ではない。単なる比較的低次の「法身神通」である。

「漏尽通」は信号を受信する技能である。「色身」と「法身」を互いに比べて、生まれた名称である。実は「法身」の正常な機能に過ぎない。聴力の正常な「色身」であれば、そばで人が自分の名前を呼ぶのが聞こえ、一言も聞き漏らさないの

と同じである。

ここにうまい例えがある。筆者の「色身」と「法身」が一つの部屋にいるとする。時を同じくして、一万人が世界各地で筆者に「霊気」の加持を求める。人々は心を込めて、「拝通青陽身外身（はいつうせいようしんがいしん）」と諳誦する。そうした加持を求める信号は、光の速さで放たれ、世界各地を飛び交う。筆者の「色身」では、一言も聞こえない。一方、筆者の「法身」は一言も漏らさずその信号を受信する。そして一万の「応身」を「分化」して、「超光速」で世界各地に到達させる。

一万の呼び出し信号は筆者の「色身」の大脳を貫き、総て漏れてしまう。一方、「法身」は余すことなくその信号を受け取り、一つも漏らすことがない。これが「無漏」である。「無漏」とは「有漏」の果てにあるもので、「漏れ尽くし」たら、もう「漏れ」がなくなるのである。世界において、遺漏なく呼び出し信号を受信する機能が、「漏尽通」である。

㊸化業

「化業」とは「了業」でも「消業」でもない。ましてや「滅業」などではない。いかなる生霊の「業」も、滅し去ることはできない。たとい仏や菩薩でさえいかなる「業」も滅し去ることはできない。「化業」とは転化のことである。滅却することができないという前提のもと、「物理的」変化、転化を行うのである。「滅業」は許されず、不可能であり、行え

ないものである。一方、批准を得れば、「化業」は許され、可能となり、行うことができる。自分の「業」は、必ず自己完結せねばならず、他の誰かが代わりにできるものではない。そうでなければ、阿弥陀仏は成仏するためにあれほど長年修行する必要はなかったはずである。実は、成仏までに、多くの時間を「了業」に費やしたのである。

　福徳を功徳に転ずるのが「化業」である。功徳を福徳に転ずるのも「化業」である。未来世の「業報」を現世の「報」に前借りするのが「化業」である。現世応報の「業」を未来世の応報に転移させるのも「化業」である。一回の「報」で100ｋｇの「業」を、100回の「報」（「報」ごとでは１ｋｇ）に分けるのが「化業」である。一回の「報」当り１ｋｇ、計「報」100回の「業」を、一つの「報」に合わせ、一回の応報を100ｋｇとするのも「化業」である……。

　「化業」は非常に複雑な学問の一体系である。大菩薩は使命を賜ると、まず「星雲内外連合王国」の「青陽蔵」で研修を受ける。それを終え、「特赦令牌」を手にしてから、人世間で衆生を「済渡」する際に、衆生のために「化業」を取り扱うことができるようになる。

　人が転生するまでには、前世で造った「業」に応じて、すでに様々な「業報」暗号が作成されており、「原魂」の内に保有されている。生れ出でてよりこれらの暗号により徐々に応報する。

慧眼を有する者は、これらの暗号を解読し得るも、唯総ての内容を審らかにせぬだけである。考えても見よ。手札が先に知れ渡り、ゲームの結果が総てわかってしまったら、そのゲームはつまらなくなる。それはテレビドラマのDVD全集を買って、最終回の一枚を先に見てから、一話目から見るようなものである。そういうふうにドラマを見るのでは、全く面白みがない。

　人生の「業報」暗号が解読されると、これから発生する事がわかる。また、もう一つの暗号作成法は、生命の歩みの中に「十字路」をあらかじめ設けておくことである。人生がその「十字路」に差し掛ると同時に何本もの道が選べる。道はそれぞれ大きく異なり、道案内が必要となる。「化業」はその他の道を塞ぎ、一本の道だけを残してくれる。そうして道を選ぶのに悩むことはなくなる。

　人生の「業報」暗号を123456としよう。123は既に過去であり、456は厄運である。この厄運を消し去ってしまおうというのは、妄想である。「化業」の方法が一つある。未来世の文書を調べて、未来世に好運の「業報」があるかどうかを見る。ない場合は、現世で種を播いた福田がなければならない。福田に種を播いたばかりで結果していない場合は、まずどの一世でどれだけの結果するかを計算する。次の一世で結ぶ果が789であると調べがついたら、789を前借りして、456と交換する。そして456を未来世に置き、3回あるいは3世

の応報に分ける。

　以上は説明のために例を挙げただけである。智者は一を聞いて十を知る。実は、「化業」とはとても複雑なことで、並の「法身」に成し遂げられることではない。「化業」にはまだたくさんの方法がある。例えば、書物を著して功徳を売買する。あるいは、この一世の「福報」が足りないのを嫌って、前世の功徳を福徳に転じ、現世に借りてきて使うなどである。

☆舎利子

　「舎利子」は「舎利」とも略される。

　人体の「舎利子」は、宇宙エネルギー（「霊気」）が体内で高度に凝集したものである。道家では「丹」と称し、儒家では「仁義」と称する。「舎利子」は体内で気態から液態、液態から気態への物理変化を行うことができる。「色身」が死んでから、特定の方法で火葬すると、固態の「粗維空間」物質が得られる。それは一種の結晶物質であり、大小様々で、白色のものも彩色したものもある。

　現代社会に伝わる「骨舎利」や「髪舎利」などは、いずれも「舎利」と呼べるものではなく、ただの遺灰である。遺灰を「舎利」と称するのは、牽強付会に過ぎる。「霊気」が濃縮し、燃えた後の高温集合物こそが、本物の「舎利」なのである。

　「舎利弗」は人名であり、釈迦牟尼仏の弟子である。「舎

利子」のことを「舎利弗」と言う人もいるが、それは完全な誤りであり、正すべきである。この問題を匡していかなければ、確実に一字の違いが千里の謬りとなる。

　「舎利子」は人体の「丹田」に存在する。「丹田」には大小があり、大きな「丹田」は3つある。それぞれ「下丹田」、「中丹田」、「上丹田」に分かれている。修行者の「色身」を火葬する際、定められた方法に従って、正しく処理すると、「舎利子」が得られる。筆者はかつてある人が火葬された後、3粒の「舎利子」が得られたのを見たことがある。その3粒の「舎利子」は「上丹田」、「中丹田」、「下丹田」からそれぞれ出たものである。「下丹田」のものが最も大きく、直径およそ4～5cmであった。「中丹田」のものはいささか小さく、「上丹田」のものが一番小さかった。

　人が世間で修行する際、3つの主な「丹田」を総て究め終えると、次々と小さな「丹田」ができ上がってくる。いわゆる「渾身に丹田ならざる処はなし」とは、「霊気」が全身に充満することを指す。それらの後にできた小さな「丹田」も、火葬すると細かい結晶体が少し出てくる。その結晶は、「舎利花」と称される。

　実は、火葬後に得られる「舎利子」は、生きている修行者にとっては、無用のものである。我々は得道できるわけでも、「エネルギー」が得られるわけでもなく、それはその死者が本当の修行者であったことを証明するものに過ぎない（ただ

し、それで「涅槃」に至るとは限らない)。そのため、「覚者」たる者、「色身」の死後の「舎利子」云々を迷信すべきではない。生きている間にどう修行を重ね、「物理変化」の「舎利子」を手に入れるかを追求するべきなのである。それこそが人に有用な「舎利」となる。それを念頭に、更に「涅槃」の修行を重ねていくこと、それが正道である。

㊺ 五気

五行簡易配属表

自然界					五行	人体				
五季	五方	五色	五化	五時		五臓	五腑	形体	五官	情志
春	東	青	生	日出	木	肝	胆嚢	筋	目	怒
夏	南	赤	長	日中	火	心	小腸	血脈	舌	喜
長夏	中	黄	化	日西	土	脾	胃	肉	口	思
秋	西	白	収	日落	金	肺	大腸	皮毛	鼻	憂
冬	北	黒	蔵	子夜	水	腎	膀胱	骨	耳	恐

「五気」とは「五行」の「霊気」である。

「五気」の前にまず「五行」について述べる。金・木・水・火・土は「五行」と称される。修行者は「陰陽五行」から切り離せない。「五行」は世界を構成するゆえ、世界は「五行」から切り離せない。人体も「五行」で構成される。「五行」は人体の器官にも対応している(上表参照)。

「五気」とは金・木・水・火・土の5つの「霊気」を指す。「霊気」は陰陽に分かれる。金・木・水・火・土の「五行」の気にも陰陽の別がある。

表を見ると、「五行」の「霊気」は人体を総て網羅していることが分かる。そのため、「五行」の「霊気」（五気）を一つに集め、一つの特定部位（「法身」を受胎できる特定の部位）に集めることができれば、「聖胎」ができ上がる。これが既に散逸した秘法——五気朝元である。

㊻三昧真火

「三昧」という文字には何の意味もない。梵語とパーリ語を直接音訳したものである。

原文の本義からすると、「三昧」とは一種の修行の境地である。その修行の境地は「心性」の訓練を経て得られる。「心性」をあるステージまで修めると、精神的に極めて大きな慰めが得られ、次いで「霊魂が竅穴を出る」ことによって、「多維空間」を周遊できるようになる。霊魂は世界を周遊すると、人生の真諦への理解が増していき、悟りのステージを高め続ける。そうして速やかに「法身」の境地へと至る。

ここで述べる「三昧真火」とは、総て「法身」のステージであり、「法身」の「法眼」機能である。「色身」は「法身」と融合するまで、「三昧真火」を放つことはできない。

「真火」とは「粗維空間」の普通の火ではない。「細維空

間」、「精維空間」、「納維空間」の火のことである。それは「真気」の変化した火であり、「真身」の用いる火である。故に「真火」と称される。「粗維空間」のあらゆる物質、例えば、水、風、砂、土なども「真火」が燃えるのを防いだり助けたりすることはできない。しかし逆に「真火」は「粗維空間」の物質を燃やすことができる。

いわゆる「三昧真火」とは、一人の俗人が修行を経て、「三昧」という境地に達し、それによって「法身」を得ることを指す。「法身」は「真火」を用いることができるため、「三昧真火」と称されるのである。

㊼ 八功徳水

「八功徳水」の正確な呼称は「八徳水」である。「功」と「功労」を強調するため、「八徳水」が「八功徳水」と称されるようになった。「八功徳水」のほか、「八定水」、「八味水」、「八支徳水」、「八種徳水」などと呼ばれている。

「八徳水」は「精維空間」、「納維空間」と、「細維空間」の「陽間」だけにある「純浄水」である。この水は、飲用、沐浴、遊泳などに用いることができる。

「西方極楽世界」、「東方浄琉璃世界」などのあらゆる仏浄土には、いずれも「八徳水池」が存在する。この「色界」の「天国」でも、多くの「天域」に「八徳水池」がある。例えば、「仏陀機関天」と「青陽機関天」にある総ての行宮の

中に、「八徳水池」が設けられている。

　「八徳水」とは「八徳」を備えた修行者が、「八徳」を究めて得た「法力」で作り出した水である。そのため、「八徳」のうち一つでも「徳」を備える者であれば、「八徳水」を用いる縁に恵まれる。

1. 八徳

　「八徳」とは、孝順、慈悲、施捨、助人、寛諍、浄染、善導、放生である。

①孝順

　「孝」については、巻一の「新たなる視界」㉒で既に詳しく述べた。「大孝」、「小孝」、「遠孝」、「近孝」、そして「世間の孝」、「出世間の孝」である。

　「百善は孝を先と為す」とは言うものの、「孝」と「順」を比べてみると、「順」を果たす方が逆に難しいのである。

　師の筆者に教えて曰く、この「順」とは、「随順」のことであると。「随順」は原則のない「随順」ではなく、世渡りのコツである。更には菩薩道を歩む者の渡化の技法である。

　「随順」は言うは易し、行うは難しである。菩薩道を歩むのに用いる「四攝」は高次の衆生の「随順」であり、それにより救済の目的を達成するのである。

　「孝」は能動的に行う。「順」は従順で聞き分けがよく、指示を受けて事に当たり、「忍」が肝心である。正しい従順

によって、正しい結果が得られる。そのため、正しい「知見」と思考を身につけることが必要となってくる。

・正直で善良な心を持つ光明の人は、その「随順」の技法によって、自分の人格を次第に完璧に近づけていくのである。

②慈悲

慈悲の内包する所に関しては、巻二の「新たなる視界」㉑で既に詳しく解説した。

簡単に言うと、「慈」とは「施楽」であり、「悲」とは「抜苦」である。「慈悲心」とは他人に向けた「施楽」と「抜苦」の心である。慈悲は大徳であり、「利他」であり、時には「利他」のために、自分の利益を害する場合もある。そうした「利他」は、「利己」の礎の上に立つものではない。

慈悲は、「善」に拠って立つものでなければならない。「善心」なくして「慈悲心」を語るのは意味のないことである。

③施捨

施捨は難しく、これは己を損い、人を利する「利他行」である。財の施捨があり、「法」の施捨があり、時間の施捨があり、体力の施捨があり……。

「捨」とは「捨棄」である。他人の利益のため、自分の利益を「捨棄」する。それが「捨得」と「捨徳」である。

中には他人の利益のために自分の「色身」を「捨棄」する人もある。それは高尚な行為であり、高次の施捨である。

私欲が膨らむ中、内心の奥底から「捨心」が芽生える。これは深遠な善根の体現である。

　古来、数多くの聖賢が、「涅槃」の大道を成就するため、「色身」の儚い享楽を「捨棄」してきた。我々の偉大なる導師である釈迦牟尼仏は、かつて「因地」での修行の際、身を捨てて虎を養い、肉を割いて鷹に与えた。これこそ高尚な施捨である。

④助人

　「人に与するを善と為し、人を助けるを楽と為す」という。これは善人のなせる業である。人は群れをなす高等生物である。人生一世には、様々な困難にぶつかる。人込みに紛れて暮らす人は、困難に見舞われると、往々にして他人に助けを求める。そのため、世に生きる人々は、互いに助け合うことが大切である。

　他人を助けるというのは、能動的に行う善である。難しそうに聞こえるが、やってみると簡単なことである。例えば、人に少し力を貸すというのも、素晴らしい善行である。

　善を行い人を助けることは、日常生活の至る所で行うことができる。わざわざ機会を探す必要もない。

　人助けに喜びを見出せる人は、その内心の奥底に、既に善良の種子を持っている。

⑤寛諍

「寛」と「諍」は2つの意味である。「寛」とは寛容、寛恕である。「諍」とは直言、勧告である。

寛容の心で他人に接するということは、決して容易なことではない。「理解」とは一種の精神の解脱である。古人の言う「容有りて乃ち大なり」も「大心の士」の心境である。そうした心境の支えがあって、他人によくしたり、怨恨を解消したりするなどの善行が行える。自分の造る悪業を少なくする、あるいは悪行を造らずにいることができ、自分の言動を絶えず善い方向に持っていくことができる。他人を感化できるだけでなく、自分の今生の心身を健康にし、来世の「福報」を増すことができる。

「諍」は相手の誤りや欠点を直言して指摘することである。そういった指摘は、自分の内心の不満を吐き出すためではなく、相手が今後の生涯において誤った道を歩まないようにするためのものである。相手が誤りを正すという目的を達成するためには、相手を責めることも恐れない。

いわゆる「諍友」は、直言、勧告し合える間柄の友人である。生活においては、往々にして「諍友」は歓迎せられざる友であり、媚び諂って虚言を弄する人が、逆に「知己」となってしまう。俗に「忠言は耳に逆らう」と言う。本当の「良師諍友」は人生の得がたき友人である。

既に「寛容」の心を持った人が、更に相手への「寛恕」に

拠って、物腰柔らかに相手の誤りや欠点を指摘すれば、相手の反感を生むことなく、簡単に受け止めてもらえる。それはこの人が既に「八徳」のうちの「寛靜」の徳を備えているということである。

⑥浄染

「浄染」とは自分の道徳の修養や清浄の行為で、身近な人に及ぼし、啓発と教育が得られるようにすることである。そうした浄行は周囲の人にとって、一種の潜移黙化の効果を齎す。

浄行の内容は幅広く、主に行為と言葉の2つに表れる。

言葉で主に表れるのは、談話に文化的素養があり、相手を尊重すると共に、丁寧な言葉遣いで、口調が柔らかであり、言葉が誠実で、話が信用できる。有言実行、できないことは口にしない。常に品位が高く、直接的な言葉で話すというものである。そうすれば、相手を傷つけることなく、皆の会話の中で、浄化と影響の効果が生まれる。それは人としての「口徳」である。

行為については、ある人が世界で生きる上での良し悪しの評価は、主にその行為を見る。行為の良し悪しは、その人の良し悪しを評定する表相にもなる。善人になろうと思えば、清廉な行いをすることが重要となってくる。例えば、世間の法律と道徳規範を順守し、他人には常に品のあって慇懃な物

腰で接する。他人の利益を犯さず、他人との平等と和睦を保つ。折目正しく、礼を以て他人を敬う。生活は勤勉と節約を心がける。謙虚にして謙譲であることなどである。

人間に生きていく上で、そうした道徳素養の水準を具えていれば、身の回りの人に極めて大きな影響を及ぼすこととなる。従って「浄行」を修めて波及力を生み出すことから、「浄染」というのである。

⑦善導

善良な方法によって、他人に様々な文化知識を伝え、低次から高次へ、文化知識の乏しい状態から文化知識の豊かな状態へと相手が向かうようにする。そして他人が生活能力を高め、仕事の能力を高め、生存能力を高め、人としての水準を高めるようにする。そのように善良な方法で、他人がステージを高めるよう導くやり方は、「善導」と呼ばれる。

「善導」の「徳」を修行することは、とても容易なことである。自分が正しい思考、正しい観念、正しい文化知識を持てば、いつでもどこでもそれを少しだけ有縁の人に語って次第に善へと導くことができる。

今や世界は情報化の時代へと突入しており、多くの有用な文化知識が各種のメディアを通して広く伝わっている。メディアを通じて有用な文化知識を他人に知らせるというのも、「善導」の一種である。

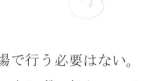

　他人を「善導」するには、畏まった場で行う必要はない。食後の一時や寛ろぎの時間を利用して、少しずつ伝えていくことができるのである。

　⑧放生
　現実の生活においては、多くの悪事を働き、「汚い金」を儲けた人が、贖罪と積徳のために、生きた魚などの生き物を買っては放生している。
　現代仏教では「放生」の真の含蓄を誤解している。「放生」は主として人間についてのことであり、その意味するところは、積もった恨みを消し、仇を除いて、相手に活路を与え、殺そうという気持ちと機会を取り除くことである。恨みあればこれを晴らすのはいつになるのか。恨みの緒を解けば、自ずと因果があってこれを了断する。天網恢恢、疎にして漏らさず。一切が自ずと公正に断じ、一切が自ずと「天理」を有するのである。
　気持ちの上で恨みを消すことができれば、身体的行動はなくとも、能動的な善行である。それが「放生」という「徳」の特別なところである。善行には必ず行動が伴い、「放生」にも必ず行動が伴わねばならない――動物を手にして、それを大自然に返さねばならないと皆が思いこんでいるが、それは間違いである。「放生」という「徳行」がその他の「善行」と異なる点は、心の奥底で冤・仇・怨・恨を消すことができ

れば、「善行」をしたことになるということである。

　以上が「八徳」の紹介である。「八徳水」は「色身」が使うものではなく、霊魂とその他の空間の体に使わせるものである。「八徳」のうち一つの「徳」でも備えている生霊は、「八徳水」を用いる機会が得られる。それほどありがたい「八徳水」には、一体どのような作用があるのだろうか？

2.「八徳水」の八種の作用

　「八徳水」には合わせて8種の作用がある。それぞれ、澄浄、意控、甘美、軽柔、潤沢、安和、満足、養根である。

①澄浄

　「八徳水」は清らかに透き通っており、水がどれだけ深くても、底まで見通すことができる。いかなる汚染もなく、きれいなものである。

　人世間においては、どんな水でも汚染されてしまう。特に入浴や遊泳に用いる水は、「色身」が不浄であることから、水が汚れるのも早い。

　「八徳水」はそれと異なり、「八徳法力」の作用のおかげで、汚染された「八徳水」は、いつでも「八徳法力」によって自動的に清められ、純浄となる。純浄の程度は、入浴や遊泳をしながら、「八徳水」を飲んだとしても、その清らかさが保たれるほどである。

②意控

「八徳水」の池で遊ぶ際は、水の温度や深さなどが、総て遊ぶ者の意のままに操ることができる。水の様子を思い浮かべれば、水はその通りになるのである。例えば、水温を摂氏25度にしたいと思えば、水温が直ちに摂氏25度に変わる。水温を摂氏30度にしたいと思えば、水温が直ちに摂氏30度に変わる。水温が少し熱いと感じたら、水温は自動的にぬるくなる。水温がぬるいと感じたら、水温は自動的に少し熱くなる。深い水の中で、水面を腰の辺りまでにしようと思えば、水面が腰の辺りに来る。水面を胸の辺りにしようと思えば、水面がすぐに胸の辺りまで来る。自分の体を前に動かそうと思えば、自分の体が自動的に前に進む。自分の体を後退させようと思えば、自分の体が自動的に後退する。左や右へ向かうのも同じである。つまり、水あるいは自分の体のいずれも完全に思いのままとなるのである。

③甘美

「八徳水」は飲用にも、入浴にも用いることができる。飲用と入浴とを問わず、いずれもその甘さと美味を感じることができる。そうした「甘美」は直接心肺に入り、生霊の頭も目もはっきりさせ、心身を快適にする。内心の奥底から、甘く美しい感覚が湧き起り、とみに精神の愉悦を感じることができる。

④軽柔

「粗維空間」の水は、引力の影響により、一定の重量を持つ。そのため、ある状況下では、「色身」に怪我を負わせるような場合もある。例えば、人が高いところから水に落ちた場合、かなりの量の水が高いところから人体に落ちてきた場合、あるいは高圧の水柱が直接人身に当たった場合などには、様々な傷や痛みを与え、更には死に至ることさえある。

「八徳水」には重さがないため、「軽」である。「八徳水」は軟らかく、身を傷つけることがないため、「柔」である。体が水に「当たる」場合でも、水が体に「当たる」場合でも、少しの傷も痛みもない。故に「軽柔」と言われる。

⑤潤沢

「潤」とは湿潤、潤滑である。「沢」とは光沢、恵沢である。合わせて「潤沢」と略す。

いかなる生霊も「八徳水」を用いることで、等しく恵沢が得られる。「徳行」の大小、ステージの高低を問わず、「八徳水」を使いさえすれば、得られる待遇は同じであり、聊かの違いもない。

「八徳水」は肌を潤し、肌を滑らかにし、艶を与える。

⑥安和

「八徳水」を使った生霊は、自分の「善行」に「心の安らぎ」を感じ、自分の「向善」が為すことに「安心」し、自分の境

遇に「安穏」を感じ、平穏でない心には「安寧」が得られ、内心には多くの「慰安」が得られる……。

「八徳水」を使った生霊は、心に「安」が得られたことにより、「安」から「和」を得ることができる。心身に「調和」を得る。性情が「和気藹々とした」方向に向かう。他の生霊と「和睦のふれあい」ができ、ゆっくりと恨みを「和解」することを学んでいく。表情が益々「祥和」に向う。「修徳」の報いを享けることから、未来における修徳の継続の「契約」を更に固める。そこから自分の未来を次第に「和順」となし、心を「和悦」となし、言葉に「和気」を与え、生活を「適宜」にしていくのである……。

⑦満足

「八徳水」には使用するに「足」る「霊気」が充「満」している。❷この「霊気」とはエネルギーのことである。いかなる生霊も、「八徳水池」に入る前にどれだけ渇き、飢えていたとしても、何口か飲むだけで、直ちに「満足」感が生まれてくる。そして飢えも渇きも感じなくなる。「安和」裡に池の底に横たわると、心身ともに楽になり、無上の快適が得られ、一切が満足を得たようになる。「善行」を修める以外は、何をしても意義のないことに感じられる。2度と争いをしたくなくなり、争いごとに疲れを感じる。「八徳水池」では、一切の「徳」なき争いが、総て何の意義もないことに変

わる。あらゆる追求は、その瞬間に総て「満足」を得られる。

⑧養根

霊魂を持ついかなる身体にも「六根」がある。「六根」とはそれぞれ、眼、耳、鼻、舌、身、意である。

「八徳水」の8番目の働きは、六根に滋養を与えることであり、「養根」と略す。

「色身」のほかにも、「六根」を備えたいかなる体でも「八徳水」を使えば、「六根」は滋養を得ることができる。「八徳水」から滋養を得た「六根」は、生理的には修整が加えられ、機能的には強化され、精神的には善根が育っていく。

㊽増上縁

現代の仏教は、ますます複雑さが増し、学びにくいものとなっている。「増上縁」についても、「順増上縁」と「逆増上縁」の2つに分けている。本来「増上縁」は「増上縁」であり、「順」と「逆」の区別はないのである。

人は世間にあって、一切が「因縁」と「因果」の関係にある。「因縁」、「縁分」は条件と関係にほぼ等しい。一切が「縁」であるならば、なぜ「増上縁」などというものを持ち出すのだろうか？古人云わく、「勧将は激将にしかず」である。正面からの説教では力及ばぬ場合は、反面からの説教が却って効果を生み出す。

生霊の中には、順境での「縁」ではステージが上がるのが遅いものもある。後に逆境に至ると、逆境の中で速やかな成長を遂げる。逆境においてその生霊を成長させた要素は、「増上縁」と称される。

　順境と逆境とを問わず、一切は「縁」である。逆境には「抗力」、あるいは「圧力」、「難儀」、「困難」と呼ばれるものがある。この「抗力」が「増上縁」なのである。例えば、右手の人差し指で「紙玉」を弾くとする。それには必ず親指で人差し指を押えてから、人差し指を外に向けて弾き、「紙玉」に当てる。親指の「抗力」がなければ、「紙玉」は遠くへは飛ばない。ここでは親指が人差し指の「抗力」となっており、人差し指の「増上縁」となっている。

　順境と逆境とを問わず、総て「縁」である。順境は「増上縁」ではない。逆境を抜き出して「増上縁」と称するのは、そこに「抗力」があり、「難儀」があるからである。順境は「縁分」である。順境において遇う「抗力」（あるいは遭遇する「練磨」）だけが、「増上縁」なのである。

　「抗力」にぶつかった場合、「抗力」を打ち破ることができるものにだけ、「増上縁」がある。「抗力」を打ち破れないものには、「増上縁」という言葉は存在しない。

　以上のことから、「増上縁」は「増上縁」であり、「順」と「逆」の区別はないのである。

㊾ 虹化色身

　「虹化色身」は道教の「虹化派」における修行の最高の境地である。「虹」とは雨の後に出る虹である。「虹化」とは天空の虹と同じように変化することである。「虹化色身」とは、「色身」が虹と同じように変化するさまを表す。彩豊かな人生も、「色身」の死とともに消えうせる。しかし「色身」は虹と同じく、雨の後に再び姿を見せるものである。人生は虹と同じで、美しく、そして儚い。「陽神」を究めた修行者は、「色身」を虹と化すことができる。

　「虹化色身」は一つの修行段階であり、「陽神」が備える「法眼」機能である。「大運搬」のステージに属する。すなわち「陽神」が自分の「色身」を密封した場所から「搬出」して来られるようになることである。

　遙か昔、修行を愛して已まない人々は、師のもとに集まり、山中で修行を重ねた。「虹化色身」は修行者が「陽神」を究めたかどうかを測る方法の一つだったのである。

　修行者が修行を終え、俗世間を離れる準備をする際、「同修」たちにそれを知らせる。そして墓地を選び、墓穴を掘って、「棺桶」を作り、「虹化」の時間を選ぶ。「虹化」の日が来たら、「虹化者」は「棺桶」の中に横たわり、「永逝」する。「同修」たちは長い釘で、「棺桶」に蓋をして葬り、土に埋めて墳丘を造る。

　3日後、「同修」たちは墳墓を掘り、棺桶の蓋を開ける。「虹

化者」がまだそこに横たわっていたら、「陽神」を究めていなかったことになり、本当に死んだものとする。そうでない場合は、別の現象となる。「同修」たちが「棺桶」の蓋を開けると、「虹化者」の姿はない。「虹化者」の代わりに、一振の長く、柄の環に紅纓をあしらった「大砍刀」が残されている。

　紅纓は「吉事」の象徴であり、環は「円満」の象徴である。「大砍刀」は煩悩を断ち切る力と一刀両断の勢いを象徴する。以上の3者は、煩悩を「断つ」という爽快な心境を表している。

訳註

❶「炁」は「氣」の異体字であるとされ、音はキである。「氣」は気体つまりgasのことを指すが、ここでの「炁」は自然界の生気、力気、力量、理力つまりenergyを指している。

❷鬱血や血行障碍、もしくはそれによる疾病。

❸令牌は道教で使用される祭器の一種。神將神兵を遣わす時に使う木製の札。役割としては、通行手形、御墨付のようなものであると想像されたい。

❹城隍(じょうこう)は、村の守護神として祀る神、即ち氏神。

❺聯合国は華語では通常、日本語で言うところの国際連合(United Nations)を指すが、ここでは原語のままとした。

❻雷公は雷を司る男神であり、雷神とも称する。雷母は電を掌る女

神であり、金光聖母と称する。中国神話では雷公の妻に比せられる。

❼散神は散位の神、つまり官職を持たぬ神である。

❽原文では、「別看當時鬧得歡、小心今後拉清單」という俗諺が引かれている。大意は「今の時めいている状況に驕るなかれ、後々の清算に注意せよ」で、本文では、本邦で膾炙した類似の文言に差し替えた。

❾三宮六院、七十二偏妃、三千佳麗：紫禁における後宮及び妃嬪以下宮女を指す。

❿玉皇大帝は、道教の最高神にして、天地人三界を統べる。又、元始天尊・天公・天伯公と云う。

⓫玉母娘娘は、中国道教では殷代から信仰される女神である。又、西王母、瑤池金母と云う。

⓬日本語としては、括弧の使い方に不自然さがあるが、原文に従った。「満ち」「足りる」で満足というわけである。

付録:
「法」は有縁の人に賜う

- あとがき
- 会員の利益
- 「鎮宅の寶」
- 会員申込用紙
- 読者カード
- 『走出現代佛教誤區』
  翻訳に際して

あとがき

　本書の遅筆は、衆生への責任を負わなければならないためであります。問題を一つずつ繰り返し斟酌し、衆生を誤って導くことのないように致しました。そうでなければ、現代の科学技術の助けを借りて、一年で何冊もの本を著すことも、あながち有り得ぬ話ではありません。

　本書の上梓に当たって、出版社から「著者紹介」を書くようにとの請いがございました。読者各位にはお許しいただきたいのですが、筆者は「著者紹介」を書いておりません。また本書の中でも筆者について詳しく触れてはいません。それは筆者が世に聞えるを望まず、また本書あるいは「未來佛宗教」によって名を売り、栄達するを望まぬが故であります。余生の間に、「未來佛宗教」の正法を衆生に伝え広めたいと願うのみなのです。

　実は、本当に衆生を「済渡」する者といいますのは、自分にどんな「神通」があり、機能や法力がいかに「すばらしい」か、自分が人よりどれだけ「高み」にあるかなどについて、一々本で吹聴する必要はないのです。一切の方法を考え尽して、法理をはっきり講じ、衆生の「得渡」を念頭に置くものなのです。

　俗諺に、「前人が木を植え、後人が涼む」と云います。筆

者はこの一生で既に福を授かっております。経済的にも一生困ることはなく、衣食は充分に足りています。「有餘涅槃」の前に、総ての著作が完成できれば、任務を円満に果たせたものといえましょう。

　道教の開祖—老子は、一生の大部分を隠居生活のうちに送りました。世俗を離れるに当たって、『道徳経』を著して世人に残しました。今日に至ってもなお、人々は益を受けています。その意義の深奥、伝えられた広さ、教育の普及が見て取れるではありませんか。

　「未來佛宗教」は新たに誕生した宗教であり、世人に新たな思想を齎すものであります。そうした新たな思想（すなわち「未來佛宗教」の正法）は、誰かが伝え広めていく必要がございます。新たな思想を伝えるのは、困難なことであります。新たな思想が更に伝わるよう、筆者は「高法身機構天」に申請を出しました。「新法」を受け入れ、広めようとする人に、並べてならぬ利益を与えてもらうためであります。果たして、その申請は批准を得るところとなりました。

　およそ本書を熟読し、伝えていき、本書の思想の内容を広める者は、「業力登記院」により、「未來佛宗教」を広めた善業が記録されます。そして「八徳」のうち「慈悲」、「施捨」、「助人」、「善導」の「四徳」が得られます。それと同時に次に十種の利益（十種の善報）を得ることができるのです。

一、「霊気」の補充

二、「道行」の増加

三、福佑を教え護る

四、霊魂「等級」の向上

五、来世における端正な容貌

六、果位評定における加算

七、福徳の増加

八、「慧命」の寿命の延長

九、智慧の増加

十、成仏の早まり

　以上十種の利益は現代仏教が「賜う」利益と比べると、ずいぶんと低いものです。

　現代仏教でよく宣伝されることは、利益を得れば「即身成仏」でき、「罪滅河沙」（滅すことのできる罪業が、「恒河」の沙のように多いこと）できるというものです。実はこれらはいずれも人を欺く虚言なのです。仏教の「正法」には、決してこのような説教はありません。

　「即身成仏」もできなければ、「罪滅河沙」もできないのです。「河沙」の罪を消し去ることができないどころか、一つの僅かな罪でさえ、取り除くことはできまん。罪業は罪業であり、善業は善業なのです。互いに相殺できるものではないのでありません。分けて記録し、分けて応報がありません。

いかなる生霊も、「無餘涅槃」を成就するまでは、「報身」によって「業報」を受け止めねばなりません。

　遺憾ながら、本書では、紙幅の都合から、「法身」について完全には解説が尽されておりません。次の教典(すなわち「未來佛宗教」の２帙目の教典)では、「法身」の様子と、それぞれのステージの思想の境地について詳しく解説していきます。

　「未來佛宗教」の２帙目の教典は、『法身の奥妙』と仮に名づけておきましょう。何卒ご期待いただきたい。

会員の利益

(世界未來佛宗教協會からのお知らせ)

　世界未來佛宗教協會は、2008年4月30日にカナダにて登記・登録しました。現在、終身会員を募集中です。

　釈迦青陽の「身外身」は、自身の「色身」と密接につながり、既に「高法身機構天」の果位評定に及第し、「法雲地」に至っています。同時に無量の「応身」を「分化」でき、会員に「霊気を加持」し、会員が利益を得られるようにします。

　「法雲地」は「色身」の果位ではなく、「法身」の果位です。「法雲地」は菩薩52段階の50番目の位で、「十地」菩薩の最後の「地」となります。「法雲地」に達した「法身」は、その「応・化」の無量の分身を「雲雨」のようにいつでもあまねく世界に行き渡らせることができ、またいつでも一つに集めることができます。この地に至った「法身」は、「雲雨」のように衆生に「法」を施すことができます――この「雲」は衆生の苦悩を遮り、その「雨」は衆生の「慧命」に滋養を与えます。「法雲地」からの「正法」に対する衆生の欲求は、「雲雨」に対する涸れた大地の欲求と同じく差し迫ったものです。

会員が利益を得る方法

一、青陽禪法の修行

　青陽禪法の第一部は霊気禪で、第2部は霊光禪、第3部は無生禪となっています。

　第一部には3段階の禪法があり、会員は第一段階の禪法から修行します。

　第一段階の禪法は自然禪です。青陽自然禪とも称し、略して自然禪となります。

❖ 自然禪の修行方法

　環境、時間、場所など、厳格な要求はありません。坐・臥・立・半臥などの姿勢を選ぶことができます。自分が快適だと感じる姿勢を選ぶということです。

　姿勢を選んだら、その姿勢を保ちます。その後、両目を軽く閉じ、唇を軽く合わせて、唾液で唇を湿らせます。心を平静にして、顔に微笑を浮かべ、全身を楽にします。楽にしたら、「拜通青陽身外身」と黙念します（黙念を始めてから終えるまで）。その時、釈迦青陽とその弟子の「身外身」が、「超光速」で修行者の傍らに至り、「霊気」を加持してくれます。

　会員が「通信路」を開くと、その一生のどの時間でも、「青陽の身外身」は願いに応じてやって来ます。修行者の毎回の修行時間の長さや毎日の修行回数について、制限はありません。

「通信路」が開いていない人でも、「自然禪」の修行はできます。修行の際には、同じく「坐禪」の効果が得られます。

修行者が修行を終えるには、「出禪」と3回黙念するだけです。それからゆっくりと目を開き、体を動かし、話をしても構いません。

二、「通信路」を開通させるには

（一）『会員申込用紙』の入手

    1.「世界未來佛宗教協會」のウェブサイトからダウンロードします。アドレスは、http://www.buddha-to-be.org/

    2. 本書に付属の用紙を切り取るか、または複写して利用できます。

（二）『会員申込用紙』への記入

    1. サイトから自分のパソコンのデスクトップに用紙をダウンロードして、パソコンで直接用紙に記入します。

    2. 本書の『会員申込用紙』に、必要事項を記入します。できるだけ整った文字を書き、褪色しない筆記具で記入します。

（三）そこばくの浄財を会費として捐つ

    「世界未來佛宗教協會」は、信徒の組織が登録した非営利団体です。善意の寄付を信徒から得て、弘法のた

めに用います。

「未來佛宗教」の信仰者は、簡潔に誠心を示すことができます。入会時に、そこばくの会費を随意に寄付していただくことで、終身会員となり、終生会員の利益に与ることができます。

寄付の方法

1. インターネット

http://www.buddha-to-be.org/（世界未來佛宗教協会ウェブサイト）に接続します。「善意の寄付」をクリックします。サイトで設定された PayPal で寄付を行えば、速くて便利、かつ安全で確実です。

2. 振り込み

寄付金を直接「世界未來佛宗教協會」の口座に振り込みます。

(1) カナダドル口座：

銀行名：Bank of Montreal （Richmond Main Office）

住所：6088 No.3 Road

　　　Richmond, B.C.

　　　Canada V6Y 2B3

口座番号：07820-001-1084231

口座名義：World Buddha-to-be Religion Society

金融機関識別コード（SWIFT CODE）：BOFMCAM2

(2) 米ドル口座：

銀行名：Bank of Montreal (Richmond Main Office)

住所：6088 No.3 Road

　　　Richmond, B.C.

　　　Canada V6Y 2B3

口座番号：07820-001-4608247

口座名義：World Buddha-to-be Religion Society

金融機関識別コード（SWIFT CODE）：BOFMCAM2PNBPUS3NNYC

―3. 郵送――――――――――――――――――――――

記入済みの小切手を直接郵送します。

宛先：130-8191 Westminster Hwy

　　　Richmond, B.C.

　　　Canada V6X 1A7

宛　名：World Buddha-to-be Religion Society

(四)『会員申込用紙』の提出

『会員申込用紙』の提出には3つの方法があります。

―1. 電子メール――――――――――――――――――

用紙の電子ファイルに記入の上、「世界未來佛宗教協會」にメールします。アドレス：btb@buddha-to-be.org

―2. FAX――――――――――――――――――――

用紙に記入の上、FAXします。FAX：1-778-297-6336

―3. 郵送――――――――――――――――――――――

用紙に記入の上、郵送します。

宛先：130-8191 Westminster Hwy
　　　Richmond, B.C.
　　　Canada V6X 1A7

宛　名：World Buddha-to-be Religion Society

協会では『会員申込用紙』を受け取った後、専任の担当者が登録します。信徒は即座に終身会員になるとともに、「青陽身外身加持霊気」の「通信路」が開通します。

世界未來佛宗教協會

「鎮宅の宝」

　筆者は正法を伝えることを主旨と致します。その目的は、修行者が生死を脱し、輪廻の苦を解けるようにするためであります。従って、至高最上の修行の法門は呪符の類ではございません。しかしながら、入世という点からすると、呪符を使っても、吉に赴き、凶を避ける効果は得られる。

　本書の出稿に当たって、出版社の度重なる求めに応じ、筆者は一枚の「鎮宅の寶」を作って、有縁の人に贈ることに致します。

　価格という点では、本書の購入者に「お買い得」だと思っていただけることを願ばかりです。金銭的価値からすれば、この「鎮宅の寶」が宿す「法力」だけでも、本書の定価に数倍する価値がありましょう。

　読者がその「鎮宅の寶」を用いるには、複写しても、鏡台に嵌めても、横に置いても、縦に掛けても良うございます。置いたり掛けたりしましたら、「拜通青陽身外身」と三回唱えます。するとたちまち「未來佛宗教」の教えと護りがその場に至ります。天眼通の者は、その際「霊光」が降り注ぐ（すなわち「開光」）のが見え、霊験あらたかとなります。

　この「鎮宅の寶」には破邪の効果もございます。その家には妖・精・鬼・怪・魑・魅・魍・魎に侵されることがなくな

ります。

　以上の法力は、真実にして虚にあらず。

全方文化からのお知らせ

読者の皆さまのため、弊社では特別に著者に「鎮宅の宝」を作っていただきました。

巻末の「読者カード」の鎮宅の宝の受け取り「希望」にチェックを入れて、弊社に返送していただくと、著者直筆の揮毫入り「鎮宅の寶」をお届けします。

数に限りがございますので、品切れの際は御容赦下さい。

会員申込用紙

漢字氏名 ^(フリガナ)	性別
英文氏名	生年月日
電話	国籍
申込日	学歴

電子メールアドレス
住所
その他の連絡方法
備考
番号

世界未來佛宗教協會 作成

切手をお貼り
ください

World Buddha-to-be Religion Society
130-8191 Westminster Hwy
Richmond, B.C.
Canada V6X 1A7

この線を山折にして、貼り合わせて返送してください

World Buddha-to-be Religion Society

読者カード
全方文化事業有限公司

『現代佛教の謬見より出でよ』をお買い上げいただきありがとうございます。より良いサービスをお届けするため、以下の資料をご記入の上、全方文化までご返送ください。弊社より関連出版情報、ならびに様々な購入特典をご案内させていただきます。

お名前：＿＿＿＿＿＿＿＿　性別：＿＿＿＿＿＿＿＿　年齢：＿＿＿＿

電話：＿＿＿＿＿＿＿＿　FAX：＿＿＿＿＿＿＿＿＿＿＿＿＿＿

電子メール：＿＿＿＿＿＿＿＿＿＿＿＿＿＿＿＿＿＿＿＿＿＿＿＿

ご住所：＿＿＿＿＿＿＿＿＿＿＿＿＿＿＿＿＿＿＿＿＿＿＿＿＿＿

学歴：□小卒（以下を含む）□中卒□高卒□専門卒□大卒□修士□博士

職業：□学生□主婦□自衛隊・警察□サービス業□製造業□公務員□自由業
　　　□情報産業□金融業□農林漁畜産業□販売業□退職□その他

本書をどこでお知りになりましたか。
□書店□インターネット□広告・チラシ□家族・友人□新聞広告□雑誌広告
□新聞記事□ラジオ番組□テレビ番組□その他＿＿＿＿＿＿＿＿＿＿

本書を読み終わったご感想をお聞かせください。
内容：□とても満足□満足□普通□不満

レイアウト：□とても満足□満足□普通□不満

表紙デザイン：□とても満足□満足□普通□不満

価格：□とても満足□満足□普通□不満

お好きな宗教書籍はどのようなものですか？
□仏教□道教□カトリック□プロテスタント□イスラム教□その他

全方文化にどのような書籍をお望みですか？（複数選択可）
□ビジネス□マネジメント□心理□啓発□社会人文□伝記□文学□保健
□漫画□宗教□科学□その他＿＿＿＿＿＿＿＿＿＿＿＿＿＿＿＿

「鎮宅の寶」の受け取り□希望□不要

編集部へのご意見：＿＿＿＿＿＿＿＿＿＿＿＿＿＿＿＿＿＿＿＿

切手をお貼りください

10399
台北郵局第 11-106 号信箱
全方文化行

P.O.BOX 11-106 Taipei

Taipei City 10399

Taiwan (R.O.C)

この線を山折にして、貼り合わせて返送してください

点線に沿って切り取り、貼り合わせて返送してください

全 方 文 化

『走出現代佛教誤區』翻訳に際して

　仏教に関する文献あるいは仏典を翻訳するのは、およそ容易なことではなく、本書翻訳の困難もまた、漢文版において仏教用語が数多く使われており、元々は梵語（Sanskrit）を音訳または逐語訳したものであるからです。今ここに、これらの漢文の名詞を日本語に翻訳し日本国内の読者の理解を容易ならしめる必要があります。しかしながら、本版の日本語翻訳は、文意の不明確さを免れ得ぬものでありまして、ここに、翻訳者として、本版の翻訳版を改善する如何なる具申でも謙虚に請い願いまた受け入れる所存でありまして、これをもって次版の日文翻訳がより完成されたものになることを期しております。

　本書を翻訳する際、幾つかの原則に従ったことに、読者諸氏の宥恕を賜りたく思います。本書では中国に生まれた原作者を尊重する為、漢文の語彙は中国で慣用される語彙を採用し、これらの語彙は、あるいは世界の諸地域で使用される漢文とは、やや異なったり、あるいは違う語彙を用いることもあるかと思います。

　翻訳者の細心と努力に対する全幅の敬意に基づいて、日本語版にもし意味の明らかでない、錯誤または誤謬するところ

があるならば、原版の原意に拠って頂きたく思います。

　貴殿におかれまして本書に対し意見・論評、乃至は世界的に未來佛宗敎をあまねく伝える使命、翻訳上のご助言などは、一切総ては極めて重要でありますのでわたくしどもにご敎示頂ければ幸いです。電子メール：cosmosculture@gmail.com

「未來佛宗教」主旨——

継承　庇護　修正　昇華

現代佛教の謬見より出でよ

華文著者●釋迦靑陽
日文訳者●小田賢一
日文校正●市川春樹
日文版出版者●揺籃社
出版総監●王寶玲
編集長●歐綾纖
副編集長●陳雅貞
編集責任者●黃鈺文
本文デザイン●陳曉觀
美術デザイン●吳吉昌、陳君鳳
法律顧問●黃達元弁護士

揺籃社
TEL●042-620-2626
FAX●042-620-2616
電子メール●info@simizukobo.com
住所●東京都八王子市追分町10-4-101
網頁●http://www.simizukobo.com/

ISBN●978-4-89708-380-3 C3015
2017年4月初版

華文版出版者●全方文化事業有限公司
住所●台北市忠孝東路5段1之1号
連絡●台北郵局第11-106号信箱
電話●(02)7703-0117
電子メール●CosmosCulture@gmail.com

世界華文国際市場総代理●采舍國際www.silkbook.com
住所●新北市中和區中山路2段366巷10号3階
電話●(02)8245-8786
FAX●(02)8245-8718

版権所有無断転載禁止